DÉPARTEMENT DE LA MANCHE

PROCÈS-VERBAL

DES

DÉLIBÉRATIONS

DU CONSEIL GÉNÉRAL.

# RAPPORT

# AU CONSEIL GÉNÉRAL.

# RAPPORT D'ENSEMBLE

## SUR LA SITUATION

# DU DÉPARTEMENT DE LA CHARENTE,

 FAIT A L'OUVERTURE DU CONSEIL GÉNÉRAL,

### PAR M. L. GALZAIN,

Préfet.

SESSION DE 1846.

ANGOULÊME,
TYPOGRAPHIE DE LEFRAISE ET C.,
RUE DES TROIS-NOTRE-DAME, 1.

1846.

# RAPPORT D'ENSEMBLE

## SUR LA SITUATION

# DU DÉPARTEMENT DE LA CHARENTE,

Fait à l'ouverture du Conseil Général de 1846,

## PAR M. L. CALZAIN,

Préfet.

———✦———

MESSIEURS,

Dans un état libre comme celui sous lequel nous avons le bonheur de vivre, l'administration a des devoirs de diverses natures à remplir. Les uns sont de tous les jours et de tous les instants, les autres ne se produisent que par intervalle et à des périodes plus ou moins espacées; mais vous le savez,

par une coïncidence qu'il n'était donné à personne de prévenir, l'administration a eu tout à la fois à s'occuper, cette année, des élections municipales, arrondissementales et départementales, des élections parlementaires, et des gardes
nationales ; en ajoutant à cette série d'opérations la réorganisation des mairies et le recensement général de la population, et en se reportant par la pensée aux instructions que
réclame la bonne exécution de toutes ces lois, à la multitude
des écritures qu'elle nécessite, à l'importance des questions
qu'elle soulève, on se demande tout d'abord comment il a
été possible de faire marcher de front tant de travaux extraordinaires avec les exigences du service habituel. Pourtant, Messieurs, cette tâche a été remplie, et je suis heureux de trouver cette occasion de rendre ici un éclatant
hommage au zèle de mes honorables collaborateurs, comme
à celui des hommes laborieux dont la position plus modeste
a souvent excité votre sollicitude éclairée.

Comment se fait-il, Messieurs, qu'au milieu de cette marche prompte et régulière de nos affaires, du calme profond
dont nous jouissons, de la prospérité générale du royaume,
il se soit encore trouvé des monstres dont la main parricide
ait osé s'élever jusqu'à la personne sacrée du monarque dont
la vie entière est consacrée au bonheur et à la gloire de no-
notre chère patrie? Ou le cœur de l'homme a des abîmes im-
pénétrables, ou le temps soulèvera le voile qui cache un si
déplorable mystère. Aujourd'hui, Messieurs, je ne veux
constater qu'un fait, c'est l'indignation générale que provo-
quent dans nos contrées de pareils attentats: non seulement
nos corps constitués, mais tous nos conseils électifs se sont
empressés à l'envi, de manifester à cette occasion leurs sentiments. Chargé d'en déposer l'expression au pied du trône,
je puis vous dire tout ce qu'ils renfermaient de respect, de

reconnaissance et d'affection pour le Roi, et combien aussi Sa Majesté en a été touchée. C'est ainsi, Messieurs, que, grâce à Dieu, les projets des criminels ne servent qu'à resserrer, s'il se peut, les liens qui unissent la nation au chef auguste de l'état.

J'aborde les affaires du département et vais passer rapidement en revue les principaux objets dont vous aurez à vous occuper dans cette session. Vous remarquerez que j'ai cru, cette fois, devoir produire *in extenso* plusieurs des rapports qui me sont annuellement adressés par MM. les chefs de service. Ces documents m'ont paru offrir trop d'importance pour ne pas vous les communiquer en entier : en les analysant, j'aurais craint de les affaiblir ; mais avant tout, qu'il me soit permis, Messieurs, de payer un juste tribut de regret à tous ceux de vos anciens collègues dont l'absence se fait en ce jour remarquer dans cette enceinte. Il en est qui, bien à tort, selon moi, ont cru le moment du repos venu, et ont ainsi renoncé volontairement aux affaires publiques : la reconnaissance du pays leur est acquise ; d'autres ne font vide dans nos rangs, que par suite du jeu naturel et légitime de nos institutions. Plus que qui que ce soit, je suis disposé à respecter la volonté des corps électoraux librement manifestée, et à avoir confiance dans leurs choix ; mais l'ingratitude ne sied à personne, et l'administration s'en rendrait coupable si elle ne saisissait cette occasion pour dire hautement que le dernier renouvellement triennal a privé votre compagnie de deux membres qui s'y étaient fait remarquer en première ligne : l'un, esprit facile, d'une élocution brillante, nourri de fortes études, habitué aux discussions graves, a laissé dans le cahier de vos délibérations des traces durables de son passage au conseil. Que dirai-je du second, après l'insigne honneur que son arrondissement vient de lui déférer

avec tant d'éclat? qu'il avait une entente parfaite des intérêts du département, qu'il en avait sérieusement et utilement étudié toutes les ressources, que sage et prudent rapporteur de votre budget, nul plus que lui n'était apte à
éclairer une discussion financière et à traiter au besoin devant le conseil, ces hautes questions d'économie politique
qu'il est appelé aujourd'hui à résoudre comme législateur.

Du reste, nos élections triennales se sont faites dans le
plus grand ordre : leur résultat témoigne du bon esprit qui
anime en général les habitants de la Charente.

Sur 1,073 électeurs inscrits qui devaient concourir aux
élections des membres du conseil général, il s'est présenté
944 votants, et le nombre des suffrages obtenus par les
élus a été de 572.

Sur les dix conseillers sortants, cinq ont été réélus ; des
cinq autres, trois, comme nous venons de le voir, ne se re-
présentaient pas aux suffrages de leurs concitoyens.

Sur 2,022 électeurs inscrits qui devaient prendre part aux
élections des membres des conseils d'arrondissements, 1,328
ont voté, et sur vingt-trois conseillers sortants, dix ont été
réélus. Aucune réclamation d'ailleurs ne s'est fait entendre ;
aucune question contentieuse n'a été élevée à l'occasion de
ces opérations.

### Élections municipales.

Sur les 33,304 électeurs (1) inscrits qui étaient appelés à
prendre part à ces élections, 18,673 ont voté.

---

(1) Il est à remarquer que 20 communes qui avaient procédé à leurs
élections au moment du renouvellement général en 1843, n'ont pas pris
part cette année à ces opérations, par suite de leur réunion à d'autres
communes, ou de la dissolution et de la réélection de leurs conseils

Le nombre des suffrages obtenus par les conseillers élus, a été de 2,503.

Il y a eu trente-deux protestations: dix ont été admises par le conseil de préfecture, et 22 ont été rejetées.

En 1843, le chiffre des protestations s'était élevé à 41, dont 17 avaient été admises.

Ces résultats peuvent encore laisser quelque chose à désirer; cependant ils attestent un véritable progrès dans nos mœurs constitutionnelles.

### Culte.

Au budget de l'année dernière je crus devoir vous proposer d'allouer une somme de 2,000 francs à titre de subvention à la caisse de retraite que venait de fonder le vénérable prélat qui gouverne l'église d'Angoulême, pour les prêtres vieux et infirmes de son diocèse. Le conseil général, en s'associant avec empressement aux sentiments que j'exprimai à cet égard, vota 1,000 francs, en témoignant le regret de se voir forcé, en raison de l'état de ses finances, de renvoyer au budget suivant l'autre partie de la somme réclamée. Dans cet état de choses, je ne puis, Messieurs, que vous inviter à persister dans votre précédente résolution et à voter la somme portée à cet effet au sous-chapitre XX de votre budget.

Je continuerai d'ailleurs à faire appel à toutes vos sympa-

---

municipaux en 1844 et 1845. Cette circonstance seule peut expliquer comment il se fait que le chiffre des électeurs inscrits en 1846, comme devant prendre part aux élections générales, se trouve inférieur à celui de 1843.

thies en faveur des monuments religieux que les ravages du temps et beaucoup trop d'indifférence, il faut le dire, ont amenés à un état de dégradation et de ruine presque complète.

### Récoltes.

### Céréales.

La température humide qui a régné pendant une partie du mois de mai, et à laquelle de beaux jours ont succédé, a pu être considérée comme très salutaire aux céréales, dont la floraison s'est opérée d'une manière satisfaisante ; mais les chaleurs peu ordinaires qui ont suivi de très près cette période si importante de la végétation, ont nui à la maturité des grains et ont empêché leur développement. Néanmoins, si la quantité des céréales n'est pas aussi abondante que de coutume, la qualité en est supérieure, car le poids de l'hectolitre du blé est au-dessus de celui des années ordinaires, et son rendement en farine est plus considérable.

La différence, s'il y en a, sera compensée par les produits du maïs, du sarrazin et notamment par les châtaignes, dont la récolte n'a pas été, depuis fort longtemps, aussi belle que cette année. Ajoutons aussi que les pommes de terre donnent de belles espérances, et qu'on peut, dès à présent, assurer que la maladie qu'on leur attribue n'atteindra qu'une très petite quantité de ce tubercule, et que ses effets seront presque imperceptibles.

### Vignes.

Les Vignes n'ont pas éprouvé, cette année, le sinistre le plus redoutable qui puisse les atteindre en général. Il n'y a pas eu de gelées de printemps et la floraison s'est bien passée. Nous avons à regretter, néanmoins, quelques dégâts causés par la grêle ; mais là où les orages n'ont pas exercé leurs ravages, la récolte est magnifique et fait croire à une année d'abondance, principalement parmi les raisins blancs. Les vendanges auront lieu incessamment, ce qui contribuera à la qualité du vin.

## *Fourrages.*

Les prairies élevées ont produit une assez bonne quantité de foins d'excellente qualité ; les prés bas sur lesquels les eaux ont séjourné longtemps, n'ont eu que des foins médiocres et en petite quantité. Les secondes et même les troisièmes coupes ont un peu amélioré la récolte quant à la quantité. En résumé, si la récolte des fourrages n'a pas produit abondamment, elle est du moins de bonne qualité.

La récolte des haricots, qui est en grande partie opérée, est satisfaisante sous le rapport de la quantité ; quant à la qualité, elle est supérieure.

## Société d'Agriculture, Arts et Commerce de la Charente.

Les services que rend journellement cette société, vous sont tellement connus, que je me serais borné à porter sans observation à votre budget l'allocation que vous votez d'habitude en sa faveur, si je ne m'étais cru dans la nécessité d'en porter le montant à 1,600 fr. pour l'année 1847. L'honneur que doit avoir la Charente de recevoir à cette époque l'association agricole du centre de l'ouest, justifie cette augmentation.

Cette association, qui a été formée entre les cinq départements des Deux-Sèvres, de la Vendée, de la Vienne, de la Charente et de la Charente-Inférieure, dans le but de favoriser le développement de l'agriculture, de défendre les intérêts de la propriété téritoriale, et de créer un centre d'études et de relations, a reçu définitivement la sanction légale de son existence.

Convaincu de l'importance de cette institution et des bons offices qu'elle est appelée à rendre, M. le ministre de l'agriculture lui a déjà alloué une subvention de 4,000 fr.

### Comices agricoles.

Les comices agricoles ont continué, dans l'année qui vient de s'écouler, à s'occuper de leurs paisibles et utiles travaux. Quelques-unes de ces institutions, mais en petit nombre, n'ont pas fonctionné aussi régulièrement qu'elles l'avaient fait précédemment; d'autres, au contraire, qui, depuis assez longtemps, étaient restées dans l'inaction, se sont remises à l'œuvre.

Les subventions accordées sur les fonds de l'Etat aux comices agricoles, l'ont été avec désignation d'emploi; elles sont destinées à récompenser la culture et l'extension des prairies naturelles et artificielles, spécialité vers laquelle M. le ministre de l'agriculture et du commerce a semblé, dès l'année dernière, vouloir diriger les encouragements dont il dispose.

Les résumés fournis pas ces associations, vous donneront, sur leurs travaux, des détails que je ne puis énumérer ici, et vous convaincront en même temps qu'elles ont pu, à l'aide des fonds votés par le conseil général, distribuer des primes pour l'introduction des instruments aratoires, pour l'amélioration des races et pour le perfectionnement de toutes les autres branches de l'agriculture.

Le conseil d'arrondissement de Ruffec, reconnaissant l'utilité des comices agricoles, a, dans sa dernière session, renouvelé le vœu qu'il a plusieurs fois exprimé, du maintien de ces institutions.

Je vous propose, Messieurs, de maintenir l'allocation des années précédentes.

### École pratique du Petit-Rochefort.

L'école a continué de se maintenir au grand complet de vingt élèves, et des demandes sont journellement adressées à l'administration, pour l'admission de nouveaux candidats. C'est là, sans contredit, une preuve évidente que cette institution répond à un des besoins de notre époque.

Désireux d'étendre et de propager la science qu'il enseigne, M. le directeur ne s'est pas contenté de se faire entendre à MM. les séminaristes et aux élèves de l'école normale ; il s'est mis déjà, à plusieurs reprises, à la disposition de MM. les instituteurs primaires ; il les a fait inviter à assister à son cours du jeudi, et leur a offert d'ouvrir des conférences pour ceux qui seraient disposés à introduire l'enseignement de l'agriculture dans leurs écoles, et de les recevoir en même temps à la ferme avec leurs élèves ; plusieurs ont profité de ces offres généreuses ; ils ont suivi les cours du Petit-Rochefort, et ont conduit leurs nombreux élèves sur les lieux. M. le directeur s'est fait un plaisir de leur expliquer le mécanisme des divers instruments perfectionnés qu'ils ont vus fonctionner ; tous ont parcouru les cultures, reçu des notions sur l'assolement suivi dans la ferme.

On ne peut qu'applaudir à ces rapports des instituteurs et de leurs élèves, avec M. le professeur-directeur de l'école, et il est à souhaiter qu'ils se multiplient, car il n'en peut résulter que de bons effets.

Je pose d'ailleurs, sur le bureau, deux rapports spéciaux, qui mettront le conseil à même de juger en parfaite connaissance de cause, le régime intérieur de l'école, la conduite, les progrès et l'esprit de discipline des élèves. Le conseil se convaincra aussi par là que le directeur ne recule devant aucun sacrifice pour introduire dans son établissement, toutes les améliorations matérielles que lui paraît exiger le bien de service.

### Cours d'Eau. — Irrigations.

MESSIEURS,

M. le ministre de l'agriculture et du commerce m'a adressé, et chacun de vous a reçu un exemplaire des documents que son excellence a fait réunir pour consulter les conseils généraux sur la difficile question des irrigations.

Dans sa séance du 7 janvier dernier, le conseil général de l'agriculture a émis le vœu « qu'un service d'agence « fût créé dans chaque département, pour y étudier des « questions relatives à l'irrigation, et spécialement pour « déterminer quels sont actuellement les volumes d'eau « susceptibles d'être affecté à cette irrigation sur des cours « d'eau non navigables ni flottables. »

« Dans la même séance, un membre a exprimé le désir « qu'on donnât de la publicité au système récemment « adopté dans la Sarthe pour régulariser et réglementer les « irrigations. »

Au documents qui font connaître ce qui a été tenté dans la Sarthe, M. le ministre joint aussi ceux relatifs au département du Var, et c'est à la fois sur les deux modes de procéder en cette matière , que Son Excellence appelle l'attention de l'administration départementale.

Le temps m'a manqué', Messieurs, pour qu'il me fût possible de me livrer aux développements qu'exigerait l'étude de cette vaste question. Je me bornerai à quelques observations générales sur ce sujet , à quelques indications particulières au département de la Charente, et à l'exposé des mesures prises dans la Sarthe , et dont je vous demanderai l'adoption.

Ce qui rend partout si difficile la question des irrigations, c'est la diversité et l'importance des intérêts qui s'y rattachent ; c'est qu'elle est compliquée de tout ce qui tient au régime des cours d'eau.

Ici c'est l'agriculteur ou le propriétaire qui est en opposition avec l'agriculture ; là ce sont des populations agglomérées, qui réclament contre l'intérêt agricole; plus loin , c'est ce dernier intérêt qui est en lutte constante contre les usines.

Si la jouissance des cours d'eau fait naître tant de difficultés, la pratique administrative n'en rencontre pas moins.

D'une part, les attributions des cours d'eau se trouvent réparties entre trois départements ministériels.

L'intérieur les revendique sous le rapport de la police , de leur conservation et de leur amélioration ;

Le ministère de l'agriculture , sous le rapport des irrigations et des dessèchements ;

Celui des travaux publics, en ce qui concerne les usines et les réglements d'eau.

D'autre part, le contentieux des cours d'eau ressort à la fois aux tribunaux civils, aux tribunaux administratifs, et à l'administration. Enfin, sur plus d'un point, la jurisprudence est encore incertaine.

De cette complication d'intérêts de compétence et de juridiction, il suit, comme je viens de le dire, que la matière des cours d'eau est sans contredit l'une des plus difficiles au milieu de toutes celles qui sont confiées à l'étude et à la pratique d'un administrateur.

Maintenant, quant à l'initiative de l'administration pour la conservation et l'amélioration des cours d'eau, la loi du 12—20 août 1790, celle du 14 floréal an XI, et celle du 16 septembre 1807, ont mis en son pouvoir les moyens d'exécution qui, dans certaines circonstances, celles surtout où se rencontrent des intéressés nombreux, riches et intelligents, peuvent suffire aux améliorations désirées. Mais dans les conditions ordinaires, l'administration n'est pas en possession de moyens et de ressources suffisants pour entreprendre les travaux nécessaires. Sans entrer, à ce sujet, dans les détails de la question, il est facile de comprendre que, quand il s'agit d'un cours d'eau important, comme la Vienne, par exemple, la loi de l'an XI et celle de 1807 ne fournissent pas à l'administration les larges moyens d'exécution que réclameraient les travaux de conservation et d'amélioration sur les grands cours d'eau.

Dans l'état actuel de la législation, il paraît donc bien difficile qu'on arrive à des mesures générales pour atteindre le but qu'on se propose. Je parle à dessein de *mesures générales :* les cours d'eau sont souvent communs à deux ou à plusieurs départements. Il est donc évident que, tant qu'il ne nous viendra pas de la législature et de l'administration centrale du pays, des mesures applicables et obligatoires pour toute la France, il sera, dans beaucoup de cas, impossible de rien entreprendre.

Cette observation vous fait toucher l'une des nombreuses difficultés qui se rencontrent dans la pratique des cours d'eau.

Et parmi les moyens qui devront conduire, dans la législation nouvelle, à leur solution, n'hésiterai-je pas à adopter le
classement par analogie avec ce qui a été fait pour les voies
de communication !

Des observations de même nature avaient déjà été adressées, en 1838, à M. le ministre de l'intérieur, dans le but
que l'on poursuit aujourd'hui, et il prescrivit un travail statistique sur les cours d'eau.

Confié par mon prédécesseur à M. le secrétaire-général,
ce dernier travail a été fait avec beaucoup de soin : son étendue et les chiffres qu'il comporte, montrent toute l'importance des cours d'eau dans la Charente. Il n'y a pas moins
de 187 cours d'eau, sur lesquels existent 1,014 usines.

Sur ce nombre, à peine s'il existe deux ou trois réglements revêtus de la sanction de l'ordonnance royale. Plusieurs, et parmi eux, ceux qui alimentent nos fabriques à papier, sont régis par l'usage, et sont plus ou moins bien entretenus ; le reste est à peu près abandonné, ici, aux soins de
quelques riverains, et là, aux dégradations causées par le
temps et le cours des eaux.

En présence des chiffres que je viens de mettre sous vos
yeux, et de ce fâcheux état de choses, il me semble donc
d'une utilité réelle d'adopter des mesures propres à le faire
cesser et à préparer, sous ce rapport, le développement de la
richesse territoriale et industrielle du département.

Les mesures mises en pratique dans la Sarthe, consistent
dans la création d'une agence générale, constituée en dehors
du service des ponts et chaussées. Cette agence est composée
d'un agent principal, qui est chargé de la direction complète
du service des cours d'eau non navigables ni flottables.

Ce service a pour but d'empêcher, autant que possible,
les débordements et la stagnation nuisible des eaux ;

Et de diriger de la manière la plus utile l'emploi des eaux comme forces motrices et comme agents fertilisants.

La formation d'une carte hydrographique du département, l'étude complète des cours d'eau sous tous les rapports, comprenant les plans, les nivellements, les jeaugeages, etc., sont confiés à l'agent principal, chargé en outre de proposer les réglements et d'émettre son avis sur toutes les questions concernant les cours d'eau.

Cet agent principal a sous ses ordres des agents géomètres gardes-rivières chargés de toutes les opérations nécessaires pour l'étude des cours d'eau, l'exécution des réglements et des travaux.

L'agent principal et les agents géomètres sont rétribués aux frais du département.

L'ingénieur des mines investi des fonctions d'agent principal, reçoit une indemnité de 1,000 fr. par an.

Les agents géomètres reçoivent chacun un traitement de 1,200 fr. et 300 fr. pour frais de déplacement.

Des agents spéciaux gardes-rivières peuvent être créés dans le cas où il s'agit de réglementer les cours d'eau. Un ou plusieurs de ces agents, suivant l'importance du cours d'eau réglementé, sont chargés de veiller à l'exécution des travaux neufs, à l'entretien, aux curages, en un mot à la police complète du cours soumis à leur surveillance. Ils sont rétribués aux frais des intéressés.

Telles sont, en substance, les dispositions adoptées dans la Sarthe.

Dans le Var, il n'a pas été proposé d'organisation permanente. L'administration fait dresser une carte hydrographique et fait préparer le travail général des études et canaux d'irrigation du département par un agent auquel un traitement annuel de 4,000 fr. a été alloué. Ce traitement pendant cinq ans que doit durer l'opération, et les frais accessoires portent les frais d'études complètes des cours d'eau de ce département à environ 32,000 fr.

L'organisation de la Sarthe me paraît devoir répondre aux besoins de ce service. Je n'hésite donc pas, Messieurs, à vous proposer cette organisation permanante de préférence à ce qui a été fait dans le Var. Mais il me sera impossible, avec un traitement de 1,000 francs, de trouver un homme capable qui veuille se charger du service d'agent principal pour une si faible rémunération.

Le service des ingénieurs des ponts et chaussées est trop chargé dans ce département pour qu'il soit possible de confier ce service spécial à l'un de MM. les ingénieurs sous la direction de M. l'ingénieur en chef. Mais il serait peut-être permis d'espérer que, dans une nouvelle et désirable organisation du service des mines, un ingénieur de ce corps fût attaché à la Charente, où il serait non moins utile que dans la Sarthe.

Ce fonctionnaire pourrait avoir dans ses attributions tout ce qui se rattacherait aux cours d'eau non navigables ni flottables, les usines, les machines et chaudières à vapeur. Cet ensemble d'attributions serait plus que suffisant, avec les travaux qui concernent les mines, les carrières et les exploitations métallurgiques, pour motiver la création dans la Charente d'une place d'ingénieur des mines.

Quoi qu'il en soit, si vous adoptez ma proposition, je vous demanderai, Messieurs, de mettre à ma disposition la même somme que celle votée dans la Sarthe, soit 4,800 fr. pour m'aider à organiser ce service.

J'aurai l'honneur de vous rendre compte, à la prochaine session, des efforts que j'aurai tentés pour parvenir à créer cette organisation.

## Race chevaline.

C'est aujourd'hui un fait avéré que les subventions accordées par le conseil général, depuis trois ans, à la race chevaline, ont produit dans le département les plus heureux résultats, puisque de 375 les saillies sont montées à 1,004, chiffre obtenu en 1846. C'est une thèse sur laquelle je ne reviendrai donc pas, pour ce qui me concerne; mais je vous inviterai vivement à prendre communication de deux mémoires qui m'ont été adressés sur cet important sujet pour vous être soumis. Rédigé par un homme compétent, dont les connaissances en ces matières vous sont connues, ce travail jette de nouvelles lumières sur l'état de la question, et servirait au besoin à justifier et mes demandes et vos allocations aux yeux de ceux qui conserveraient encore quelque doute sur l'opportunité et les avantages des encouragements accordés par le conseil. J'appellerai, dès ici, particulièrement, votre attention sur ces trois propositions énoncées et discutées par M. le baron de Laporte :

1° Consacrer une somme convenable à l'achat de trois poulinières, qui seraient placées à l'école d'agriculture ou chez un propriétaire;

2° Emettre le vœu que les officiers de remonte puissent provoquer et recevoir les soumissions des éleveurs, à l'effet de fournir chaque année une certaine quantité de chevaux propres aux services de l'armée, et pendant une période d'années qui varierait de dix à vingt ans;

3° Adjoindre une école d'équitation au collège royal.

Du reste, Messieurs, le nombre des stations, qui n'était l'année dernière que de sept, a été porté à huit, par la création d'un nouveau dépôt à Mansle, et tout nous fait espérer que ce chiffre, ou celui des étalons, sera encore augmenté dès l'an prochain. M. le ministre de l'agriculture et du commerce m'en a donné l'espérance par une lettre du 29 juin dernier.

Enfin, pour satisfaire au vœu émis par le conseil dans sa dernière session, j'ai arrêté que les primes distribuées cette année, seront moins nombreuses, mais plus élevées que précédemment, et que le jury aura la faculté de ne les point décerner, si les animaux présentés ne lui paraissent pas réunir toutes les qualités voulues pour mériter cette juste distinction.

### Commerce et Industrie.

#### Travaux divers.

Si de cruels sinistres ont frappé, en 1845, le commerce de ce département, l'année courante offre un caractère bien différent : ainsi le commerce de nos eaux-de-vie, demandées avec un empressement sans exemple, a été, pour les six premiers mois de 1846, d'une valeur de plus de 12 millions. Le chiffre de ce commerce pour l'année précédente, n'avait été, en totalité, que de 14,500,000 fr.

Les usines à fer sont généralement dans de meilleures conditions : leurs produits sont recherchés et se vendent en hausse.

Le bel établissement de Sireuil, auquel les capitaux de Bordeaux sont venus prêter leur appui, paraît en voie de prospérité.

Les ateliers de Saint-Ausone et de L'Houmeau sont actuellement en mesure de fournir des machines à papier continu à Paris même, d'où la Charente les tirait il y a moins de dix ans ; les chaudières à vapeur employées dans

le pays ; et l'on crée en ce moment l'outillage nécessaire à
la fabrication des locomotives, dont l'usage journalier
deviendra, avant peu d'années, dans le département, la conséquence naturelle de l'établissement du chemin de fer.

La fabrication des papiers a pris une nouvelle activité;
cette industrie, comme le fait si judicieusement remarquer
M. le président du tribunal de commerce d'Angoulême,
dans un rapport qu'il a bien voulu me communiquer, présente cette singulière anomalie d'une prospérité réelle et
de l'interruption des travaux dans quelques-unes de nos
usines. Ce ne serait pas sans succès que l'on ferait appel,
pour cette industrie, à la puissance de l'association; espérons
que lorsque la fougue des spéculations hasardeuses sera
passée, celles de nos fabriques qui ont dû, faute de fonds
suffisants, ralentir leur marche, trouveront enfin les capitaux
nécessaires à leur exploitation.

L'Allemagne, la Suisse, la Belgique, l'Italie et l'Espagne
sont aujourd'hui tributaires de notre petite commune de
Nersac pour les tissus de laine et manchons nécessaires
aux papeteries mécaniques. C'est vous dire, Messieurs,
l'importance et l'accroissement que prend de jour en jour
cette fabrication.

Si nous ajoutons à cette situation industrielle et commer-
ciale, déjà satisfaisante, la série de travaux publics exécutés sur presque tous les points du département, par les soins
de l'administration des ponts et chaussées, et les constructions particulières dont la dépense, pour la seule commune
d'Angoulême, est portée cette année, par M. le maire, à
plus de 730,000 francs, nous devons avoir la satisfaction de
penser que le sort des ouvriers dans la Charente, peut être
comparé à celui que pourraient leur offrir les départements
les plus favorisés.

## Mendicité et Paupérisme.

Si le temps et, il faut le dire, les ressources m'ont manqué pour vous faire, cette année, une proposition utile à ce
sujet, vous trouverez du moins, dans les tableaux ci-après,
dont il avait été impossible jusqu'ici de réunir les éléments
sur presque aucun point du royaume, une preuve de la persévérance et de la sollicitude avec lesquelles l'administration
s'occupe, dans la Charente, de rechercher les moyens d'arriver un jour au double but que doit se proposer la véritable
charité : soustraire l'homme au besoin d'assistance, ne l'assister dans le besoin qu'avec discernement.

*(Voir le Tableau d'autre part.)*

| ARRONDISSEMENTS. | MENDIANTS Résidant dans la commune où ils mendient (hommes, femmes et enfants). | Étrangers aux communes où ils mendient (hommes, femmes et enfants). | Mendiants vivant en concubinage (hommes et femmes). | MENDIANTS tombés dans la misère par Maladie. | Vieillesse. | Paresse. | Inconduite. | Manque de travail. | MENDIANTS qui exerçaient antérieurement la profession de Cultivateurs. | Domestiques. | Ouvriers. | Commerçants. | Employés. | Rentiers. | Évaluations de ce que les mendiants habitants et les mendiants étrangers reçoivent par an, en argent et en nature; Des bureaux de bienfaisance et des associations de charité. | Des particuliers. | Des ministres du culte. | En pain. | TOTAL. |
|---|---|---|---|---|---|---|---|---|---|---|---|---|---|---|---|---|---|---|---|
| | | | | | | | | | | | | | | | F. c. | F. c. | F. c. | F. | F. c. |
| Angoulême............... | 1,440 | 2,560 | 109 | 190 | 420 | 345 | 89 | 87 | 1074 | 213 | 107 | 8 | 1 | 1 | 6,639 55 | 34,946 75 | 951 » | 13,200 | 54,737 30 |
| Barbezieux............... | 722 | 1,083 | 25 | 127 | 250 | 77 | 52 | 42 | 360 | 51 | 27 | 2 | » | » | 626 » | 18,283 13 | 1,592 » | 13,037 | 33,538 13 |
| Cognac................... | 366 | 702 | 13 | 107 | 113 | 134 | 44 | 10 | 507 | 35 | 39 | 1 | » | » | 3,430 » | 16,088 » | 1,100 » | » | 20,624 » |
| Confolens............... | 2,183 | 2,460 | 43 | 228 | 427 | 128 | 61 | 212 | 682 | 188 | 215 | 3 | » | » | 1,060 » | 40,326 50 | 1,093 40 | » | 42,479 90 |
| Ruffec................... | 1,120 | 1,981 | 11 | 120 | 178 | 92 | 41 | 39 | 278 | 125 | 16 | 6 | » | » | 920 » | 20,440 50 | 1,669 10 | 1,092 | 24,121 60 |
| TOTAUX........... | 5,831 | 8,786 | 201 | 772 | 1397 | 776 | 287 | 390 | 2901 | 612 | 404 | 20 | 4 | 3 | 12,675 55 | 130,084 88 | 6,411 50 | 26,329 | 175,500 93 |

Il résulte de ces chiffres que la population des mendiants est de 3-85 par 0/0 de la population normale du département, et que la moyenne des secours reçus par chacun de ces individus, est de 12 fr. 01 c. par année.

Les renseignements qui concernent les indigents, ne sont pas moins intéressants; ils so subdivisent par arrondissement dans le tableau ci-après :

(Voir le Tableau d'autre part.)

| ARRONDISSEMENTS. | Indigents ne mendiant pas (hommes, femmes et enfants). | NOMBRE d'indigents ne mendiant pas, qui exerçaient la profession de | | | | | | NOMBRE D'indigents ne mendiant pas, qui sont tombés dans la misère par | | | | | | EVALUATION de ce que les indigents qui ne mendient pas reçoivent par an. | | | |
|---|---|---|---|---|---|---|---|---|---|---|---|---|---|---|---|---|---|
| | | Cultivateurs. | Domestiques. | Ouvriers. | Commerçants. | Employés. | Rentiers. | Maladie. | Vieillesse. | Paresse. | Inconduite. | Manque de travail. | Commerce malheureux. | Des bureaux de bienfaisance ou des associations de charité. | Des particuliers. | Des ministres du culte. | TOTAL. |
| | | | | | | | | | | | | | | F. C. | F. C. | F. | F. C. |
| Angoulême.. | 4262 | 999 | 208 | 249 | 8 | 1 | 1 | 254 | 326 | 156 | 65 | 70 | 32 | 7613 50 | 9790 » | 520 | 17923 50 |
| Barbezieux.. | 909 | 263 | 38 | 31 | 8 | 8 | » | 83 | 173 | 33 | 21 | 68 | 8 | 670 » | 2507 » | 627 | 3810 » |
| Cognac....... | 1284 | 488 | 55 | 82 | 2 | 3 | » | 80 | 188 | 69 | 24 | 19 | 5 | 1598 26 | 2514 » | 627 | 4739 26 |
| Confolens.... | 2285 | 713 | 153 | 157 | 11 | » | 2 | 228 | 306 | 127 | 81 | 107 | 37 | 1376 » | 8258 50 | 606 | 10240 50 |
| Ruffec....... | 1513 | 336 | 137 | 46 | 7 | 2 | » | 144 | 159 | 46 | 26 | 84 | 8 | 2250 » | 4060 » | 275 | 6585 » |
| Totaux... | 10253 | 2798 | 591 | 565 | 36 | 14 | 3 | 789 | 1152 | 431 | 217 | 348 | 90 | 13513 76 | 27129 50 | 2655 | 43298 26 |

La comparaison des indigents avec la population, donne 2-7 pour 0/0, et la quantité des secours qu'ils reçoivent est, en moyenne, de 4 fr. 22 c. par an.

Il est aussi à remarquer que les chiffres des indigents et des mendiants sont démesurément plus considérables chez les cultivateurs que dans les autres professions réunies.

Le nombre de ces individus, dans l'une et l'autre classe, est plus fort chez ceux qui sont tombés dans la misère par suite de *vieillesse, maladie et paresse*, que pour d'autres causes.

### Aliénés.

Vous trouverez au dossier de cette affaire, un rapport spécial, propre à vous éclairer sur toutes les parties de ce service important, devenu une lourde charge pour certains départements, et dont les dépenses pour le nôtre tendent plutôt, pour le moment, à diminuer qu'à augmenter. Je n'entrerai donc dans aucun de ces détails que ne comporte pas d'ailleurs un rapport d'esemble; mais j'appellerai pourtant, dès ici, votre attention : 1° sur ce fait remarquable, qu'il n'est entré dans nos établissements, en 1845, que 25 aliénés, ce qui nous laisse un excédant libre de 4,406 fr. sur cet exercice;

2° Sur une proposition de MM. les administrateurs des hospices d'Angoulême, tendant à obtenir une augmentation du prix des journées pour ceux de ces infortunés qu'ils reçoivent dans leur maison.

Vous verrez, par mon rapport spécial, jusqu'à quel point il m'a paru juste et convenable d'entrer, à ce sujet, dans les vues des administrations des hospices.

### Enfants trouvés et abandonnés.
### Vaccine.

Vous connaissez la pensée qui me porta, il y a quelques

aunées, à réunir ces deux services pour les placer sous la direction d'un même homme. Vous n'avez point à regretter, Messieurs, d'avoir donné votre assentiment à cette résolution de l'administration ; c'est un témoignage que vous pourrez vous rendre après avoir pris connaissance de divers documents que je vous soumets et des rapports qui m'ont été adressés depuis votre dernière session.

Les détails fournis à cet égard par M. l'inspecteur, sont tellement étendus, que je crois tout-à-fait inutile d'entrer ici dans de plus longs développements. Je ferai une seule remarque, c'est que le chiffre des vaccinations, par son élévation en 1845, et celui de la mortalité des enfants trouvés, par son exiguité, classent la Charente, d'après le relevé des statistiques, au premier rang des départements du royaume.

Ce sont là des résultats, Messieurs, qui valent mieux que de longs discours. Le chiffre des vaccinations a été de 84 pour 100 sur celui des naissances en 1845, et le nombre des décès des enfants trouvés, qui était, en 1835, de 1 sur 5 ; en 1840, de 1 sur 11 ; en 1844, de 1 sur 13, a été, en 1845, de 1 sur 14.

Je ne puis cependant encore quitter ce chapitre sans vous annoncer que j'aurai à traiter devant vous cette année une question bien délicate, celle de la suppression du tour d'Angoulème ; mais ne vous effrayez pas d'avance, Messieurs : j'espère que vous trouverez dans le mode d'admission que l'administration aurait l'intention de susbtituer à celui qui se trouve actuellement en vigueur, un moyen de concilier le sentiment qui vous domine, je le sais, et que j'ai l'honneur de partager, avec d'autres considérations qui puisent également leur force dans la nature et la morale.

### Prisons.

Vous connaissez toute la sollicitude de l'administration

pour ces refuges des misères humaines : les améliorations, qui y ont été introduites dans ces dernières années, continuent à porter leur fruit tant sous le rapport moral que sous le rapport matériel. Le produit du travail pour le compte du département, figure au budget de l'exercice prochain pour la somme de 1,000 fr.

Je ferai à ce sujet une seule et unique observation, c'est que nos entrepreneurs ont eu l'heureuse pensée de se rendre adjudicataires, au port de Rochefort, des travaux de la plus facile exécution et tout-à-fait étrangers jusqu'ici à notre pays. Il en résulte deux avantages dont vous apprécierez facilement l'importance : le premier, c'est qu'il nous est aujourd'hui permis d'occuper les détenus les plus ignorants et les plus incapables, dès le jour de leur entrée dans la maison ; le second, c'est que le travail qui leur est mis entre les mains est d'une nature telle, qu'il ne peut faire concurrence avec celui de nos ouvriers libres.

### Collége royal. — Instruction secondaire.

Vous connaissez, Messieurs, le degré de prospérité auquel s'est élevé le collége royal ; le chiffre des élèves s'y est constamment accru, à ce point que ce bel établissement comptait jusqu'à 368 étudiants dans le troisième trimestre de l'année classique 1845-46, ce qui établit l'énorme différence en plus de 64 élèves, en comparant ce troisième trimestre au trimestre correspondant de l'année classique précédente. Quant à la moyenne des internes, elle n'est pas descendue, durant toute l'année, au-dessous de 193.

Une pareille situation ne peut que se fortifier d'une manière très remarquable par suite de diverses causes que vous avez pu apprécier.

La translation du collége, du local de Marino dans les bâtiments de Beaulieu, est maintenant effectuée, et désormais l'organisation du collége royal qui, jusqu'à ce jour, n'avait été que provisoire, devient définitive. Il faut, Messieurs, visiter ces beaux bâtiments pour vous faire une juste idée de ce qu'ils offrent d'appropriations heureuses pour toutes les conditions de santé, de bien-être et de surveillance des élèves ; la position admirable de la maison, ses détails si richement distribués, la division des classes et des cours, corpondant à la division des âges, ses vastes salles, ses cours, ses jardins, ses magnifiques dortoirs, font l'admiration de ceux qui les parcourent, et lui valent l'honneur d'être désigné par M. le ministre de l'instruction publique comme collége modèle aux villes qui veulent faire les frais de construction d'un collége royal.

La commune d'Angoulême n'a pas dépensé moins de quatre cent mille francs pour la construction de la maison ; vous êtes intervenus, Messieurs, dans la dépense, pour une somme de vingt-cinq mille francs, et l'administration du collége royal a été autorisée, par suite d'actives démarches, à consacrer, cette année, quatre-vingt mille francs de sa caisse aux premiers frais de l'installation. L'administration qui développe avec dévouement et sollicitude tous les éléments de propérité de la maison qui lui est confiée, continue, ces vacances, de mettre la dernière main aux améliorations qui rendront le collége royal l'un des plus beaux et des plus intéressants de l'Université.

J'aurais dû vous signaler, Messieurs, avant la tenue matérielle de la maison, ce que j'appellerai sa tenue morale ; les excellents principes d'éducation dans lesquels la jeunesse y est élevée, la discipline non moins ferme que paternelle qui y règne constamment, l'ordre et le travail qui récompensent les fonctionnaires de leur zèle et de leur dévouement, et enfin les succès qui viennent, il y a quelques jours, de couronner cette heureuse situation. Le collège royal ne compte pas moins de neuf bacheliers sur les treize candidats qu'il a présentés cette année aux épreuves si justement sévères du baccalauréat ès-lettres; sur les quatre élèves ajournés, deux avaient traversé avec succès l'épreuve de la version latine.

De son côté, la section mathématique ne nous promet pas moins de succès: de plus en plus forte par le nombre et surtout par la capacité de ses élèves, elle se montre digne du soin éclairé de ses professeurs, qui ont doté les écoles de l'État d'un grand nombre de sujets distingués. Les examens qu'elle vient de subir, lui ont mérité les éloges de MM. les inspecteurs de l'Université et de MM. les juges du concours pour les écoles du gouvernement.

L'enseignement du collège royal a été étendu et fortifié dans toutes les facultés; il a reçu cette année l'importante augmentation d'une 2ᵉ chaire d'histoire, consacrée spécialement aux classes de grammaire. Les petites classes de commençants ont été distribuées et dirigées de manière que les jeunes enfants que la confiance des familles met entre les mains du collége royal dès l'âge le plus tendre, y trouvent toute organisée une espèce d'instruction primaire qui les prépare aux diverses études du collège.

L'administration du collége n'a pas non plus négligé de consacrer ses soins au perfectionnement de l'école de commerce, si importante pour un département qui compte de si nombreux et si riches intérêts commerciaux.

Telle est la situation, Messieurs, qui a motivé sur le collége royal les rapports flatteurs de M. l'inspecteur et de M. le recteur de l'Académie, et de deux fonctionnaires émi-

nents de l'Université, MM. Gaillard et Péclet, inspecteurs
généraux; elle nous donne le droit d'espérer que la *promo-*
*tion du collége royal de la troisième à la deuxième classe,*
demandée à l'unanimité par le conseil municipal d'Angoulême, pour laquelle M. le ministre de l'instruction publique,
dans sa sollicitude si efficace pour les intérêts de son département, s'est déjà exprimé d'une manière favorable, sera
inscrite au prochain budget du ministère de l'instruction publique.

Vous contribuerez pour beaucoup, Messieurs, à cet important résultat, si vous ajoutez aux chances de succès que
nous avons, l'expression d'un vœu de promotion qui, émanant du conseil départemental, ne pourra manquer d'être
pris en sérieuse considération par M. le ministre.

## Instruction primaire.

Cette branche si intéressante de l'administration n'a cessé
d'être l'objet de mes plus vives préoccupations depuis mon
arrivée dans ce département. Il reste encore beaucoup à
faire sans doute; mais chaque année signale néanmoins un
nouveau progrès. Vous vous en assurerez, Messieurs, en
suivant avec moi le compte-rendu que je vais vous soumettre.

La dernière inspection a constaté dans le département
l'existence de cinq cent vingt-trois écoles communales et
privées, qui se répartissent, entre les divers arrondissements, ainsi qu'il suit :

*(Voir le Tableau ci-contre.)*

| Arrondissements. | ECOLES communales | | ECOLES privées | | Total des écoles. |
|---|---|---|---|---|---|
| | de garçons. | de filles. | de garçons. | de filles. | |
| Angoulême........ | 111 | 5 | 31 | 46 | 193 |
| Barbezieux........ | 57 | 1 | 13 | 23 | 93 |
| Cognac......... ..... | 54 | 4 | 17 | 15 | 60 |
| Confolens.. ........ | 46 | » | 5 | 13 | 64 |
| Ruffec............... | 57 | 1 | 12 | 13 | 83 |
| TOTAUX........... | 325 | 11 | 78 | 109 | 523 |

En comparant cette situation avec celle qui était signalée
l'année dernière, on a lieu de remarquer que le nombre
des écoles communales de filles est resté le même; que
celui des écoles communales de garçons a augmenté de huit,
celui des écoles privées de garçons, de dix; celui des écoles
privées de filles, de onze; et que, somme toute, nous
avons vingt-neuf écoles de plus qu'en 1845.

348 communes isolées ou réunies, ont des écoles publiques; cent cinq en sont dépourvues; trente-et-une ont une
population trop faible pour entretenir seules une école, et
ce n'est qu'en se réunissant à d'autres communes, qu'elles
pourront satisfaire aux prescriptions de la loi. Ces réunions
opérées d'office n'amèneraient aucun bien; il vaut mieux
procéder à cet égard par voie de persuasion que par voie
d'autorité. Quant aux autres localités, il me serait difficile
d'assigner encore les causes qui s'opposent à ce que l'instruction primaire s'y implante; mais le nouvel inspecteur a
mission particulière de s'en enquérir dans ses prochaines
tournées, et lorsqu'il m'aura bien fait connaître la nature

des obstacles qui y arrêtent l'exécution de la loi, j'userai largement de tous les moyens en mon pouvoir pour les aplanir et les surmonter.

261 instituteurs communaux donnent l'instruction aux enfants de l'un et de l'autre sexe; soixante-quatre ne reçoivent que des garçons; ces derniers fonctionnent dans les localités importantes qui possèdent des écoles de filles communales ou privées. Toutefois, il est à remarquer que l'existence d'une école *privée* de filles ne suffit pas toujours pour ôter à un instituteur *communal* le droit d'instruire des enfants de l'un et de l'autre sexe, et qu'il est des communes où, nonobstant la présence d'une institutrice privée, l'instituteur réunit des filles et des garçons. Partout où il en est ainsi, il serait à désirer que la commune fît quelques sacrifices pour donner à l'institutrice le caractère d'institutrice *communale* (la plus petite subvention suffirait pour cela) : quelques précautions que l'on prenne dans l'intérêt de la morale, il y a toujours de l'inconvénient à réunir les deux sexes dans la même école; les institutrices, d'ailleurs, donnent aux filles une instruction plus appropriée à leurs besoins et à leur destination.

### Population des Écoles.

On compte dans les écoles 16,446 garçons et 6,552 filles, en tout 22,998 élèves, qui se répartissent comme ci-après :

(*Voir le Tableau ci-contre.*)

| ARRONDISSEMENTS. | ECOLES COMMUNALES | | | | ECOLES PRIVÉES | | | | TOTAL des élèves. |
|---|---|---|---|---|---|---|---|---|---|
| | De Garçons. | | De Filles. | | De Garçons. | | De Filles. | | |
| | garçons. | filles. | garçons. | filles. | garçons. | filles. | garçons. | filles. | |
| Angoulême.. | 5,254 | 906 | 15 | 457 | 1,068 | 123 | 37 | 1,265 | 9,127 |
| Barbezieux.. | 2,310 | 425 | » | 25 | 461 | 72 | » | 595 | 3,888 |
| Cognac....... | 2,387 | 679 | 15 | 118 | 605 | 45 | 24 | 451 | 4,334 |
| Confolens.... | 1,363 | 162 | » | » | 95 | 5 | » | 377 | 2,002 |
| Ruffec....... | 2,363 | 312 | » | 123 | 410 | 41 | 40 | 370 | 3,657 |
| TOTAUX...... | 13,676 | 2,484 | 30 | 723 | 2,639 | 286 | 101 | 3,058 | 22,998 |

En 1845, le nombre des enfants qui fréquentaient les écoles, ne s'élevait qu'à 21,730 : nous avons donc en plus 1,268 élèves (1).

Toutefois, ce nombre d'élèves ne persiste pas toute l'année dans la Charente : comme dans toutes les contrées agricoles, les travaux des champs enlèvent, pendant l'été, un grand nombre d'enfants à leurs études, et la population des écoles diminue alors de près de moitié.

### Méthode d'Enseignement.

Le *mode individuel*, cet ancien procédé qui est le partage des maîtres les moins habiles, était pratiqué en 1845, par

---

(1) 19,731 enfants paient une rétribution; 3,267 sont admis gratuitement.

soixante-onze instituteurs; il l'est encore aujourd'hui par soixante-huit.

La *méthode simultanée*, qui n'était usitée que dans cent soixante-cinq écoles, est aujourd'hui mise en usage dans cent soixante-seize établissements. C'est l'enseignement généralement suivi dans les localités un peu importantes, où les instituteurs peuvent obtenir quelque assiduité de la part des élèves et de l'uniformité dans les livres.

Dans deux cent soixante-quinze établissements, l'enseignement participe de la *méthode simultanée* et du *mode individuel*, enseignement *mixte*, qui est imposé aux maîtres par la variété des livres et le peu de régularité que les élèves apportent dans leurs études.

Enfin, le nombre des écoles dirigées d'après la *méthode mutuelle*, n'a pas varié : cet enseignement est toujours pratiqué dans quatre établissements.

Sous le rapport des méthodes, les diverses écoles se classent de la manière qui suit :

| NATURE DES ÉCOLES. | Mutuel. | Simultané. | Mixte. | Individuel. |
|---|---|---|---|---|
| Ecoles communales de garçons............ | 4 | 123 | 171 | 28 |
| Ecoles communales de filles. | » | 7 | 4 | » |
| Ecoles privées de garçons.. | » | 18 | 41 | 19 |
| Ecoles privées de filles..... | » | 29 | 59 | 21 |
| Totaux................... | 4 | 176 | 275 | 68 |

*Tenue et Direction des Ecoles.*

Les élèves sortis de l'école normale, qui fonctionnent dans le département, sont au nombre de cent quarante-deux (1). Ils ont, en général, toute l'instruction requise pour remplir utilement leurs fonctions, et c'est parmi eux que se font remarquer les instituteurs qui font le mieux. Si les écoles qu'ils dirigent n'ont pas partout une bonne impulsion, c'est que quelques-uns n'ont pas encore une assez grande habitude de l'enseignement, et que d'autres n'apportent pas, dans l'accomplissement de leurs devoirs, tout le zèle qu'on est en droit d'exiger d'eux ; de sévères avertissements ont été adressés à ces derniers, et rien ne sera négligé pour les amener à mieux remplir les devoirs de leur charge.

Parmi les hommes qui n'ont pas reçu l'instruction régulière de l'école normale, quelques-uns donnent un enseignement satisfaisant. D'autres ont déjà rectifié et agrandi leurs connaissances, et peuvent acquérir le complément d'instruction qui leur manque.

Quant aux vieux instituteurs, sachant peu et mal, et inhabiles à s'instruire davantage, le temps seul peu porter remède à cet état de choses.

Sous le rapport de la tenue et de la direction, les diverses écoles forment les trois catégories qui suivent :

---

(1) L'état nominatif au 1er janvier porte à 142 le nombre des élèves sortis de l'Ecole normale qui fonctionnent dans le département.

| NATURE DES ÉCOLES. | BIEN | MÉDIOCREM¹. | MAL. |
|---|---|---|---|
| Ecoles communales de garçons............ | 125 | 123 | 77 |
| Ecoles communales de filles................ | 9 | 2 | » |
| Ecoles privées de garçons................ | 16 | 32 | 30 |
| Ecoles privées de filles. | 27 | 57 | 25 |
| TOTAUX............... | 177 | 214 | 132 |

Je dois néanmoins faire observer que l'enseignement laisse à désirer même dans les écoles les mieux tenues, les mieux dirigées, dans ce sens qu'il n'y est pas donné dans la *même mesure* à un assez grand nombre d'enfants, qu'il n'y est pas assez généralisé. Cela tient à ce que peu d'élèves, ainsi que je l'ai déjà dit, fréquentent régulièrement les écoles toute l'année, et reçoivent un enseignement suivi et continu.

La moralité des instituteurs est bonne: il y a contre eux peu de plaintes fondées.

### Maisons d'Ecole appartenant aux Communes.

Le nombre des communes propriétaires de maisons d'école, était, en 1845, de 36; il est aujourd'hui de 47. Ce chiffre se répartit ainsi :

Angoulême............................................... 25

Barbezieux............................................... 3

Cognac..................................................... 6

Confolens.................................................. 7

Ruffec...................................................... 6

Trente de ces bâtiments sont convenablement disposés pour la tenue de la classe et le logement du maître ; quatre pour recevoir les élèves seulement ; un pour loger l'instituteur seulement ; douze laissent à désirer sous tous les rapports.

### École normale primaire d'Instituteurs.

Cet établissement continue d'être en voie de prospérité, et les instituteurs qu'il forme dans son sein, se rendent de plus en plus dignes des généreux sacrifices que le département s'impose en leur faveur.

Les examens qui se sont terminés le 3 de ce mois, ont donné des résultats satisfaisants. Les dix-neuf élèves qui composaient la seconde division ont été jugés dignes, sous le double rapport de la conduite et du travail, de passer en première division.

Des 13 élèves qui devaient quitter l'école cette année et qui se sont présentés pour l'obtention du brevet de capacité, deux ont été admis au degré supérieur et les onze autres au degré élémentaire.

Ce succès, particulièrement dû à l'application persévérante des élèves, témoigne aussi de la bonne direction des études et du zèle des maîtres.

Depuis sept ans que cet établissement est confié aux soins du directeur actuel, l'esprit religieux ne s'y est point démenti un seul instant. Nous pouvons donc espérer que les élèves, devenus maîtres, sentiront que leur premier devoir est tout entier dans les premières prescriptions de la loi du 28 juin 1833, cette charte de l'instruction primaire en France.

J'ai quelques observations à vous soumettre à l'occasion

de la partie financière de cette institution; mais elles trouveront leur place au budget de l'instruction primaire.

### École normale primaire d'Institutrices.

En jetant un coup d'œil sur le procès-verbal de la commission de surveillance, vous acquerrez la certitude que cet établissement répond à toutes vos espérances ; vous aurez la preuve qu'il répond également à un véritable besoin, en apprenant que, depuis l'année dernière, vingt jeunes personnes se sont fait inscrire chez M. le vice-président de la commission pour concourir dans le but d'obtenir les premières places qui viendront à vaquer. Et cependant, Messieurs, cette importante institution allait périr, si une main généreuse n'était venue à son secours. En effet, établi en déficit, votre budget de l'instruction primaire ne permettait aucun prélèvement de fonds pour le paiement des pensions; il ne restait plus qu'à éloigner les élèves et fermer les portes de votre école. Dans cet état de choses, je me suis adressé à M. le ministre de l'instruction publique, et grâce à la persévérance de nos efforts, grâce à l'empressement que sait mettre dans la défense des intérêts du département un de vos collègues, membre de la chambre, nous sommes parvenus à obtenir du gouvernement, pour cette année, la presque totalité de la dépense qui vous incombait. Mais ne nous y trompons pas, Messieurs, de pareilles tentatives ne sauraient se renouveler avec succès, et ce sera conséquemment avec pleine confiance que je vous demanderai d'assurer plus amplement pour l'avenir les services de l'instruction primaire.

### Salles d'Asile.

La discussion qui eut lieu l'année dernière à ce sujet, au

sein du conseil, et la proposition faite par l'un de vos collégues, de créer des ressources suffisantes pour placer une salle d'asile dans chaque chef-lieu de canton du département, témoignent hautement de l'intérêt que vous portez à ces premières écoles de l'enfance. Je ne reviendrai donc pas ici Messieurs, sur le mérite et les avantages de ces sortes d'établissements, dont le chiffre s'élève aujourd'hui à onze; mais je vous ferai remarquer qu'il me sera impossible de leur allouer aucune subvention en 1846, tant est grande la pénurie de votre budget de l'instruction primaire.

Si donc le conseil, comme je l'espère, persiste dans l'intention d'encourager les salles d'asile existantes, et de contribuer par quelques secours à la création de nouvelles, il devra voter les voies et moyens nécessaires pour cela : je lui ferai dans un instant une proposition à cet égard.

### Recouvrement des Contributions directes.

Le recouvrement des contributions dans le département, continue à s'effectuer avec non moins de facilité que d'empressement.

Au 31 décembre 1844, il était entré dans les caisses de l'Etat, 4,418,743 fr., dont la perception avait coûté, en frais de poursuites, 12,478 fr. 06 c., c'est-à-dire, 2 fr. 80 c. par mille francs.

Au 31 décembre 1845, il avait été perçu 4,419,515 fr. (772 fr. de plus qu'à la fin de l'année précédente), et les frais de poursuites ne s'étaient élevés qu'à 11,235 fr. 02 c., c'est-à-dire à 2 fr. 53 c. par mille francs.

L'état des recouvrements opérés pendant les six premiers mois de cette année et des frais de poursuites, comparé à celui des six premiers mois de l'exercice précédent, établit en faveur de l'année courante, une augmentation de 20,092 fr.

dans les produits, et une nouvelle diminution de 2 c. par mille francs dans les frais.

Comme vous le voyez, Messieurs, cette situation n'a rien que de satifaisant, et nous ne pouvons que nous en féliciter.

## Enregistrement. — Contributions indirectes. — Postes.

La situation des produits de ces différentes branches du revenu public, tant pour l'année 1845 que pour les six premiers mois de cette année, constate, ainsi que vous allez être à même d'en juger, une augmentation progressive très remarquable. Cette augmentation, qui avait déjà été en 1845, comparaison faite avec l'année précédente, de 139,730 fr., est de nouveau de 146,076 fr. pour le premier semestre de cette année, comparé à celui de l'année précédente.

En voici le détail par exercice et par nature de recettes :

### Enregistrement.

| | |
|---|---|
| Produits de l'année 1845........................ | 2,446,007 f. 56 c. |
| Produits de l'année 1844........................ | 2,356,345 65 |
| Augmentation pour 1845. | 89,661 91 |
| Produits des six premiers mois de 1846....... | 1,285,321 88 |
| Produits des six premiers mois de 1845....... | 1,210,740 58 |
| Augmentation............ | 74,581 30 |

### Coutributions indirectes.

| | |
|---|---|
| Produits de l'année 1845........................ | 1,186,245 04 |
| Produits de l'année 1844........................ | 1,147,822 52 |
| Augmentation............ | 38,422 52 |
| Produits des six premiers mois de 1846....... | 636,643 55 |
| Produits des six premiers mois de 1845....... | 575,171 71 |
| Augmentation............ | 61,471 84 |

## Postes.

| | | |
|---|---|---|
| Produits de l'année 1845...................... | 283,688 | 88 |
| Produits de l'année 1844..................... | 272,041 | 17 |
| Augmentation............. | 11,647 | 71 |
| Produits des six premiers mois de 1846........ | 147,775 | 28 |
| Produits des six premiers mois de 1845........ | 137,159 | 29 |
| Augmentation............. | 10,615 | 99 |

De pareils résultats n'ont pas, ce me semble, besoin de commentaires ; mais on peut faire remarquer que si l'État y trouve son compte, le premier avantage en revient au département.

### Routes royales. — Navigation de la Charente. — Routes départementales.

### Chemin de Fer.

Vous avez déjà entre les mains les rapports qui m'ont été adressés, cette année, sur ces diverses branches du service public, par MM. les ingénieurs en chef. Ces documents, en vous fournissant, par les détails qu'ils contiennent, un moyen sûr d'exercer le droit d'investigation, qui vous appartient dans certains cas, vous donnent encore la satisfaction de pouvoir vous rendre facilement compte de la marche imprimée aux grands travaux entrepris par l'État dans le département dont les intérêts particuliers vous sont confiés.

### Chemins vicinaux.

### Chemins vicinaux de grande Communication.

La direction imprimée depuis quelques années à ces grands travaux, a reçu si souvent votre approbation, la voie dans laquelle nous sommes entrés est tellement simple et régulière, la comptabilité tenue à jour si nette et si satisfaisante, que je considérerais comme surabondant, après le rapport complet de M. l'agent-voyer en chef, qui vous a été distribué, d'entrer ici dans aucuns détails sur cette branche de service public.

Toutefois, je vous ferai remarquer que si, dans la dernière et la présente année, nous n'avons pas atteint le chiffre de cinquante mille mètres linéaires, cela tient à diverses circonstances parfaitement bien expliquées dans l'exposé présenté par M. le voyer en chef.

Quoi qu'il en soit, Messieurs, la moyenne pour les cinq années de mon administration, n'en aura pas moins été de 50,000 mètres environ; mais ce dont nous pouvons avoir désormais la certitude, c'est qu'avec les ressources mises à notre disposition, six ou sept années au plus suffiront pour achever le vaste réseau de chemins dont vous avez voté le classement. Comment n'en serait-il pas ainsi, lorsque déjà nous sommes arrivés à ce point, de faire entrer la prestation en nature, d'abord si peu fructueuse, pour plus des 4/7$^{mes}$, dans la dépense de nos travaux, y compris les ouvrages d'art.

Je me permettrai encore une observation : pour la première fois, vous trouverez annexé au rapport de M. le voyer en chef un état récapitulatif par spécialité de dépenses des paiements effectués en 1845 sur chacune de vos lignes ; c'est un travail sur lequel j'appelle votre attention toute particulière ; il m'a paru convenable de vous le soumettre comme un des documents les plus propres à vous éclairer dans les investigations que j'aime à provoquer de votre part. A cette occasion, je vous dirai que je regrette vivement de ne pouvoir vous remettre dès aujourd'hui l'itinéraire dont vous avez voté l'année dernière l'impression sur la demande de l'un de vos collègues ; mais, pour avoir toute son utilité, ce travail doit être exempt d'incorrections, et par cette raison, je désire qu'il soit de nouveau révisé ; il sera, dans tous les cas, transmis à chacun de vous dans le courant de l'année prochaine ; en attendant, je dépose sur le bureau la belle carte routière qui doit l'accompagner, et dont l'exécution me paraît ne rien laisser à désirer.

### Chemins d'Association ou d'Embranchement.

Ces travaux, qui ne datent guère que depuis 1842 dans la Charente, ont pris un tel développement, que le chiffre des mètres linéaires confectionnés depuis cette époque, ne monte pas à moins d'environ 200,000 mètres qui ont donné lieu à l'établissement de 280 ponts, ponceaux et aqueducs.

Vous trouverez également, Messieurs, sur l'exécution de ces nouvelles voies de communication, tous les renseignements désirables dans le rapport spécial dont je vous ai déjà entretenus.

### Répartition des Contributions directes.

La loi du 3 juillet dernier, Messieurs, a réglé les contributions directes de 1847.

Le contingent du département, dans ces contributions, est fixé ainsi qu'il suit.

Foncier............................... 1,816,413 f.

Personnel et mobilier................. 325,453

Portes et fenêtres................... 179,166

Mais par suite de perte de matière imposable, le principal foncier doit être diminué de 123, c'est-à-dire réduit à 1,816,290, suivant les prescriptions d'une lettre de l'administration des contributions directes, du 7 de ce mois.

Au principal de ces contingents, il doit être ajouté, savoir:

pour la contribution foncière ainsi que pour la contribution personnelle et mobilière, 37 centimes, dont 18 sans affectation spéciale, 17 pour dépenses ordinaires et fonds commun des départements, et 2 pour secours, dégrèvement et non-valeurs.

Pour la contribution des portes et fenêtres, 18 c. 8/10 dont 15 c. 8/10 sans affectation spéciale, et 3 pour non-valeurs, remises et modérations.

Vous avez en outre la faculté d'établir des impositions dont le montant ne doit pas excéder 5 centimes du principal des contributions foncière et personnelle et mobilière, pour les dépenses facultavives d'utilité départementale; 5 centimes du principal de la contribution foncière seulement pour le cadastre; 2 centimes du principal des quatre contributions pour l'instruction primaire; et 5 centimes du principal des mêmes contributions pour les chemins vicinaux.

Enfin, les lois des 4 juin 1834 et 5 juin 1846 autorisent le département à s'imposer dix centimes extraordinaires sur le principal des susdites contributions, pour l'amortissement de l'emprunt, les travaux neufs des routes départementales et des chemins vicinaux de grande communication.

Par suite de l'application de la loi du 17 août 1845, disposant que le contingent foncier de chaque commune subit, soit en plus, soit en moins, des variations en raison des nouvelles constructions et des démolitions, le chiffre de 1846 excède celui de 1845 de 1849 fr.

Pour la contribution des portes et fenêtres, le contingent de 1846 a augmenté de 888 fr. comparativement à 1845, suivant les mêmes dispositions légales.

Le même principe a été appliqué à la taxe personnelle et mobilière par la loi du 4 août 1844; il en résulte que le contingent de 1846 surpasse celui de 1845, de 898 fr.

## Réclamations.

La sous-répartition de l'impôt foncier n'a soulevé aucune réclamation de la part des communes; il n'en est pas de même pour la contribution personnelle et mobilière: six communes sont en instance, savoir: Angoulême, Hiersac, Sonneville (canton de Rouillac), Barbezieux, Montchaude et Cognac.

Les conseils des arrondissements dont ces communes font partie, sont unanimes pour demander la révision du recensement opéré en 1841, et dont l'administration s'est servie pour proposer, en 1846, entre les communes, une nouvelle péréquation de cette taxe.

Le chef de service, auquel j'ai communiqué les délibérations des conseils d'arrondissements, m'a fait de nouveaux rapports dans lesquels il persiste dans les conclusions de ceux qu'il avait joints aux demandes lors de l'instruction primitive, c'est-à-dire dans le maintien de la sous-répartition actuelle, sauf à entreprendre avec zèle toutes les vérifications et nouvelles recherches qui seront jugées utiles par l'autorité supérieure.

Je me réunis, Messieurs, en présence des seuls documents qui ont servi à sa répartition, à l'avis de M. le directeur.

## Nouvelle Sous-Répartition foncière.

Depuis votre dernière session, le travail de la sous-répartition foncière a fait des progrès; cependant ils n'ont pas été aussi actifs que je le désirais, par le motif que M. Pontet, contrôleur, qui conduisait l'opération après M. Fleury, a été promu à un grade supérieur, et qu'il a fallu le remplacer, ce qui a fait perdre beaucoup de temps.

M. Houssiaux, contrôleur de la division d'Aubeterre, a été désigné pour continuer ce travail. Comme il est remplacé dans sa division par un surnuméraire de la Dordogne, il se livre entièrement à sa spécialité.

Aujourd'hui l'opération marche avec ensemble ; elle ne sera plus soumise à ces fréquentes interruptions qui la faisaient traîner en longueur, et qui, dans la suite, auraient pu compromettre sinon son exactitude du moins son unité. L'expert choisi dès le principe continue à remplir avec zèle et intelligence la mission délicate dont il est investi. M. Houssiaux, ni moins actif, ni moins entendu dans les travaux de ventilation que ses deux prédécesseurs, remplit très convenablement les vues dans lesquelles vous avez prétendu entrer, Messieurs, en demandant une nouvelle sous-répartition de l'impôt foncier.

Au 25 d'août 1845, époque à laquelle je vous ai communiqué mon dernier rapport sur cette matière, le travail était fait dans treize cantons, comprenant deux cent dix communes. Dans ce moment, il est achevé dans deux cent quatre-vingt-huit communes.

Pendant la présente campagne, les résultats obtenus dans les cantons de Confolens (nord et sud), Chabanais, Montembœuf, Saint-Amant-de-Boixe, Rouillac et Hiersac, ont été soumis aux assemblées cantonales, et, sur tous les points, ces assemblées, après une discussion aussi approfondie que possible, ont sanctionné le travail des agents des contributions directes, sans y proposer de sérieuses modifications.

Cet accord général, dans un grand nombre de cantons, atteste deux faits importants : le premier, c'est qu'une nouvelle péréquation de la contribution foncière est un besoin universellement senti et justement apprécié par les contribuables; le second, c'est que les agents qui opèrent, ont su, par leurs travaux, leur capacité et leur conduite, se concilier la confiance des propriétaires.

### Cadastre.

Pendant la campagne de 1846, les travaux de l'arpentage parcellaire ont été portés dans neuf communes, six du canton de Mansle, et trois du canton de Barbezieux. Celles du canton de Mansle sont : Saint-Angeau, Cellefrouin, Saint-Amant-de-Bonnieure, Sainte-Colombe, Latache et Ventouse; dès lors, les travaux graphiques sont terminés dans ce canton. Les communes du canton de Barbezieux soumises à la même opération, sont celles de Barbezieux, Montchaude et Saint-Hilaire.

Suivant le budget de l'année, les expertises cadastrales doivent être faites cette année, dans treize communes du canton de Mansle, savoir : Aunac, Bayers, Chenon, Chenommet, Saint-Ciers, Fontenille, Saint-Front, Juillé, Lichères, Lonnes, Mouton, Moutonneau et Valence.

Les travaux nombreux qui ont pesé, cette année, sur les agents de la direction, et les longues pluies du printemps, ont entravé les opérations pendant la première campagne ; aussi les expertises n'ont-elles été entreprises et terminées que dans les communes de Fonteille et de Lonnes.

Il reste donc, pour la seconde campagne, onze communes à expertiser; elles le seront d'ici au 1er janvier prochain; M. le directeur m'en donne l'assurance.

Après vous avoir exposé la situation des travaux, je vais vous indiquer mes prévisions pour le budget de 1847.

Dans la circonstance actuelle et avec les dispositions favorables de l'administration supérieure touchant la conservation du cadastre dont le projet de loi vous a été communiqué pour avoir vos observations ; d'après les dispositions de la circulaire de M. le ministre des finances du 7 juillet, portant que le crédit alloué au budget de l'État pour 1847, à titre de fonds communs, a été réduit de nouveau, et que les secours sur ce fonds seront nécessairement fort restreints, je crois devoir vous proposer de réduire votre vote de l'année dernière, c'est-à-dire d'accorder 1 centime 3/4 au lieu de deux centimes. Le produit de cette taxe sera suffisant pour assurer l'achèvement des travaux en cours d'exécution, car il ne doit pas en être entrepris de nouveaux, et pour continuer l'opération de la sous-répartition foncière.

Le budget sera divisé en trois parties :

1° Expertises et confection des pièces cadastrales ;

2° Mutations ;

3° Sous-répartition foncière.

Voici comment je vous le propose :

RECETTES.

| | | |
|---|---:|---:|
| Excédant du budget de 1846.......................... | 205 f. | 57 c. |
| Produit d'un centime trois quarts dont je vous demande le vote..................................... | 31,785 | 05 |
| Fonds commun par prévision........................ | 10,000 | 00 |
| Total des ressources............... | 41,990 | 62 |

DÉPENSES.

| | | |
|---|---:|---:|
| Solde des travaux d'art entrepris en 1846........... | 13,927 | 83 |
| Solde des expertises exécutées en 1846.............. | 500 | 00 |
| Expertises et matrices cadastrales à faire en 1847.... | 8,000 | 00 |
| Mutations cadastrales.............................. | 8,000 | 00 |
| Sous-répartition foncière........................... | 11,562 | 79 |
| Montant des dépenses.............. | 41,990 | 62 |

## Balance.

Recettes............... 41,090 f. 62 c.
Dépenses............... 41,990   62
Excédant............... »     »

### Budget de 1847.

L'importance du budget départemental vous est connue, Messieurs; vous savez que toutes les affaires que vous avez à traiter s'y rattachent d'une manière plus ou moins directe: c'est donc dans le développement des motifs du projet de budget que je vous propose pour 1847, que vous trouverez la majeure partie des questions réservées à votre examen.

Je vais passer en revue, en les divisant par sections, les différents articles qui doivent prendre place dans chacune d'elles.

#### PREMIÈRE SECTION. — RECETTES ORDINAIRES.

Quatre articles principaux composent les recettes de cette section, savoir :

1° Fonds libre de 1845, provenant des bonis obtenus sur quelques articles des dépenses de la même section du budget de 1845.................................................. 10,615 f. 71 c.

2° Produit de 10 centimes additionnels ordinaires, calculé comme pour l'année courante, donne un résultat de.................................................. 244,174  30

Soit 274 fr. 70 c. de plus que pour 1846, provenant de l'augmentation que je vous ai fait connaître du principal des contributions foncière, personnelle et mobilière.

A reporter.................... 254,790  01

Report...................... 251,790 f. 01 c.

3° Part du département dans le premier fonds com-
mun................................................................ 30,000 00

Ce chiffre est moins élevé de 10,000 fr. que celui
de 1846; la cause en doit être attribuée à l'obligation où
l'administration supérieure s'est trouvée d'imputer sur
ce fonds des dépenses considérables qui étaient sup-
portées précédemment par des communes. Ce contre-
temps fâcheux nous prive d'une ressource qui laissera
en souffrance une partie du service ordinaire.

4° Produits éventuels, évalués à 4,866 fr. 61 c.,
suivant les appréciations les plus probables, se composant d'articles qui s'appliquent aux objets suivants,
savoir :

1° Produit d'expéditions d'anciennes pièces ou d'actes de la préfecture déposés aux archives.     26 f. 25 c.

2° Revenus particuliers de la prison
d'Angoulême.............................. 1,000   00

3° Remboursement d'avances faites
par le département pour les tables décennales de l'état civil.................... 240   36

4° Remboursement d'avances faites par
le département pour entretien de condamnés à plus d'un an, et dont la dé-
pense est à la charge de l'état........... 3,600   00

Total............ 4,866  61  ci  4,866  61

La réunion de toutes ces sommes forme un total de..  259,656  62

Ce total comparé à celui de 1846, est inférieur de 7,509 fr.
47 c., ce qui provient de notre faible dotation sur le fonds
commun, ainsi que je viens de l'expliquer.

La conséquence inévitable de cette situation sera de reporter sur les centimes facultatifs une partie des dépenses
ordinaires.

J'ai mis tous mes soins à faire cadrer la dépense avec le
chiffre que je vous propose d'affecter à la première section.
Tous les articles qui la composent ont été de ma part l'objet

du plus scrupuleux examen ; ce sont des besoins réels et
bien constatés, ou des entreprises en cours d'exécution qui
m'ont guidé dans mes propositions, sur lesquelles j'appelle
toute votre attention.

### DÉPENSES.

SOUS-CHAPITRE 1ᵉʳ. — *Travaux ordinaires des Bâtiments
départementaux.*

#### *Réparations à dix Casernes de Gendarmerie.*

Les officiers de gendarmerie réclament depuis longtemps
des réparations extraordinaires à ces casernes ; l'architecte
du département s'est transporté dans chaque localité et a
constaté par des devis distincts, qu'une somme de 2,963 fr.
suffisait pour mettre ces édifices en assez bon état : c'est ce
chiffre que je vous demande. Vous déciderez après avoir pris
connaissance des états de dépense.

#### *Réparations d'urgence à la Sous-Préfecture de Cognac.*

Il a été pratiqué des anglaises dans un mur qui sépare
l'office de la salle à manger ; ce mur est tellement détérioré,
qu'il faut le refaire. Une somme de 212 fr. a été jugée utile
par l'architecte.

#### *Entretien des Bâtiments départementaux.*

Les frais ordinaires d'entretien figurent dans ce sous-chapitre pour la même somme que l'année courante, savoir :

1° Couvertures des bâtiments départementaux.........   1,186 f. 33 c.
2° Dépôt des minutes des anciens notaires d'Angou-
mois...........................................   ................     30   00
3° Hôtel de la Préfecture.... .......................   2,000   00

4° Sous-Préfectures.......................... 500 f. 00 c.
5° Tribunaux............................... 1,400  00
6° Prisons................................. 1,600  00
7° Casernes de gendarmerie................. 9,500  00

### Traitement de l'Architecte du Département.

Le traitement de cet agent a été fixé à 2,000 fr. par une décision ministérielle du 25 juillet 1825; cet article forme le complément de ce sous-chapitre.

### SOUS-CHAPITRE II. — *Contributions.*

Le département n'étant propriétaire d'aucun bien imposable, ce sous-chapitre ne nous concerne pas.

### SOUS-CHAPITRE III. — *Loyers des Sous-Préfectures.*

Toutes les sous-préfectures appartiennent au département à l'exception de celle de Confolens, établie dans une maison particulière, dont le loyer, pour douze années, à partir du 10 mars 1842, a été fait moyennant 800 fr. par an.

### SOUS-CHAPITRE IV. — *Mobilier de l'Hôtel de Préfecture et des bureaux de Sous-Préfectures.*

L'ordonnance royale du 6 août 1843 a fixé à 40,000 fr. le taux du mobilier de l'hôtel où vous vous trouvez en ce moment. Ce chiffre est atteint; cependant il reste encore beaucoup à faire pour l'ameublement des appartements d'habitation. Je me borne à vous signaler cette lacune.

Mes demandes ont pour objet, cette année, 1° l'entretien, pour lequel vous allouez 2,000 fr. annuellement, soit le vingtième du capital, ainsi que l'autorise l'ordonnance réglementaire du 7 août 1841 :

2° La réforme de quelques objets hors de service, et qui sont portés à l'inventaire pour 200 fr.

La somme de 120 fr. est consacrée, chaque année, à l'entretien des mobiliers des bureaux des sous-préfectures.

Enfin, je prévois 50 fr. pour frais de vente des objets réformés dans le cas où vous accueillerez ma proposition.

Ce sous-chapitre ne s'élève qu'à 2,370 fr., soit 150 fr. de moins que pour 1816.

Je vous rappelle, Messieurs, que le récolement de l'inventaire du mobilier de la préfecture, doit être fait pendant chaque session, concurremment avec un agent de l'administration des domaines. Vous voudrez bien désigner deux membres pour assister à cette opération obligatoire.

SOUS-CHAPITRE V. — *Casernement de la Gendarmerie.*

Ce sous-chapitre, dont la dépense, qui est fixée pour l'année courante à 9,415 fr., peut être réduit à 9,295 fr., ainsi divisé :

| | |
|---|---|
| 1° Eclairage des casernes et remplacement de drapeaux, formant une diminution de 150 fr., fondée sur ce que les frais d'illumination de ces édifices, les jours de fêtes publiques, doivent être imputés sur l'article 6 du sous-chapitre XXII, qui a été augmenté en conséquence. | 150 f. |
| 2° Loyers et frais de baux des casernes qui n'appartiennent pas au département.................... | 8,445 |
| 3° Indemnité de literie aux gendarmes extraits de la ligne ou admis dans les six mois de leur congé................ | 700 |
| ENSEMBLE............ | 9,295 |

Je vous ai donné, Messieurs, dans mon rapport de l'année dernière, des renseignements sur tous les édifices qui servent de logement à la gendarmerie.

Je vous parlerai seulement de la caserne de Chalais, qui est arrivée à un tel point de dégradation, vu son ancienneté, qu'il n'y a plus de réparations possibles à y faire ; toutes les parties, en général, sont en si mauvais état, qu'il en coûterait presqu'autant pour les réparer que pour les reconstruire. Cette caserne est très mal située relativement au service de la gendarmerie : déjà on s'est occupé de rechercher un autre local, soit pour le louer, soit pour en proposer l'acquisition, en donnant en échange le bâtiment actuel ; mais on n'a rien trouvé de convenable.

L'établissement de la station du chemin de fer, devant nécessairement donner un service plus actif à la gendarmerie, il deviendra indispensable de prendre des dispositions pour construire une nouvelle caserne plus à la proximité de la gare et du service intérieur de la ville.

Si vous émettez le vœu, Messieurs, que le local actuel soit vendu, j'aurai l'honneur de vous soumettre une proposition à ce sujet dans votre réunion de l'année prochaine.

SOUS-CHAPITRE V. — *Prisons départementales.*

Le service des prisons exigera un chiffre moins élevé de 1,770 francs, que celui de 1846. Ainsi, j'ai supposé que 47,357 fr. 57 c. au lieu de 49,127 fr. 57 c., suffisaient à tous les besoins. L'économie résulte de la non reproduction du prix d'acquisition d'une voiture cellulaire à quatre roues. Le crédit proposé permettra néanmoins d'adopter le même système pour la voiture à deux roues qui nous a été précédemment envoyée.

La somme de 47,357 fr. 57 c. se subdivise suivant la forme du budget, savoir :

Art. 1er. Administration........................ ..... 11,454 f. 00 c.
— 2. Régime économique.................... 32,843  57
— 3. Dépenses diverses.................. ..... 150  00
— 4. Dépenses des chambres ou dépôt de sûreté.. 1,950  00
— 5. Dépenses communes aux diverses prisons du
département................................ 960  00

SOMME ÉGALE................ 47,357  57

SOUS-CHAPITRE VII. — *Cour d'Assises et Tribunaux.*

La somme de 400 fr. proposée à l'article 2 (loyers), a été accordée l'année dernière, pour porter à ce chiffre le bail du local occupé par le tribunal de commerce de Cognac, qui appartient à la ville. Vous la maintiendrez, je pense.

Je demande à l'article 3 la somme ordinaire de 1050 fr. pour frais d'entretien du mobilier de la cour d'assises et des tribunaux.

L'article 4 comprend une nouvelle allocation de 600 fr. pour renouvellement de quelques meubles du tribunal d'Angoulême. M. le Président de ce tribunal réclame cette somme pour remplacer par des fauteuils, les banquettes circulaires de la cour d'assises et du tribunal civil, qui sont fort incommodes et dont les siéges sont usés ; cette somme a aussi pour objet de substituer un bureau en noyer pour tous les juges à la petite table placée devant le président des assises.

M. le ministre de la justice a fixé les sommes figurant aux articles 6 et 7, à titre d'abonnement pour les menues dépenses et frais de parquet des tribunaux et des justices de paix. La première est de 6,610 fr., et la seconde de 1,675 fr.; elles ne peuvent être changées sans une autorisation de Son Excellence.

Le total de ce sous-chapitre sera donc de 10,335 fr., soit 600 fr. de plus que pour 1846.

SOUS-CHAPITRE VIII. — *Corps-de-Garde de la Préfecture.*

Le chauffage et l'éclairage de ce corps-de-garde est fait par le fournisseur de la garnison , et aux prix de son adjudication. La somme de 450 fr. paraît suffisante pour ce service.

SOUS-CHAPITRE IX. — *Entretien des Routes départementales.*

Un rapport particulier sur le service des routes royales et départementales vous a été distribué ; je ne m'occuperai donc, en ce moment, que des frais d'entretien des routes à la charge du département.

Ces routes n'étaient qu'au nombre de 9, dont la longueur totale est de 217,454 mètres ; l'ordonnance royale du 16 février dernier en a classé une nouvelle sous le n° 10 et sous la dénomination de route de Poitiers à Ruffec par Civray, ayant un parcours dans la Charente de 6,794 mètres. la longueur ci-dessus est donc élevée au chiffre de 278,248 mètres , dont 244,605 mètres seront à l'état d'entretien au 1" janvier prochain.

Les dépenses se divisent de la manière suivante :

1° Frais matériels d'entretien proprement dit ;

2° Traitement de quatre conducteurs attachés particulièrement à ce service ;

3° Frais d'impressions et autres menues dépenses.

4° Enfin, indemnité proportionnelle à accorder aux ingénieurs, calculée sur les bases posées dans les circulaires des 12 juillet 1817 et 20 août 1846.

Je vous propose d'affecter à ces dépenses la somme totale de 114,657 fr., soit 6,208 fr. 78 c. de moins que pour 1846.

Lorsqu'en juin dernier j'ai rédigé, pour être soumis à M. le ministre de l'intérieur, le projet de budget de la première section, j'y ai fait figurer, sur la demande de M. l'ingénieur en chef, la somme de 138,000 fr. pour ce service, dans la pensée que notre portion dans le premier fonds commun serait plus considérable que celle de l'année courante ; mais le contraire est arrivé, en sorte que j'ai été obligé de réduire la dotation des routes. Instruit de cette situation, et frappé des inconvénients qu'elle présente, tant pour le présent que pour l'avenir, M. l'ingénieur en chef m'a adressé, sous le titre modeste de note, des observations fort judicieuses que je vous communique. Cet habile fonctionnaire indique deux moyens de sortir de l'état fâcheux dans lequel se trouvent les voies de terre secondaires, tant sous le rapport de l'entretien que sous celui des travaux neufs : l'un consisterait à accroître les ressources du département, l'autre à faire élever au rang de routes royales les lignes départementales les plus importantes.

Il donne la préférence à ce dernier moyen, comme le plus juste et le plus facilement praticable. Vous apprécierez ces vues que je partage entièrement, Messieurs, et je m'empresserai de transmettre à l'administration supérieure le vœu que vous émettrez à ce sujet.

La somme de 114,657 fr., qui représente 0,46 c. par mètre courant, ne pouvant être imputée entièrement sur le sous-chapitre 9 dont je vous entretiens, il a fallu en reporter sur la seconde section du budget (centimes facultatifs), 28,840 fr. 99 c, c'est-à-dire le quart environ de cette somme.

Voici la répartition du crédit de 84,816 f. 01 c. que je demande sur la première section :

| | | |
|---|---:|---:|
| Frais matériels............................................ | 76,759 f. | 00 c. |
| Conducteurs................................................ | 4,800 | 00 |
| Frais d'impression et menues dépenses.............. | 1,289 | 41 |
| Indemnité aux ingénieurs............................... | 1,967 | 60 |
| SOMME ÉGALE................ | 84,816 | 01 |

## SOUS-CHAPITRE X. — *Enfants trouvés.*

Ce service se maintient toujours en voie d'amélioration. Les enfants continuent d'être tenus par les nourrices dans un état de santé et de propreté on ne peut plus satisfaisant. Aussi leur nombre augmente par suite de leur conservation, car les expositions sont à peu près stationnaires.

J'ai cru devoir inscrire au budget, pour l'entretien de 1,200 enfants, à raison de 63 f. pour la pension moyenne, 75,600 f. y compris 2,000 fr. pour traitement de l'inspecteur.

A déduire :

1° Le produit présumé des amendes affectées à cette dépense................................................. 1,500 f.　⎫
　　　　　　　　　　　　　　　　　　　　　　　　　　⎬　16,320
2° Le cinquième à la charge des communes... 14,820　⎭

Reste à la charge du département......... **59,280**

Ce chiffre excède de 2,560 fr. celui de 1846. L'augmentation du nombre des enfants, le service de santé dans chaque canton et les secours aux filles-mères, motivent cet excédant de crédit.

## SOUS-CHAPITRE XI. — *Aliénés.*

J'ai évalué la dépense des aliénés à la charge du département, qu'ils soient placés dans le dépôt d'Angoulême ou dans les asiles voisins, d'après un nombre de 61 malades des deux sexes, et à raison de 365 fr. pour la pension annuelle de chaque aliéné, à une somme totale de 22,265 f.

A déduire :

1° Ce que les aliénés ou leurs familles peuvent fournir à l'aide de leurs
ressources.............................................. 800 f.　⎫
　　　　　　　　　　　　　　　　　　　　　　　　　　⎬　2,800 f.
2° Le concours présumé des communes du do-
micile des aliénés.................................... 2,000　⎭

Reste à la charge de la 1re section..................... 19,465
Frais de transport et de nourriture en route des aliénés indigents................................................... 365

TOTAL du sous-chapitre XI............... **19,830**

En comparant ce total à celui de l'année courante, on le trouve supérieur de 2,130 fr. Il faut en attribuer la cause au nombre des malades, qui a pris de l'accroissement par suite des chaleurs excessives qui ont régné cette année, et à l'augmentation de la journée, qui de 92 et 94 c. a été portée pour tous les établissements à 1 fr.

SOUS-CHAPITRE XII. — *Impressions.*

Je maintiens à 5,000 f. le crédit de ce sous-chapitre, qui se compose de deux articles: le premier concerne les frais d'impression et de publication des listes électorales et du jury; le second, les mêmes frais des budgets et comptes des recettes et dépenses départementales.

SOUS-CHAPITRE XIII. — *Archives du Département.*

Les frais de conservation des archives du département sont évalués comme aux budgets précédents, savoir:

1º Traitement du conservateur.......................: 1,000 f.
2º Dépouillement extraordinaire des archives, achats de cartons et établissement de tablettes........................ 150
3º Frais de vente de papier de rebut (par prévision)........ · 50

TOTAL................ 1,200

Le classement des papiers se continue; vous en connaîtrez la position dans le rapport que l'archiviste doit présenter à chacune de vos sessions, en vertu du règlement de M. le ministre de l'intérieur, du 6 mars 1843.

SOUS-CHAPITRE XIV. — *Frais de Translation, de Route et Dépenses diverses.*

Il a été dépensé, en 1845, pour les divers services inscrits dans ce sous-chapitre, 3,600 fr. Je dois penser dès lors que la somme de 4,200 f. qui est divisée en neuf articles, sera suffisante pour l'année 1847. Elle excède de 97 fr. seulement celle prévue pour 1846.

SOUS-CHAPITRE XV. — *Dette départementale ordinaire.*

Le crédit demandé à ce sous-chapitre est inférieur de 223 f. 70 c. à celui de l'année courante; il a pour objet de désintéresser:

1° L'architecte du département, auquel il est dû 60 f. pour ses frais de tournée de 1845;

2° l'ingénieur en chef auquel il revient 2 fr. 71 c. pour solde de son indemnité de direction des routes départementales en 1845; enfin, l'entrepreneur qui a fait des réparations autorisées à la prison de Cognac, et dont le mémoire s'élève à 269 fr.

RÉCAPITULATION DES DÉPENSES DE LA PREMIÈRE SECTION.

| | | |
|---|---|---|
| CHAPITRE I. Travaux ordinaires des bâtiments.... | 14,391 f. | 33 c. |
| — II. Contributions.,............... ,......... | 00 | 00 |
| — III. Loyers de l'hôtel de la Sous-Préfecture de Confolens...,................... | 800 | 00 |
| — IV. Mobiliers de la Préfecture et des bureaux des Sous-Préfectures.......... | 2,370 | 00 |
| — V. Casernement de la gendarmerie....... | 9,395 | 00 |
| — VI. Prisons départementales............... | 47,357 | 57 |
| — VII. Cour d'assises et tribunaux........... | 19,335 | 00 |
| — VIII. Corps-de-garde de la Préfecture..... | 450 | 00 |
| — IX. Entretien des routes départementales. | 84,816 | 01 |
| — X. Enfants trouvés ou abandonnés et orphelins pauvres.................... | 59,280 | 00 |
| — XI. Aliénés........ ................... | 19,830 | 00 |
| À reporter...... | 248,934 | 91 |

|  |  |  |
|---|---|---|
| *Report*...... | 318,934 f. | 91 c. |
| Chapitre xii. Impressions........................... | 5,000 | 00 |
| — xiii. Archives du département............ | 1,200 | 00 |
| — xiv. Frais de translation de routes et au- | | |
| tres.................................. | 4,200 | 00 |
| — xv. Dettes ordinaires..................... | 331 | 71 |
| Total général des dépenses ordinaires.... | 259,656 | 62 |

## DEUXIÈME SECTION. — RECETTES.

Conformément à la disposition qui termine l'article 21 de la loi du 10 mai 1838, les fonds libres de chaque section doivent être cumulés avec les ressources du budget nouveau.

|  |  |  |
|---|---|---|
| Les fonds libres de 1845 restés sans affectation, conformément au compte de cet exercice, sont seulement de.............. | 10 f. | 59 c. |
| Les recettes normales, c'est-à-dire le produit des cinq centimes facultatifs que vous êtes autorisés à voter par la dernière loi de finances, est de...................... | 107,087 | 15 |
| La subvention de la commune de Nanteuil pour concourir aux travaux de la route n° 9, s'élève à.......... | 669 | 00 |
| Enfin, le produit des rétributions à payer par les pharmaciens, les épiciers, les droguistes et les herboristes pour la visite de leurs établissements, peut être évalué à............................ | 760 | 00 |
| Ces diverses sommes forment un total de........ | 108,533 | 74 |

La comparaison de ce total avec celui de 1846, démontre que nos ressources de cette section ont aussi fléchi de 9,305 fr. 45 c. L'explication se trouve dans les fonds libres de 1844, qui étaient plus élevés que ceux 1845.

Aucune dépense facultative n'a pu être introduite dans la première section ; je vais vous indiquer de quelle manière je vous propose de faire emploi de la recette ci-dessus.

### DÉPENSES.

**SOUS-CHAPITRE XVI.** — *Travaux neufs et Acquisition de Bâtiments.*

Je vous demande, à l'art. 1<sup>er</sup> de ce sous-chapitre, 14,000 fr. pour activer la construction de la Sous-Préfecture et du Palais de justice de Ruffec. L'adjudication a eu lieu le 24 mars dernier, moyennant un rabais de 17 pour 0/0 ; les travaux sont entrepris et se soldent, au fur et à mesure de leur avancement, avec les crédits ouverts aux budgets de 1845 et 1846, et s'élèvent à 20,787 fr. y compris les allocations ministérielles sur le second fonds commun. Nous obtiendrons, je pense, sur ce fonds, pour l'année prochaine, un secours proportionnel au crédit que je vous propose.

Le second article de ce sous-chapitre porte une somme de 60 fr. pour solder entièrement les intérêts du prix d'acquisition d'un terrain acquis pour isoler la prison de Barbezieux.

Enfin, le troisième et dernier article prévoit 260 fr. pour payer les primes d'assurances contre l'incendie des bâtiments départementaux.

En rapprochant le total de ce sous-chapitre, qui est de 14,310 fr., de celui de 1846, on trouve une différence en moins de 6,847 fr. 48 c.

**SOUS-CHAPITRE XVII.** — *Travaux des Routes départementales, et Ouvrages d'Art qui en font partie.*

L'entretien des routes étant au nombre des dépenses de la première section, la conséquence serait que le présent sous-chapitre ne devrait comprendre que des travaux neufs.

Toutefois, on n'a pas donné cette dénomination au titre de ce sous-chapitre, parce qu'on a dû prévoir le cas où les besoins du service de l'entretien des routes excèderaient les ressources de la 1<sup>re</sup> section, et où, par conséquent, les conseils généraux auraient à user de la faculté que leur donne l'article 16 de la loi du 10 mai 1838.

Comme il est essentiel, cependant, de maintenir toujours la distinction voulue entre les travaux d'entretien et les travaux neufs, ce sous-chapitre a été divisé en deux parties.

J'ai fait figurer dans la première, ainsi que je vous l'ai expliqué au sous-chapitre IX, la somme de 28,841 fr. formant l'insuffisance des ressources de la 1<sup>re</sup> section, et applicable à l'entretien des routes n<sup>os</sup> 2 et 5.

La deuxième partie comprend une somme de 5,290 fr. 60 c. divisée sur cinq routes, et une autre somme de 5,057 fr. 33 c. réservée pour dépenses diverses, soit en total, pour le sous-chapitre, 39,188 fr. 93 c.

La comparaison des deux exercices (1846 et 1847) produit une différence de 7,909 fr. 82 c. au préjudice de celui qui nous occupe spécialement, en laissant en dehors l'allocation obtenue sur le second fonds commun.

SOUS-CHAPITRE XVIII. — *Subventions aux Communes.*

Vous vous êtes montrés toujours bienveillants en faveur des communes qui ont besoin de secours pour réparer ou reconstruire leurs édifices religieux ; aussi je vous propose la somme ordinaire de 2,000 fr. qui, après m'être concerté avec l'autorité diocésaine, devra être appliquée aux communes dénommées ci-après, savoir :

| | |
|---|---|
| Brigueuil, réédification de l'église........................ | 400 f. |
| Bonneuil, *idem*.......................................... | 200 |
| A reporter.............. | 600 |

| | |
|---|---:|
| *Report*.............. | 600 f. |
| Aignes-et-Puypéroux, réparations au presbytère........ | 250 |
| Saint-Sornin, *idem*...................... | 250 |
| Magnac-Lavalette, réparations à l'église................ | 200 |
| Pranzac, *idem*...................... | 250 |
| Bayers, *idem*...................... | 200 |
| Cellefrouin, *idem*...................... | 250 |
| SOMME ÉGALE............ | 2,000 |

Vous accordez ordinairement 500 fr. à la caisse d'épargne
d'Angoulême, pour lui aider à couvrir ses frais d'administration ; je reproduis cette somme, dont l'objet est de pourvoir aux frais qu'occasionnent à la caisse centrale les succursales de Barbezieux, Confolens, Ruffec et La Rochefou-
cauld.

Ces établissements, en général, ainsi que celui de Cognac,
attirent toujours beaucoup de déposants parmi lesquels se
distinguent les ouvriers et même les habitants des campagnes.

Le chiffre de ce sous-chapitre est donc le même que celui
qui figure au budget de 1810.


### SOUS-CHAPITRE XIX. — *Encouragements et Secours.*


Vous avez accordé au budget précédent, pour les divers
articles qui figurent à ce sous-chapitre sous le titre général
d'encouragement, la somme de 40,230 fr.; je vous demande
de la réduire à 38,030 fr. : l'économie générale du budget
l'exige ainsi.

Je vais vous expliquer les motifs de mes propositions, en
passant en revue chaque article.

Art. 1er. La publication de l'annuaire du département me paraît utile ; il convient de l'encourager par la subvention habituelle de 300 fr.

J'ai supprimé le secours pour la confection de la carte du département, attendu qu'elle est achevée, et que je sollicite une subvention sur les ressources des chemins vicinaux.

Un exemplaire de cette carte sera remis à chacun de vous, Messieurs ; vous apprécierez avec quels soins l'ensemble et les détails sont traités. C'est une œuvre toute charentaise, par l'auteur, le graveur et le papier.

Art. 2 et 3. Il n'existe point de changement dans le crédit ordinaire ; les employés qui reçoivent vos bienfaits sont toujours dans le besoin ; l'indemnité que vous accordez pour travaux extraordinaires pendant votre session, vous paraîtra devoir être maintenue.

Art. 4. La subvention à la caisse des employés de la préfecture est réduite à 1,000 fr. au lieu de 2,000 fr., par le motif que la proposition forme le solde de la somme de 15,000 fr. promise pour l'admission à cette caisse des six agents-voyers principaux et de l'archiviste du département.

Je vous mettrai sous les yeux, Messieurs, avec un rapport spécial, une demande de l'architecte, qui vient de m'être remise, et dont l'objet est de participer également aux bienfaits et aux charges de cet établissement.

Art. 5. J'élève à 1,600 fr. l'allocation ordinaire de la Société d'Agriculture ; l'augmentation de 1,000 fr. a pour objet de mettre cette compagnie à même de pourvoir aux frais qu'nécessitera la réunion à Angoulême, en 1847, du congrès agricole de l'Ouest de la France, dont la Charente fait partie.

Art. 6. Je propose la somme ordinaire, soit de 10,700 fr. pour encouragement à l'agriculture ; elle se subdivise ainsi :

Complément du traitement du professeur du cours qui a lieu à l'école pratique, pour les élèves du séminaire et de l'école normale primaire.................................................. 100 f.

Ecole pratique.................................................. 5,000

Comices agricoles.................................................. 5,000

Primes pour l'élève des taureaux.................................................. 600

SOMME ÉGALE.................. 10,700

Le maintien de cette somme me paraît utile, parce'que 1° l'école donne aux élèves des principes qui tendent à répandre dans le pays de bonnes notions sur l'agriculture ; 2° que les comices qui fonctionnent le font avec intelligence et d'une manière profitable pour les agriculteurs ; 3° enfin, que les concours de taureaux continuent à améliorer la race bovine.

Art. 7. Les élèves que nous envoyons aux écoles vétérinaires d'Alfort et de Toulouse, répondent à nos espérances : vous voudrez bien maintenir la somme de 1,000 fr. pour encourager les familles à diriger leurs enfants sur ces établissements.

Art. 8. L'allocation de 2,000 fr. que vous avez accordée pour encouragement à l'élève et la reproduction des chevaux, a produit de bons résultats ; je vous propose de la continuer, car je suis toujours dans la persuasion que le département est dans une bonne condition pour le développement de la race chevaline, dont l'agriculture retire tant de fruit.

Art. 9, 10, 11 et 12. Je les cite pour mémoire seulement, car il est dans vos habitudes d'encourager le cours d'accouchement, la propagation de la vaccine, la société de charité maternelle et autres établissements charitables. Les chiffres réunis s'élèvent à 7,000 fr.

Art. 13. Entretien d'élèves aux écoles des arts et métiers d'Angers ou à l'école centrale des arts et manufactures ; vous accordez ordinairement 1,000 fr., je vous les propose :

j'aurais désirer élever le crédit pour faire admettre à cette
dernière école le fils d'un artisan de cette ville , rempli d'intelligence; mais j'ai été arrêté par la faiblesse de nos ressources ; si , par suite de votre examen, vous pouvez augmenter
ce crédit, vous ferez un acte d'humanité dont la suite ne
manquera pas de tourner à l'avantage du département.

Art. 14. C'est une somme de 2,250 fr. pour entretien de
bourses dans le collège royal d'Angoulême. Cette dépense
est autorisée par ordonnance royale du 9 avril 1843.

Je ne reproduis pas l'indemnité de 300 fr. que vous avez allouée l'année dernière pour le garde-mines en résidence à Jarnac, quoique cet agent rende de véritables services au département. Je me suis arrêté devant la condition de votre vote.

Art. 15. Nous envoyons annuellement des indigents aux
établissements thermaux ; vous sacrifiez pour cet objet
1,000 fr. que je réclame encore.

Art. 16. Le nombre des malades pauvres attaqués de maladies syphilitiques ou psoriques et reçus dans l'hospice d'Angoulême, augmente continuellement, et cet asile de la misère
serait obligé de fermer ses portes si on ne lui donnait pas le
moyen de couvrir la dépense faite par les étrangers à la
ville. Tel est le motif qui me détermine à élever le crédit
à 1,500 fr. au lieu de 1,000 fr.

Art. 17. Je vous invite à accorder, comme à l'ordinaire,
2,000 fr. pour entretien de sourds-muets dans l'institution
royale de Bordeaux.

Art. 18. La diminution de nos ressources m'a porté, quoiqu'à regret, à réduire à 1,000 fr. au lieu de 2,000 fr. l'allocation que vous destinez à la conservation des monuments
historiques du département.

Art. 19, 20 et 21. Je vous propose les mêmes sommes
qu'au budget précédent : 1° pour subvention à la colonie agri-

coie de Saint-Antoine, dans laquelle nous entretenons deux de nos enfants trouvés les plus intelligents ; 2° pour secours aux hospices qui reçoivent les malades indigents des communes pauvres ; et 3° pour suvbention à la colonie de Mettray, établissement fondé par la philantropie la mieux entendue. Ces trois articles s'élèvent à 2,600 fr.

Art. 22 et 23. Je reproduis les crédits de 300 et de 500 fr. 1° pour secours à l'établissement des dames de la Croix à Saint-Ausone d'Angoulême, qui ne reçoit que les orphelins pauvres, et qui leur donne les principes de la morale chrétienne ; 2° pour encouragement à la société archéologique qui remplit avec zèle l'objet de son association.

### SOUS-CHAPITRE XX. — *Cultes.*

Je vous demandais l'année dernière 2,000 fr. pour participer à la caisse de secours créée dans la diocèse pour assister les ecclésiastiques dans le besoin et hors d'état de continuer leur ministère : votre délibération porte que vous accueilliez en principe ma proposition, mais que vous n'allouiez que 1,000 fr. sauf à compléter la demande au budget prochain. C'est en vertu de cette délibération que j'ai fait figurer à ce sous-chapitre la somme promise, soit 1,000 fr.

### SOUS-CHAPITRE XXI. — *Secours pour remédier à la Mendicité.*

Il ne figure dans ce sous-chapitre que les allocations précédentes, savoir :

1,000 francs pour secourir le dépôt de mendicité provisoirement établi à Angoulême.

6,000 pour secours effectifs en aliments en cas d'extrême misère ou de disette locale.

7,000 ensemble.

Il serait à désirer que ce dernier article fût augmenté cette année, pour que l'administration pût étendre ses bienfaits sur toutes les localités et les rendre plus efficaces.

### SOUS-CHAPITRE XXII. — *Dépenses diverses.*

Les dépenses diverses présentent le même chiffre qu'au budget précédent, moins 161 fr. 25 c. J'ai augmenté de 150 fr. les frais d'illumination des édifices départementaux les jours de fêtes publiques, parce que les casernes de gendarmerie y participent, ce qui n'avait pas lieu précédemment. J'ai diminué de la même somme l'article des frais d'expertise des voitures publiques, le crédit étant trop considérable d'après les dépenses de 1845. Le total du chapitre est de 4,968 f. 75 c.

### SOUS-CHAPITRE XXIII. — *Dettes départementales pour Dépenses autres que les Dépenses ordinaires.*

Ce sous-chapitre contient cinq articles montant à 1,535 fr. 74 c. ; ce total excède de 721 fr. 95 c. le chiffre de l'exercice courant. Ces articles s'appliquent de la manière suivante :

1° Solde de l'indemnité due à M. l'ingénieur en chef pour direction du service des routes départementales............................... 123 f. 69 c.

2° Solde des frais du cours d'accouchement pour l'exercice 1845............................................................ 300 00

3° Solde des frais d'admission en 1845 dans les hospices d'Angoulême et de Montbron, de malades indigents de communes pauvres........................................... 350 12

4° Solde de frais de traitement, dans l'hospice d'Angoulême, de malades attaqués de syphilis.............. 500 00

5° Frais d'insertion dans un journal de Poitiers, d'avis relatifs à l'adjudication de l'emprunt et des travaux de route................................................................. 61 25

SOMME ÉGALE.................... 1,535 06

Ces créances sont justifiées par des mémoires en forme; il est juste qu'elles soient acquittées.

### RÉCAPITULATION DES DÉPENSES DE LA 2ᵉ SECTION.

| | | |
|---|---|---|
| Sous-Chap. xvi. Edifices départementaux.......... | 14,310 f. | 00 c. |
| — xvii. Routes départementales........... | 39,188 | 93 |
| — xviii. Subventions aux communes..... | 2,500 | 00 |
| — xix. Encouragements et secours....... | 38,030 | 00 |
| — xx. Cultes............................. | 1,000 | 00 |
| — xxi. Mendicité....................... | 7,000 | 00 |
| — xxii. Dépenses diverses............: | 4,968 | 75 |
| — xxiii. Dettes départementales extraordinaires....................... | 1,535 | 06 |
| TOTAL.................... | 108,532 | 74 |

## TROISIÈME SECTION. — RECETTES EXTRAORDINAIRES.

Cette section, consacrée à l'emploi du produit des centimes extraordinaires et des emprunts, est partagée en deux sous-chapitres distincts, qui comprennent le détail des taxes temporaires que vous avez votées et qui ont été sanctionnées par la législature.

Les recettes se divisent ainsi :

| | | |
|---|---|---|
| 1ᵉ Fonds libres de 1845..................................... | 5,484 f. | 09 c. |
| 2ᵉ Produit de 10 c. extraordinaires calculés par suite des lois des 4 juin 1834 et 5 juin 1846, savoir : | | |
| Loi du 4 juin 1834 (4 cent.), dont le montant est applicable à l'amortissement de l'emprunt 101,121 f. 12 c. | | |
| Loi du 5 juin 1846 (4 c. 1/2), dont le montant doit concourir au même amortissement et aux travaux neufs des routes départementales............ 113,873 70 | 253,052 | 80 |
| Loi du 5 juin 1846 (1 c. 1/2), dont le montant appartient spécialement aux travaux des chemins vicinaux......... 37,057 92 | | |
| TOTAL des ressources............ | 258,536 | 89 |
| Après avoir fait face à l'intérêt de l'emprunt qui s'élève à....................................... | 29,925 | 00 |
| Et l'annuité remboursable, soit..................... | 135,000 | 00 |
| TOTAL................. | 164,925 | 00 |

Il reste seulement pour les travaux neufs des routes, 55,629 fr. 67 c. Vous apercevez que ce chiffre est bien peu considérable pour son objet; il augmentera au fur et à mesure que nous éteindrons l'emprunt. Il est divisé sur cinq routes, sur les propositions de M. l'ingénieur en chef, savoir :

| | | |
|---|---|---:|
| N° 1 d'Angoulême à Larochechalais...................... | 27,721 f. 38 c. | |
| — 7 de Barbezieux à Chalais...................... | 4,678 | 00 |
| — 8 de Mansle à Séreilhac...................... | 7,000 | 00 |
| — 9 de Confolens à Ruffec...................... | 4,000 | 00 |
| — 10 de Poitiers à Ruffec par Civray...................... | 8,000 | 00 |
| Réserves pour les ingénieurs et conducteurs......... | 4,254 | 59 |
| **SOMME ÉGALE**.............. | 55,653 | 97 |

Conformément aux instructions ministérielles, j'ai ouvert au § 3 du sous-chapitre 24 un article pour subvention aux travaux des chemins vicinaux; il s'élève au produit de l'imposition extraordinaire, c'est-à-dire à 37,957 fr 92 c. J'en ferai la répartition suivant vos vœux, en ayant égard aux ressources, aux sacrifices et aux besoins des communes.

QUATRIÈME SECTION. — DÉPENSES DES CHEMINS VICINAUX.

Les deux sous-chapitres de cette section sont destinés aux centimes spéciaux, ainsi qu'aux contingents des communes, aux souscriptions particulières et aux prestations converties en argent, applicables, à titre de subvention, aux travaux des chemins vicinaux.

Les ressources de 1847 sont :

| | | |
|---|---:|---:|
| 1° Fonds libres de 1845........................ | 2,235 f. 16 c. | |
| 2° Produit des cinq centimes spéciaux que vous êtes autorisés à emprunter, aux termes de la loi du 21 mai 1836 et de la dernière loi de finances.............. | 126,526 | 40 |
| 3° Contingents communaux propres à l'exercice..... | 109,683 | 00 |
| **TOTAL**...................... | 238,444 | 56 |

5.

Il est supérieur de 2,120 fr. 39 c. au crédit de 1846.

Les dépenses se composent, ainsi qu'elles sont mentionnées dans les sous-chapitres 26 et 27 :

1° Des traitements du personnel des agents-voyers.. 33,400 f. 00 c.

2° Des frais de bureau de l'agent-voyer en chef........ 500 00

3° De la réserve pour frais d'impression et dépenses diverses ............................................................. 800 00

4° Des frais d'entretien et de travaux neufs des chemins, portés à................................................... 204,044 56

SOMME ÉGALE ............... 238,444 56

En résumé, l'ensemble des recettes du département s'élève, suivant mes prévisions, à la somme de 865,170 fr. 81 c., chiffre inférieur de 15,385 fr. 69 c. aux ressources de 1846. Je vous ai expliqué dans chaque section les causes de cette infériorité.

Je vous ferai observer, Messieurs, en terminant l'examen du budget, que les lois qui autorisent des impositions extraordinaires, ne font qu'accorder une simple faculté, et qu'il est ensuite nécessaire que les conseils généraux, dans leurs sessions annuelles, déclarent qu'il est dans leur intention d'user de cette faculté.

Vous avez donc, Messieurs, à vous expliquer sur les trois taxes extraordinaires qui pèsent sur le département, mais qui, à mon sens, sont d'une indispensable nécessité.

### Opérations de l'Appel de la Classe de Recrutement de 1845.

Ainsi que les années précédentes, je vais retracer ici les résultats de la loi sur le recrutement pour l'appel de la classe de 1845. Véritable impôt et de tous les plus onéreux, c'est pourtant celui que l'on acquitte avec le plus de facilité et d'empressement, tant il y a d'écho en France, ainsi que l'a dit un grand orateur, lorsqu'il s'agit d'honneur et de patrie!

### Contingent.

Le contingent à fournir par les cinq arrondissements du département de la Charente, pour la classe de 1845, était de 838 hommes; le nombre des jeunes gens inscrits sur les tableaux de recensement, déduction faite des radiations opérées par le conseil de révision, a présenté un total de 3,151, suivant le détail ci-après :

| ARRONDISSEMENTS. | NOMBRE d'inscrits aux tableaux de recensement. | CONTINGENT à fournir. |
|---|---|---|
| Angoulême............................ | 1145 | 304 |
| Barbezieux............................ | 473 | 127 |
| Cognac................................ | 431 | 112 |
| Confolens............................ | 592 | 156 |
| Ruffec................................ | 521 | 139 |
| Totaux............................ | 3151 | 838 |

Par suite des fractions résultant de la sous-répartition, un homme restait à fournir collectivement par les cantons de Rouillac, Saint-Amant-de-Boixe et Confolens (Sud), présentant tous trois le même nombre d'inscrits. Conformément aux instructions, le litige a été vidé par un tirage au sort effectué en conseil de préfecture ; cette opération a désigné le canton de Saint-Amant-de-Boixe comme devant avoir son contingent forcé de cette unité.

Du reste, ce contingent de 838 hommes a été fourni en entier par les vingt-neuf cantons du département, dans la proportion applicable à chacun d'eux.

*Remplaçants.*

Le nombre de remplaçants admis par le conseil de révision, jusqu'à ce jour, est de 145. Ce nombre se subdivise entre les arrondissements, ainsi qu'il suit :

Remplaçants fournis par des jeunes soldats des arrondissements de.....................
- Angoulême..................... 52
- Barbezieux.................... 21
- Cognac........................ 38
- Confolens..................... 19
- Ruffec........................ 15

TOTAL ÉGAL............. 145

*Instruction des Jeunes Gens de la Classe.*

Le degré d'instruction des jeunes gens du département, qui ont concouru au tirage au sort, est indiqué au tableau suivant, d'après les données inscrites aux tableaux de recensement ou la déclaration faite par les jeunes gens au moment du tirage.

| ARRONDISSEMENS. | Sachant lire. | Sachant lire et écrire. | Ne sachant ni lire ni écrire. | Dont on n'a pu vérifier l'instruction. | TOTAL. |
|---|---|---|---|---|---|
| Angoulême...... | 4 | 644 | 491 | 6 | 1145 |
| Barbezieux...... | » | 284 | 188 | » | 472 |
| Cognac.......... | 4 | 301 | 103 | 13 | 421 |
| Confolens....... | 3 | 140 | 444 | 5 | 592 |
| Ruffec.......... | 3 | 266 | 242 | 10 | 521 |
| TOTAUX........ | 14 | 1635 | 1468 | 34 | 3151 |

D'après le tableau qui précède, le degré d'instruction des jeunes gens de la classe de 1845 est , proportion gardée, à peu près le même que celui de la classe antérieure ; la légère différence qui existe est toutefois en faveur du progrès.

## Exemptions diverses.

Le nombre des jeunes gens examinés devant le conseil de révision et qui ont été exemptés à divers titres par décision de ce conseil, est de............................................................................... 919

Celui des jeunes gens qui ont été appelé à former le contingent, de................................................................ 838

Celui des jeunes gens libérés par l'élévation de leur numéro, de............................................................. 1,894

Total égal au nombre de jeunes gens maintenus sur les tableaux de recensement:............................................. 3,151

Les quantités ci-dessus se décomposent, par arrondissement, ainsi qu'il est indiqué au tableau suivant :

| ARRONDISSEMENS. | EXEMPTÉS POUR | | | Totaux des exemptés. | Compris dans le contingent. | Libérés par leur numéro. | Totaux des inscrits maintenus. |
|---|---|---|---|---|---|---|---|
| | défaut de taille. | infirmités. | toute autre cause légale. | | | | |
| Angoulème....... | 58 | 135 | 70 | 263 | 304 | 573 | 1145 |
| Barbezieux....... | 27 | 76 | 32 | 135 | 137 | 210 | 479 |
| Cognac........... | 23 | 57 | 24 | 104 | 112 | 205 | 421 |
| Confolens........ | 60 | 130 | 54 | 234 | 156 | 202 | 592 |
| Ruffec........... | 20 | 106 | 43 | 178 | 139 | 204 | 521 |
| TOTAUX..... | 107 | 403 | 220 | 910 | 838 | 1893 | 3151 |

Le nombre des exemptions prononcées d'après le tableau qui précède, est de 919; le nombre des mêmes exemptions, pour la classe antérieure, a été de 1,055. La différence porte en grande majorité sur les exemptions pour infirmités, d'où il résute que la généralité des jeunes gens de la classe de 1845, est d'une constitution meilleure que ceux examinés les années précédentes; c'est une remarque qui a été faite par tous les membres du conseil de révision, lequel conseil a, du reste, apporté, comme toujours, la plus grande sévérité dans l'admission des jeunes gens à faire partie du contingent.

### Déduits ou Dispensés.

Le nombre des jeunes gens appelés à faire partie du contingent, mais qui en ont été déduits en vertu de l'article 14 de la loi, est de 23,

Dont :

Comme étant déjà liés au service, en vertu d'un engagement volontaire, dans les armées de terre ou de mer...................... 15
Comme inscrits maritimes............................................ 7
Comme membres de l'instruction publique.................... 5 } 23
Comme élèves ecclésiastiques...................................... 1

Le tableau suivant fait connaître à quels arrondissements ces jeunes gens appartiennent.

| ARRONDISSEMENS. | DISPENSÉS COMME | | | | TOTAUX des dispensés |
|---|---|---|---|---|---|
| | Liés au service de terre et de mer | Inscrits maritimes. | membres de l'instruction publique. | Élèves ecclésiastiques. | |
| Angoulême...... | 11 | 2 | 2 | » | 15 |
| Barbezieux...... | » | 1 | » | » | 1 |
| Cognac.......... | 1 | 4 | 1 | » | 6 |
| Confolens........ | 3 | » | » | » | 3 |
| Ruffec.......... | » | » | 2 | 1 | 3 |
| TOTAUX.......... | 15 | 7 | 5 | 1 | 28 |

*Fraudes diverses. — Mutilations volontaires.*

Le conseil de révision a été dans le cas de renvoyer devant les tribunaux un jeune homme du canton d'Hiersac, pour suspicion de mutilation volontaire dans le but de se soustraire aux obligations imposées par la loi du recrutement. Le tribunal de police correctionnelle d'Angoulême a prononcé l'acquittement de ce jeune homme.

Outre l'affaire ci-dessus, qui se rapporte à la classe de 1845, un individu qui s'était fait admettre comme remplaçant d'un jeune soldat de la classe de 1844, sous un nom qui n'était pas le sien, a été condamné, pour ce fait, à cinq années de prison, par arrêt de la cour d'assises de la Charente du 12 août 1846.

### Soutiens de Famille.

Dans la séance du 30 juin 1846, le conseil de révision a opéré le classement, par ordre de mérite, des jeunes gens compris dans le contingent, qui sollicitent la faveur d'être maintenus dans leurs foyers comme soutiens indispensables de leurs familles.

Sur 35 de ces demandes qui avaient été présentées, le conseil en a écarté 11, formées par des jeunes gens dont la position n'a pas paru offrir un intérêt suffisant pour les faire considérer comme véritablement indispensables à leurs familles.

Les 24 autres demandes, classées par ordre de mérite, appartiennent, savoir :

| | |
|---|---|
| A l'arrondissement d'Angoulême.... | 13 |
| A celui de Barbezieux................. | 2 |
| A celui de Cognac..................... | 2 |
| A celui de Confolens.................. | 1 |
| A celui de Ruffec...................... | 6 |
| TOTAL ÉGAL....... | 24 |

Lors de l'appel à l'activité, ces jeunes gens seront susceptibles d'être laissés dans leurs foyers, dans la proportion fixée
à deux hommes pour cent du contingent, par les instructions de M. le Ministre de la guerre sur la levée de la classe
de 1845.

### Taille. — Constitution physique.

La taille moyenne des jeunes soldats et remplaçants de la
classe de 1845, est de 1 mèt. 638 millim.

La taille moyenne pour la classe 1844, était de 1 mètre
639 millim.

La constitution physique des jeunes soldats et remplaçants
de la classe de 1845, est forte, et certainement supérieure
à celle de beaucoup de classes antérieures ; le peu d'élévation du dernier numéro atteint dans chaque canton, pour la
formation du contingent, atteste à lui seul cette supériorité.

### Ensemble des Opérations.

Cette année, comme les précédentes, les diverses opérations de la levée de la classe se sont effectuées avec beaucoup de facilité : aucune erreur n'a été commise, aucun
trouble ne s'est manifesté sur aucun point. La population,
et les jeunes gens en particulier, ont continué à montrer
la meilleure volonté et le plus louable empressement à se
rendre aux convocations, qui, du reste, leur avaient été
faites avec le plus grand soin.

### Société archéologique et Monuments historiques.

Le zèle actif dont fait preuve la société archéologique de
la Charente, lui a valu les éloges de M. le ministre de l'ins-

truction publique, et un témoignage éclatant de sa satisfaction.
En lui allouant, de votre côté, la subvention de 500 fr. que
j'ai portée à votre budget, vous contribuerez à assurer son
existence et à lui donner les moyens de poursuivre ses recherches et ses études; et ne dites pas, je vous prie, Messieurs, que les fonds du département pourraient être mieux
utilisés. Premier et sévère économe de vos deniers, je m'af-
fligerais de n'en pas faire le meilleur emploi possible; mais
à une époque où les intérêts matériels occupent une si grande
place dans les calculs des hommes, il vous appartient, et
c'est votre honneur, d'encourager les œuvres morales et les
travaux de l'intelligence. Voyez d'ailleurs comme tout se
lie et s'enchaîne, et quel beau dividende, pour parler le langage du temps, ont déjà produit vos capitaux ainsi placés!

Il y a deux ans que l'administration eut l'heureuse pensée,
j'ose le dire, de confier à un jeune architecte plein de mérite
la mission d'étudier votre département sous le rapport mo-
numental; par une coïncidence assez remarquable, c'était au
même moment que s'organisait la société dont je défends ici
la cause; tout cela vous a coûté environ 1,500 fr., et vous
avez reçu jusqu'ici en échange 41,000 fr., savoir : de la commission des monuments historiques, 32,500 fr., et de M. le
ministre des cultes, 8,500 fr. Devant de pareils résultats,
pourriez-vous hésiter, Messieurs, à voter la modique somme
de 500 fr. que je sollicite? Je ne le pense pas.

### Colonie agricole de Mettray.

Chacun de vous a reçu un exemplaire du dernier rapport
publié sur la colonie agricole de Mettray, et a pu se convaincre ainsi de l'utilité et des avantages qu'offre à la société un
pareil établissement. Ce ne sera donc pas en vain, je l'espère,

Messieurs, que je ferai un nouvel appel aux généreuses sympathies que réclament de vous les dignes et honorables fondateurs de cette œuvre sainte.

## Objets divers.

Le conseil voudra bien, aux termes de la loi du mois d'avril 1831, fixer la valeur de la journée de travail qui sert de base à la contribution personnelle, et dresser pour chaque arrondissement, en vertu de la loi du 18 juillet 1833, la liste des citoyens qui devront être appelés à former, le cas échéant, les jurys spéciaux.

Conformément à l'ordonnance du 13 février 1838, j'ai l'honneur de mettre sous les yeux du conseil un état présentant la situation de la caisse d'épargne des instituteurs communaux au 31 décembre dernier, et je dépose sur le bureau les comptes de non valeurs de 1844, les comptes définitifs de la comptabilité départementale pour 1845, et le compte d'emploi de la partie des frais d'abonnement affectée au personnel des bureaux de la préfecture.

Je viens d'avoir l'honneur de vous exposer sommairement celles des affaires qui m'ont paru de nature à fixer plus particulièrement votre attention dans la session qui s'ouvre.

Les sérieuses études qui vous ont depuis longtemps initiés aux besoins et aux intérêts du département, la connaissance que vous avez prise de la situation de plusieurs services importants par la lecture des rapports spéciaux que j'ai eu l'honneur de vous communiquer dès votre arrivée au chef-lieu, rendaient d'ailleurs le développement inutile, et contribueront sans doute à abréger vos travaux.

Assuré de votre loyal et bienveillant concours, heureux de vos sympathies, honoré de votre confiance, j'espère que la session de 1846, en consacrant de nouveau le bon accord qui existe entre le conseil et l'autorité préfectorale, ne sera pas moins profitable que les précédentes au pays, dont le progrès moral et la prospérité matérielle, dépendent également de notre zèle commun et de nos efforts soutenus.

# RAPPORT

## DE M. L'INSPECTEUR DÉPARTEMENTAL

### DU SERVICE DES ENFANTS TROUVÉS ET ABANDONNÉS

### ET DES ÉTABLISSEMENTS DE BIENFAISANCE.

———

Monsieur le Préfet,

Nous avons toujours compris la nécessité de résumer annuellement nos travaux dans un rapport spécial, définissant l'état actuel du service que vous avez bien voulu nous confier; c'est pour obéir à ce besoin que nous avons l'honneur de vous présenter l'exposé qui va suivre :

Trois années se sont écoulées depuis que nous avons été chargé de l'inspection des enfants trouvés et des Etablissements de bienfaisance de la Charente; depuis cette époque, tous les hospices et bureaux de bienfaisance de ce département et les enfants trouvés qui lui appartiennent, ont fait l'objet de notre plus sérieux examen, et les connaissances que nous avons acquises sur la situation de chacun de

ces services nous ont mis en position de vous présenter un
aperçu sur leur ensemble qui ne peut manquer de vous offrir quelque intérêt.

## Coup-d'œil sur les Établissements de Bienfaisance de la Charente.

### *Hospices.*

Dix hospices placés sur différents points du département
viennent offrir à ses pauvres l'abri de leur toit protecteur;
tous sont propres aux communes où ils sont établis. Comprenant l'importance de leur origine et de l'époque de leur
fondation sous le point de vue de l'histoire du département,
nous n'avons jamais manqué de compulser les archives de
ces établissements pour y recueillir les documents propres à
nous éclairer à cet égard. Nous devons dire que nos recherches sont presque toujours demeurées infructueuses; les
troubles révolutionnaires de 89 ont fait disparaître beaucoup
de titres importants dont nous avons eu à regretter la perte;
nous avons souvent été réduit à nous borner aux traditions
verbales fort incomplètes qui nous été fournies dans les localités.

Les commissions administratives sont généralement com-
posées des personnes les plus éminentes et les plus recom-
mandables du pays. Nous avons eu plusieurs fois à leur rappeler que le défaut de renouvellement de leurs membres,
conformément aux dispositions du décret de l'an XIII, enta-
chait leurs délibérations d'un vice qui pouvait les rendre
nulles. Quelques-unes ont été régularisées par suite des avis
que vous leur en avez donnés. Nous vous avons aussi signalé
quelques incomptabilités qui ont été modifiées.

Les membres de la commission de l'hospice de Brigueuil
sont les seuls qui aient jusqu'à ce jour prêté le serment exigé

des fonctionnaires par la loi du 31 août 1830 et appliqué par la circulaire ministérielle du 17 septembre de la même année aux membres des commissions administratives ; les autres ont été ou vont être mis en mesure de remplir cette formalité. - Il

## *Comptabilité.*

La comptabilité financière a acquis en France un tel degré de précision, que celle des établissements de bienfaisance a partagé les bienfaits de cette perfection. Nous avons à peine rencontré l'occasion de relever quelques légères irrégularités dans cette matière. Les comptables se conforment généralement de la manière la plus stricte aux instructions; nous en avons cependant rencontré un qui ne fournissait pas de cautionnement, et vous vous êtes empressé de faire régulariser sa position. Plusieurs sont simultanément chargés de la recette en espèces et en nature, c'est dire que l'économat est établi et mis en vigueur dans la majeure partie de nos hospices. Nous devons à cette création nouvelle, de notables améliorations dont les bénéfices ont entièrement tourné au profit des pauvres; il est facile de comprendre en effet qu'en soumettant le maniement des denrées aux règles inflexibles d'une bonne comptabilité, qu'en adoptant pour les marchés importants les formes de l'adjudication, de sensibles économies doivent être réalisées; aussi nous sommes-nous toujours attaché à surveiller attentivement cette branche du service hospitalier.

## *Revenus.*

La fortune immobilière des hospices de la Charente est d'une mince importance ; les valeurs en rentes sur l'État forment le principal de leur avoir. Le chiffre de ce mode de placement s'accroît journellement des capitaux résultant des remboursements des titres sur particuliers, conformément aux prescriptions du décret du 16 juillet 1810 et de plusieurs circulaires et instructions ministérielles qui l'ont suivi.

Nous avons examiné tous les titres de créances des établissements charitables déposés entre les mains des receveurs; toutes les mesures conservatoires de ces créances avaient été régulièrement observées; les inscriptions hypothécaires régulièrement prises et renouvelées, les titres nouvels exigés en temps utile des débiteurs, nous ont fourni la preuve que la responsabilité imposée aux comptables par l'arrêté du 19 vendémiaire an XII, produisait d'heureux effets; nous avons rarement rencontré des exemples de prescription des titres qui nous ont été soumis.

Plusieurs dons et legs sont venus récemment accroître l'actif de la fortune des hospices; l'autorisation d'accepter n'ayant point toujours été sollicitée, nous allons nous occuper de faire régulariser ces nouvelles créances.

Deux établissements hospitaliers possèdent un pensionnat de demoiselles qui est pour eux une branche de revenu fort importante.

### Budgets.

Les recettes ordinaires des budgets des hospices s'élèvent ensemble au chiffre de cent quarante-sept mille cinq cent quatre-vingt-treize francs; leurs recettes extraordinaires peuvent être évaluées approximativement à la somme de onze mille cent francs.

Les revenus des hospices ne sont pas toujours proportionnés aux charges qui leur sont imposées, soit par leur posi-

tion au milieu des grands centres de population, soit par les
diverses circonstances accidentelles qui viennent les frapper.
Nous citerons en particulier l'hospice d'Angoulême, lequel,
en sa qualité de dépositaire d'enfants trouvés, est obligé à
tous les frais de layettes et vêtures et aux dépenses qu'en-
traîne le mouvement de ces enfants, lorsqu'ils sont rappor-
tés par les gardiens tant en santé qu'en maladie. Nous regret-
tons vivement qu'aucune disposition légale ne permette à
l'autorité supérieure de répartir ces dépenses sur les divers
hospices en proportion de leurs ressources.

### Incurables dans les Hospices.

Nous avons souvent rencontré dans les hospices des malades incurables qui devenaient pour ces établissements la
source de charges fort onéreuses; nous avons fait observer
que des secours à domicile pouvant être accordés à ces infirmes, les budgets hospitaliers seraient ainsi notablement
exonérés; nos avis ont prévalu dans la majeure partie des cas.

Quarante-et-une sœurs de la charité sont chargées de pro-
diguer leurs soins aux malades; nous devons dire qu'elles
s'acquittent de ce devoir avec une assiduité et un dévouement au-dessus de tout éloge.

### État des Bâtiments.

Quelques hospices ont besoin de réparations importantes,
en voie d'exécution dans plusieurs localités; d'autres atten-
dent le moment où les ressources financières de leur budget
leur permettront de les entreprendre sans compromettre leur
avenir; aucun ne possède des bâtiments parfaitement ap-
propriés à leur destination.

*Conversion d'un Hospice en Bureau de Bienfaisance.*

Nous vous avons signalé un hospice dont la conversion en bureau de bienfaisance nous paraissait de la plus grande utilité, attendu que ses charges dépassaient considérablement les avantages qu'il pouvait offrir à la population locale; nous ne tarderons pas à vous renouveler à cet égard nos instances, uniquement basées sur des vues d'amélioration et de progrès.

### Bureaux de Bienfaisance.

Les bureaux de bienfaisance ont pour objet, comme vous le savez, la distribution des secours à domicile; leur nombre est de trente-deux; leur revenu annuel varie depuis quinze francs jusqu'à cinq mille francs; quatre seulement sont pourvus de sœurs de charité. Les aumônes sont ordinairement distribuées en nature, jamais en argent; du pain, des vêtements, des médicaments sont accordés aux indigents malades ou invalides. Ce mode de secours est préférable aux soins des hospices; il présente le double avantage d'être moins dispendieux et de conserver ces liens de famille que l'abandon du domicile tend si facilement à rompre.

Plusieurs des observations que nous avons faites au sujet des hospices, s'appliquent également aux bureaux de bienfaisance.

------

Nous avons inspecté cette année les hospices de Montbron, Chalais et Barbezieux, et les bureaux de bienfaisance de Lavalette et Chabanais; nous ne répéterons pas les réflexions que ces visites nous ont suggérées: elles sont consignées avec leurs détails dans les rapports trimestriels que nous avons eu l'honneur de vous présenter.

7

## Service intérieur des Enfants trouvés.

Un tableau comparatif du mouvement des enfants trouvés et abandonnés rendra facile l'examen de ce service.

| Années. | Enfants exposés. | Enfants abandonnés. | Enfants orphelins. | Sortis par âge. | Sortis par décès. | Retirés par leurs mères. | Restant au 31 décembre. |
|---|---|---|---|---|---|---|---|
| 1843 | 231 | » | » | 54 | 107 | 8 | 1017 |
| 1844 | 194 | 1 | 2 | 45 | 94 | 8 | 1067 |
| 1845 | 212 | 8 | 1 | 56 | 94 | 16 | 1125 |

Nous avons donc pour ces trois années une moyenne de 212 expositions, et il est évident que si ce nombre ne tend pas à une augmentation sensible, il semble au moins devoir se maintenir.

M. le Ministre de l'Intérieur, frappé de cette situation, prescrivit, par sa lettre du 22 octobre 1844, d'avoir à faire fermer le tour pendant le jour, pour ne le tenir ouvert que la nuit, en le faisant surveiller pendant ce temps, pour arriver à la connaissance des abus accompagnant nécessairement les expositions. Les prescriptions de l'autorité supérieure ont reçu une rigoureuse exécution; le tour a été surveillé par la police, et deux rapports du commissaire d'Angoulême vous ont signalé les noms et domiciles de soixante-quatre filles-mères; ces renseignements avaient été recueillis tant dans les maisons d'accouchement des sages femmes de la ville, que pendant les rondes nocturnes des agents.

Nous nous sommes immédiatement livré à d'actives dé-

marches auprès de ces filles, pour les décider à reprendre
leurs enfants moyennant quelques secours en pain; nous
avons obtenu plein succès dans plusieurs occasions et de
simples promesses dans d'autres; il convient de noter que le
simple bruit de nos investigations avait décidé quelques mères, auxquelles nous n'avions même pas parlé, à réclamer
leurs enfants; il nous a été impossible de rencontrer plusieurs
femmes qui avaient caché leur honte sous le voile du pseu-
donyme. De tels faits nous ont fourni la conviction que les
maisons des sages-femmes pouvaient être considérées comme
le grand-livre ouvert des naissances illégitimes, et que, dès
l'instant où nous pourrions les forcer à tenir des registres
réguliers, à y faire consigner certains documents indispensables pour nous conduire à la vérité et les visiter légalement à notre gré, nous aurions vaincu une des principales difficultés de la découverte des filles-mères, découverte
importante, puisqu'elle nous procurerait le moyen de leur
donner des exhortations morales et de faire aux plus malheureuses des offres de secours capables de produire des
effets d'autant plus sûrs, qu'elles exerceraient leur empire
sur l'imagination de ces filles, avant l'exécution de leurs
crimes d'abandon.

Cette opinion ayant été partagée par vous, vous nous avez
donné mission de rédiger dans ce sens un projet d'arrêté
que vous avez revêtu de votre approbation, et qui est en ce
moment soumis à la sanction ministérielle; l'exécution des
dispositions qu'il renferme est de nature à amener des résultats certains sur la découverte des filles-mères; mais nous
nous demandons si elle produira tous les effets d'une mesure
plus énergique, nous voulons parler de la conversion du
tour d'exposition en bureau ouvert d'admission des enfants
trouvés.

Nous abordons une des questions les plus graves de l'é-

conomie sociale, diversement jugée et appréciée par des esprits fort éminents; la fermeture des tours serait un acte peu
digne du progrès actuel de nos institutions, contraire aux
sentiments philantropiques qui dominent notre époque; une
mesure que nous repousserions, si elle était exécutée *d'une
manière absolue;* un asile destiné à recueillir les orphelins
que délaissent la misère, la honte et la débauche, est indispensable. La société doit à ces malheureux appui et secours ; elle ne peut sous aucun prétexte s'affranchir d'un
devoir qui lui est à la fois imposé par la nature et la civilisa-
tion. En vous demandant la fermeture du tour unique qui
existe dans le département, M. le ministre vous propose à sa
place un bureau ouvert aux admissions des enfants trouvés.
C'est le contrôle des expositions substitué à l'ombre qui les
protége. Si cette mesure était adoptée, nous ferions la guerre
à l'abus, et nous respecterions le principe.

Nous avons la certitude que la fermeture des tours n'a dû
la réprobation qui l'a souvent accompagnée, qu'au point de
vue trop radical sous lequel elle a été envisagée. Certes, les
convictions sincères des hommes éclairés sont dignes de toute
notre vénération ; mais, souvent appuyées sur des calculs
purement théoriques, elles ne tardent point à se modifier devant l'autorité puissante des faits. La première objection
qui surgit à l'esprit, lorsqu'il s'agit de la fermeture des tours,
est l'augmentation inévitable des infanticides. Un publiciste
du plus grand mérite, M. Remacle, chargé par M. le ministre de l'intérieur d'un travail sur l'influence de cette mesure
sur les infanticides, a été conduit à cette conclusion:

« Que dans 52 départements où les tours ont été suppri-
« més, le nombre des infanticides n'a pas augmenté, et qu'il a
« pris au contraire un léger accroissement dans ceux où les
« tours supprimés ont été rétablis. »

Nous n'acceptons les résultats statistiques qu'avec une ex-

trême réserve; lorsque cependant ils émanent d'une source
aussi authentique, nous ne pouvons nous empêcher d'y ajouter une entière confiance; ceux-ci sont d'ailleurs appuyés sur
des bases assez positives et assez larges pour entraîner la
conviction. Nous espérons que cette sitation suffira pour
combattre victorieusement les opinions contraires à la mesure proposée.

Le côté moral est certainement le plus important de la
question qui nous occupe; l'autorité ne mettrait ici en jeu son
influence et son contrôle que pour conserver l'état civil des
enfants, que l'expositiom clandestine tend à anéantir ; elle
n'aurait pour mobile que le désir de resserrer des liens de
famille que la misère et les mauvaises passions rompent trop
souvent, de rattacher l'enfant à sa mère, de manière à laisser
sous les yeux de cette dernière l'exemple d'une faute qu'elle
devrait désormais éviter, et de prévenir en un mot le mal-
heur d'étouffer les sentiments de la maternité. L'humanité
n'aurait donc qu'à s'applaudir de la conversion du tour en bureau d'admission ; nous serions heureux de voir le Conseil
général accorder à cette idée ses sympathies et son appui.

Dans tous les départements où les tours ont été supprimés, le nombre des enfants trouvés a considérablement diminué et les charges des budgets ont subi un allégement
proportionnel. Cette considération financière d'un ordre secondaire, ne serait point invoquée par nous, et devrait être
mise de côté, si elle n'était dominée par les raisons de haute
moralité qui précèdent.

Vous avez sous les yeux des documents recueillis auprès
de MM. les préfets de plusieurs départements, où les tours
ont été supprimés, qui mettent hors de doute les bons effets
de la mesure que nous soutenons.

Nous insistons donc sur l'opportunité de la conversion du
tour d'Angoulême en bureau d'admission, dans un moment

surtout où la fermeture récente du tour de Limoges ne manquerait pas de faire refluer sur le nôtre une foule d'enfants étrangers au département de la Charente, qui viendraient encore plus ou moins lourdement aggraver ses charges.

Nous ne réprouvons pas l'exposition, mais nous la voulons débarrassée du voile qui l'enveloppe, soumise au discret contrôle d'une autorité toute paternelle qui, sans faiblesse, mais sans dureté, ferme la porte aux nombreux abus que l'état de choses actuel ne tend qu'à perpétuer.

### Secours aux Filles-Mères.

Des secours en pain ont été accordés à quatre-vingt-quatorze filles-mères à qui leur indigence n'aurait pas permis d'élever leurs enfants. Ce genre de secours, dont les résultats attestent l'efficacité, est à la fois un acte de charité, de haute moralité et de bonne administration.

### Mortalité.

La mortalité des enfants trouvés était de 1 sur  5 en 1835.
———                     de 1 sur 11 en 1840.
——                     de 1 sur  9 en 1843.
——                     de 1 sur 13 en 1844.
——                     de 1 sur 14 en 1845.

L'exiguité de ce chiffre, l'un des plus remarquables de France dans cette catégorie de la population, peut être attribuée aux améliorations apportées au bien-être physique de ces orphelins par suite de la surveillance que nous exerçons sur leurs gardiens.

### Réclamations des Enfants par leurs Mères.

Vous avez remarqué que le nombre des enfants réclamés

par leurs mères dans les années précédentes, avait doublé en 1845; nous avons déjà dit que la nouvelle de nos investigations n'était pas demeurée étrangère à ce résultat.

Nous avons cité, dans un de nos derniers rapports, le fait d'un maire qui avait *ordonné* l'exposition au tour d'un enfant légitime de sa commune, qui a été élevé pendant quatre ans aux frais du budget départemental, et que nous n'avons fait reprendre à son père qu'à l'aide d'actives démarches suivies de quelques menaces.

Un autre maire signait des certificats de vie d'un enfant dont il avait enregistré le décès depuis cinq mois; nous avons fait restituer par les gardiens et verser dans la caisse des hospices une somme de 22 fr. 83 c. qu'ils avaient indûment perçue.

### Service extérieur des Enfants trouvés.

Nous avons inspecté à domicile cinq cent soixante-treize enfants trouvés et abandonnés, répartis ainsi qu'il suit :

| ARRONDISSEMENTS. | NOMBRE d'enfants. | NOMBRE de communes. | NOMBRE de cantons. |
|---|---|---|---|
| Angoulême ............ | 343 | 48 | 7 |
| Barbezieux............ | 85 | 10 | 2 |
| Ruffec................ | 83 | 9 | 1 |
| Confolens............. | 62 | 8 | 2 |
| Totaux .............. | 573 | 75 | 12 |

*Mutations d'Enfants trouvés, leurs Causes.*

Trente-trois changements nécessités par la mauvaise position de ces enfants, ont été effectués dans les circonstances et pour les causes suivantes :

1° Immoralité des gardiens,.............. 7
2° Extrême misère, *id*,................ 8
3° Manque de soins, *id*................. 3
4° Mauvais traitements, *id* .............. 3
5° Vols et maraudage, *id*................ 6
6° Altération ou absence du lait des nourrices. 2
7° Mendicité des enfants................... 3
8° Insubordination d'un enfant............. 1

33

Deux enfants ont été retirés des mains de leurs gardiens pour être placés aux frais du département, à la colonie agricole de Saint-Antoine (Charente-Inférieure).

## Vaccinations.

Sur les cinq cent soixante-treize sujets que nous avons inspectés, cent dix-huit n'avaient point encore été vaccinés; dans ce nombre figurent beaucoup de nouveau-nés, visités à une époque où le cours des opérations vaccinales n'avait pas encore commencé. La majeure partie de ces enfants aura, sans nul doute, reçu à la fin de cette année les bienfaits de cet utile préservatif.

## Santé.

Les orphelins placés à la campagne surtout, jouissent généralement d'une santé robuste et florissante; l'air pur qu'ils y respirent, l'alimentation saine qu'ils y reçoivent, sont des moyens hygéniques qui concourent puissamment au développement de leurs forces physiques; une différence sensible existe entre ceux-ci et ceux habitant les villes où la misère et l'insalubrité qui y règnent, ne tendent qu'à développer les germes du scrofule et du rachitisme, qu'un grand nombre apportent en naissant. Si nous voulions une autre preuve des bonnes conditions où ils se trouvent, nous la rencontrerions dans l'abaissement du chiffre de la mortalité dont il a été question. Nous ne saurions donc trop engager la commission administrative à ne garder que le moins possible ses enfants à l'hospice, si déjà pénétrée de ce principe, elle ne s'attachait aussi strictement à son exécution.

### Instruction.

Si les enfants trouvés paraissent aussi bien sous le rapport des soins matériels, ils laissent grandement à désirer sous le point de vue intellectuel; nous osons à peine prononcer le chiffre minime de vingt que nous avons trouvés fréquentant les écoles primaires pendant le cours de cet exercice. Cet abandon de l'instruction est déplorable aux yeux de tout homme qui comprend l'importance de la moralisation de ces esprits si enclins par hérédité aux penchants vicieux. Nous avons plusieurs fois signalé les causes de ce mal; nous croyons devoir les résumer :

1° La négligence des gardiens qui préfèrent utiliser à leur profit les travaux de leur âge;

2° L'éloignement des hameaux de l'école primaire;

3° La résistance de certains maires, puis des instituteurs qui, n'étant obligés à recevoir dans leurs écoles qu'un nombre déterminé d'indigents, en excluent de préférence les enfants trouvés, contrairement à une décision de M. le ministre de l'instruction publique, prise en conseil royal, le 17 mars

1813, de laquelle il résulte que l'instruction doit être gratuitement donnée aux enfants trouvés, et que si les revenus ordinaires de la commune ou les trois centimes ne suffisent pas pour couvrir la dépense, le département ou l'état, ou enfin l'administration des hospices doit y suppléer;

4° Le refus des gardiens de fournir à leur compte des livres et du papier, frais dont l'imputation est suffisamment définie par la décision précitée.

Vous connaissez les efforts que nous avons faits pour triompher de ces difficultés; ils n'ont produit jusqu'à ce jour qu'un effet bien secondaire.

### Gardiens sans Enfants légitimes.

Cinquante-cinq orphelins étaient confiés à la garde d'individus ne possédant pas d'enfants légitimes. Cette circonstance heureuse est souvent le sujet d'une adoption qui fixe à jamais le sort de ces malheureux enfants qui, en trouvant une famille, rencontrent aussi une petite fortune.

### Livrets.

La tutelle de la commission administrative aurait cessé d'être illusoire, si les dispositions de votre arrêté du 1er juin 1814, avaient reçu leur entière exécution. Chaque enfant ayant atteint sa douzième année, est bien muni d'un livret qu'il doit faire viser par les maires des communes qu'il va habiter; mais ces fonctionnaires, négligeant de transcrire sur leurs registres spéciaux l'extrait de ces livrets, il deviendrait impossible d'atteindre le but proposé, si de nouvelles prescriptions ne leur faisaient une obligation de l'accomplissement de ces formalités.

## Service des Médecins-Surveillants.

La nécessité de faire donner des soins aux enfants trouvés malades, placés à la campagne, nous détermina l'année dernière à vous proposer l'organisation d'un service médical destiné à accomplir cette œuvre philantropique. Vous voulûtes bien partager nos idées sur ce point, et votre arrêté du 1ᵉʳ mai 1845 établit les bases de ce service. Vingt-sept médecins et officiers de santé, connus par leur zèle, et pris dans les centres les plus peuplés d'orphelins, furent choisis et nommés par vous, sur nos propositions, pour remplir ces fonctions.

Un trop petit nombre vous a fourni des renseignements écrits, relatifs à cette mission; nous nous sommes assuré néanmoins, pendant nos tournées, que quelques-uns la remplissaient avec conscience et désintéressement. Ils nous ont demandé que le mouvement des enfants trouvés leur fût communiqué par l'administration. La grande utilité de cette information nous paraît très contestable. MM. les maires et percepteurs peuvent leur fournir les renseignements dont ils ont besoin à cet égard, et les gardiens, venant requérir leur ministère, en cas de maladies des enfants, les éclairent suffisamment sur le domicile de ces derniers. Il faudrait d'ailleurs un employé *ad hoc* dans les bureaux de l'hospice pour accomplir ce travail, et cette nouvelle dépense ne nous semble pas indispensable.

## Vaccine et Épidémies varioliques.

MM. les vaccinateurs cantonnaux ont rivalisé de zèle pendant l'année 1845; l'augmentation du chiffre de leurs opérations en est la preuve la plus convaincante :

Année 1813............ 6,557
Année 1844............ 6,370
Année 1845............ 7,464
Augmentation........... » » 1,094

Nous avions prévu pour cette année la marche progressive des vaccinations; nos espérances ont été confirmées.

La répartition du fonds affecté à ce service, a produit 54 centimes par tête; le chiffre de 75 centimes avait été atteint l'année dernière.

Un de MM. les vaccinateurs de canton, n'ayant point rempli les conditions prescrites par votre arrêté organique du 29 janvier 1843, nous avons dû vous présenter un nouveau titulaire pour cette localité. Deux compétiteurs sollicitant concurremment cet emploi, vous avez accordé la préférence à celui que ses titres acquis recommandaient davantage à votre bienveillance.

Aucune variole ne s'était montrée dans le département, lorsqu'il y a trois mois, la ville d'Angoulême devint le théâtre d'une épidémie de ce genre qui y règne encore. Quelques varioloïdes assez bénignes se sont montrées d'abord ; de véritables varioles, chez des sujets portant les traces d'une bonne vaccine, ont aussi apparu dans divers quartiers de notre ville.

Nous avons examiné nous-même plusieurs personnes atteintes de cette maladie; nous devons dire qu'aucun cas funeste n'est parvenu à notre connaissance.

Vous devez une mention particulière à M. le docteur Gigon, vaccinateur du 1er canton d'Angoulême, qui a redoublé de zèle et d'activité pour répandre le bienfait du préservatif. Il a, comme nous, rencontré des obstacles à ses opérations, basés sur un préjugé populaire qui dit que les vaccinations pratiquées pendant le règne de la variole, produisent des effets funestes à la santé.

Du vieux vaccin est toujours conservé au dépôt en cas d'épidémie; des tubes capillaires y sont aussi tenus à la disposition de MM. les vaccinateurs cantonnaux.

Je suis avec le plus profond respect,

Monsieur le Préfet,

*Votre trè. humble et très obéissant serviteur,*

E. RICARD.

Angoulême, le 31 août 1846.

# RAPPORT

SUR LA SITUATION

## DU SERVICE DES PONTS ET CHAUSSÉES

DANS LE DÉPARTEMENT DE LA CHARENTE.

———◆———

### § I<sup>er</sup>. — Service des Routes royales.

Le département de la Charente est traversé par cinq routes royales, savoir :

La route royale n° 10, de Paris à Bayonne, dont le parcours, depuis la limite des Deux-Sèvres jusqu'à celle de la Charente-Inférieure, est de 102 kilomètres ;

La route royale n° 139, de Périgueux à La Rochelle : sa longueur, depuis la limite de la Dordogne, à La Rochebeaucourt, jusqu'à celle de la Charente-Inférieure, au-delà de Sonneville, est de 59 kilomètres ;

La route royale n° 141, de Clermont à Saintes, dont la longueur, entre la limite de la Haute-Vienne et celle de la Charente-Inférieure, est de 114 kilomètres.

La route royale n° 148, de Limoges à Nantes, traversant le département sur une longueur de 28 kilomètres seulement, entre son origine à Etagnac, où elle s'embranche sur la route royale n° 141, et la limite de la Vienne, en-deçà de Pressac.

Enfin la route royale n° 151 *bis*, d'Angoulême à Nevers, qui prend son origine près de Chasseneuil, sur la route royale n° 141, et présente, jusqu'à la limite de la Haute-Vienne, en-deçà de Champeau, une longueur de 47 kilomètres.

En tout 350 kilomètres de routes royales.

Nous passerons rapidement en revue chacune de ces grandes communications pour indiquer sommairement son état et ses besoins, et nous donnerons à la suite de ce travail un tableau synoptique des sommes allouées en 1845 et en 1846 pour entretien et pour travaux neufs sur chacune d'elles.

### *Route royale n° 10.*

La route royale n° 10, dans son ensemble, présente un tracé qui, assurément, est loin d'être irréprochable: il s'y trouve des pentes et rampes atteignant ou dépassant 0,05 par mètre sur diverses longueurs qui, réunies, forment un ensemble de 4,666 mètres. Nous ne parlons pas ici des pentes et rampes au-dessous de 0,05 qui sont d'ailleurs fort nombreuses. Or la plupart de ces déclivités qui opposent de graves obstacles à la facilité et à la célérité des communications, auraient pu être évitées ou singulièrement atténuées au moyen de dépenses modiques; mais l'administration, entraînée par les vœux de l'époque, s'est jetée dans une autre voie; le chemin de fer s'exécute, et l'on ne peut plus guère proposer la rectification des parties défectueuses de la grande route dont il doit prendre la place. Je crois cependant que l'on devra faire exception pour la côte si difficile de Pétitignac; dans cette partie, le chemin de fer s'écarte beaucoup de la route royale, et celle-ci, comme lien de communication entre Angoulême et le chemin de fer lui-même d'une part, et les localités de Barbezieux, de Jonzac, etc., d'autre part, conservera toujours une grande partie de son importance. L'Ingénieur en chef compte donc reprendre prochainement la question de la rectification de Pétignac, qui a déjà été l'objet de diverses études.

Sous le rapport de la viabilité, la route royale n° 10, au nord d'Angoulême, est dans une situation passablement satisfaisante; au sud, il n'en est pas ainsi : la chaussée construite jadis et sans soins en mauvaises pierres calcaires, n'est pas suffisamment recouverte de matériaux siliceux pour pouvoir résister à l'action des pluies combinée avec celle d'un roulage considérable (318 colliers par jour moyennement, dont 44 à vide); aussi, pendant la mauvaise saison, l'état de cette partie de route excite des plaintes très fondées. L'Ingénieur en chef, pour remédier à cet état de choses, a présenté un projet de grosses réparations montant à 92,000 fr., à exécuter en trois années; ce projet vient d'être approuvé par l'administration centrale, mais sans allocation de fonds pour 1846.

Le pavage du faubourg Lhoumeau d'Angoulême touche à sa fin.

On compte s'occuper prochainement d'améliorer aussi l'état de la voie publique dans la traverse de Roullet, dont le pavage est fort mauvais.

On se propose encore de remplacer par des aquéducs les cassis trop nombreux qui sillonnent transversalement la route, entre Barbezieux et la limite du département.

Le fonds d'entretien de la route royale n° 10, dans la Charente, pour 1846, répond à environ 0 f. 87 c. par mètre courant, soit, pour les 102 kilomètres, 89,000 fr.; ce n'est pas assez: on espère que, indépendamment de l'allocation des fonds extraordinaires demandés pour l'exécution du projet de grosses réparations dont il a été parlé ci-dessus, l'administration voudra bien, en accueillant les réclamations qui lui ont été adressées sur l'insuffisance du fonds d'entretien des routes royales de la Charente, donner aux autorités locales le moyen d'augmenter la part de la route royale n° 10, au moins jusqu'à ce que l'action du chemin de fer vienne diminuer sa fatigue.

Cette route, qui a 15 à 16 mètres de largeur entre fossés, paraît suceptible de recevoir avec avantage des plantations d'arbres sur son sol. Déjà le conseil général en a émis le vœu; un projet de loi a été présenté aux chambres sur cet objet; on attendra qu'il ait obtenu la sanction législative pour pouvoir s'occuper utilement de cet embellissement de nos grandes routes.

### Route royale n° 139.

La route royale n° 139, bien qu'elle ait été achevée récemment, présente un tracé qui laisse beaucoup à désirer; elle n'offre pas moins de 4,657 mètres en pentes et rampes de 0,05 et au-dessus, c'est-à-dire la treizième partie de son parcours; mais la question de tracé, qui se trouvait déjà engagée lorsqu'on s'est occupé de l'achèvement de cette route, ne peut plus être élevée aujourd'hui; il faut accepter ce tracé tel qu'il se trouve et ne plus songer qu'à des améliorations de détail.

L'état de viabilité de la route royale n° 139 est généralement satisfaisant; mais il y a de petites portions qui, sous ce rapport, laissent beaucoup à désirer: je veux parler du faubourg de la Bussate et de la rue de la Corderie à Angoulême; l'état de la voie publique sur ces deux points est déplorable. M. l'Ingénieur ordinaire, dans les attributions duquel se trouvent ces parties de route, a été instamment invité à présenter le projet des améliorations qu'il est indispensable d'y exécuter; je sais qu'il s'en occupe, et j'espère être bientôt en mesure de soumettre son travail à l'approbation de l'administration centrale, qui sans doute ne refusera pas d'allouer les fonds nécessaires.

Il est également urgent d'élargir la traverse des Rochereaux et d'y établir la route d'une manière régulière; on espère pouvoir présenter prochainement le projet de ce petit travail.

Les traverses de Saint-Cybardeaux et de Rouillac laissent aussi beaucoup à désirer: le fonds d'entretien qui, en 1836, n'a été que de 32,000 fr. pour toute cette route (soit 0 fr. 54 c. par mètre courant), n'est pas suffisant pour qu'on puisse s'occuper utilement des améliorations de détail que réclameraient ces parties défectueuses ; on y parviendra sans doute si ce fonds reçoit l'augmentation que l'on réclame.

La fréquentation de la route royale n° 139 a été trouvée moyennement de 276 colliers par jour, dont 72 marchant à vide.

### Route royale n° 141.

La route royale n° 141 est d'une grande importance, puisqu'elle relie le centre de la France avec la Saintonge. Malheureusement elle a été établie dans des conditions de tracé qui en entravent singulièrement le parcours, car sur un développement de 114 kilomètres, il n'y en a pas moins de 15 (c'est-à-dire presque un huitième de la longueur totale) qui sont affectés de pentes et rampes de 0,05 et au-dessus; mais ici encore, le défaut paraît être tellement général, qu'il n'est guère possible de songer à des améliorations d'ensemble.

Sous le rapport de la viabilité, la route royale n° 141 est dans un état assez satisfaisant. Il y aurait cependant à faire beaucoup d'améliorations de détail qui pourraient être traitées au moyen du fonds d'entretien, s'il atteignait un chiffre assez élevé. Ce fonds pour 1846 a été fixé à 73,000 fr., soit environ 0 f. 64 c. par mètre courant.

La circulation a été trouvée de 236 colliers par jour, dont 48 marchant à vide.

L'affaire capitale de cette route et qui est actuellement à l'ordre du jour, c'est l'amélioration de la traverse et du pont de Cognac. Une décision récente a prescrit d'ajourner la présentation de tout projet qui aurait pour but le changement de direction de la traverse et la construction d'un nouveau pont, et de s'occuper exclusivement de l'élargissement du pont actuel. Il est à craindre que l'on ne déplore plus tard l'exécution d'un pareil travail, car on sera conduit à dépenser des sommes considérables pour établir péniblement une construction bizarre et mal coordonnée, aboutissant à des rues à peu près impraticables.

Quoi qu'il en soit, les ingénieurs vont s'occuper de donner à la question, placée sur ce terrain, la solution la moins mauvaise qu'il leur sera possible.

### Route royale n° 148.

La route royale n° 148, bien qu'elle ait été établie assez récemment, ne l'a point été dans de bonnes conditions de tracé ; sur 28 kilomètres, qui forment son développement, 4,425 mètres (c'est-à-dire plus d'un septième), sont en pente ou rampe de 0,05 et au-delà : c'est encore une situation qu'il faut bien accepter. Du reste, la fréquentation de cette route n'est pas considérable ; elle n'est que de 122 colliers, dont 22 à vide.

Son état de viabilité est assez satisfaisant ; le fonds d'entretien qui, en 1846, est de 0 fr. 43 c. par mètre courant, n'aurait pas besoin d'une grande augmentation pour être tout-à-fait au niveau des besoins.

La grande largeur de cette route (14 mètres) fait penser qu'elle serait très susceptible de recevoir des plantations.

Le pont de Confolens, qui dessert en même temps la route royale n° 151 bis, appartient à la route royale n° 148. Le remplacement de ce pont par un pont neuf, est une chose décidée par l'administration centrale ; le point où le nouveau pont doit être établi, est également fixé : la seule chose qui reste à déterminer, c'est le système de construction à adopter ; les ingénieurs avaient présenté un projet de pont suspendu : l'administration a demandé que ce projet fût modifié suivant certaines indications, et que, de plus, on présentât comparativement un projet de pont en pierre. On s'occupe, en ce moment, de ce double travail, qui a été fort retardé par la mutation de l'ingénieur de l'arrondissement de Confolens et par le délai qu'a mis l'administration à désigner un nouveau titulaire, lequel n'a pu prendre possession de son service qu'au commencement de juillet.

L'opinion du nouvel ingénieur ordinaire et celle de l'ingénieur en chef sont tout-à-fait favorables au système d'un pont en maçonnerie ; il leur paraît évident qu'un pont qui doit desservir à la fois deux routes royales, et réunir les deux portions d'une même ville, qui, par conséquent, a besoin d'une grande largeur, surtout à raison du genre de transport qu'il recevra (des charretis à bœufs et des chargements de grands bois), ne doit pas être un pont suspendu : ce serait, en quelque sorte, l'inverse d'un progrès que de substituer un pont suspendu à un antique pont en pierre, et cela dans une localité où l'on peut facilement se procurer des matériaux propres à faire des maçonneries à toute épreuve.

On espère que si le Conseil général veut bien donner quelque attention à cette affaire, il appuiera la proposition des ingénieurs tendant à faire donner la préférence à un pont en maçonnerie.

### Route royale nº 151 bis.

La route royale nº **151** bis est d'une haute importance pour le département, et particulièrement pour l'arrondissement de Confolens qu'elle réunit, d'une part, au chef-lieu du département, et d'autre part, au centre de la France et au Nivernais.

Son tracé, dont la sixième partie est en pente ou rampe de 0,05 et au-dessus, n'est assurément pas irréprochable ; mais le pays parcouru est accidenté, et la plupart des longues rampes ne pourraient pas être évitées aussi facilement que les autres lignes que nous avons passées en revue.

La largeur de cette route est de 8 mètres seulement entre Chasseneuil et Saint-Claud ; c'est trop peu : je ne pense pas, cependant, qu'il y ait lieu de faire un élargissement général de cette partie de route : on atteindrait le but en se contentant d'établir, de distance en distance, des gares pour le dépôt des matériaux.

La fréquentation a été trouvée de 164 colliers, dont 22 à vide.

L'état de viabilité de cette route est assez satisfaisant : le fonds d'entretien, en 1840, est de 0 fr. 55 c. ; mais il faudrait l'augmenter encore, pour le mettre tout-à-fait au niveau des besoins.

Je ne reviendrai pas sur le pont de Confolens, qui, nous l'avons dit, est commun à la route royale n° 148 et à la route royale n° 151 *bis*; mais je signalerai la convenance qu'il y aurait à élargir certaines parties des traverses de Confolens et de Saint-Germain; à établir un bon pavage dans la traverse de Confolens ; à remplacer par des aqueducs plusieurs cassis qui sillonnent la route entre Confolens et Saint-Germain. Les ingénieurs feront tous leurs efforts pour réaliser ces améliorations.

Nous terminerons ici ce qui est relatif au service des routes royales, en donnant le tableau synoptique annoncé au commencement de cet exposé.

(*Voir le Tableau ci-contre.*)

*TABLEAU des Dépenses faites en 1845 et des Crédits alloués en 1846, tant pour Entretien que pou*
*Travaux neufs sur les Routes royales du département de la Charente.*

| DÉSIGNATION des Routes Royales. | DÉPENSES FAITES EN 1845 | | CRÉDITS ALLOUÉS EN 1846 | | OBSERVATIONS. |
|---|---|---|---|---|---|
| | Pour travaux d'entretien. | Pour travaux neufs. | Pour travaux d'entretien. | Pour travaux neufs. | |
| Route royale n° 10.... | 86,835 f. 62 c. | 34,200 f. 18 c. [1] | 89,000 f. 00 c. | 20,182 f. 84 c. [2] | [1] Travaux de pavage à l'Houmeau et de correction des rampes de Chardin. |
| Route royale n° 139... | 28,700 00 | »» »» | 32,000 00 | »» »» | [2] Travaux de pavage de l'Houmeau, de correction des rampes de Chardin et élargissement à Barbezieux. |
| Route royale n° 141.. | 69,000 00 | »» »» | 73,000 00 | 820 00 [3] | [3] Élargissement à Cognac. |
| Route royale n° 148.. | 11,000 00 | 1,484 82 [4] | 12,000 00 | »» »» | [4] Frais de recherches de carrières pour le pont de Confol |
| R¹ᵉ royale n° 151 bis.. | 33,000 00 | 8,500 00 [5] | 24,000 00 | »» »» | [5] Réparat⁵ du pont du Cluzeau |
| Dépenses diverses..... | 11,364 38 | »» »» | 15,000 00 | »» »» | |
| Totaux............ | 240,000 00 | 44,905 00 | 255,000 00 | 21,002 84 | |
| Totaux d'ensemble.... | 284,905 f. | | 276,002 f. 84 c. | | |

## § II. — Service des Routes départementales.

Le département compte aujourd'hui dix routes départementales, savoir :

La route départementale n° 1, d'Angoulême à Laroche-Chalais, classée par ordonnance du 23 avril 1837, dont la longueur, entre son origine à Angoulême et la limite de la Dordogne, au pont de Parcoul, est de 54 kilomètres ;

La route départementale n° 2, de Cognac à Barbezieux, classée par le décret du 7 janvier 1813, et dont la longueur sur le territoire de la Charente est de 24 kilomètres ;

La route départementale n° 3, de Cognac à Saint-Jean-d'Angély, classée par le même décret, et dont la longueur entre la route royale n° 141 à Cognac et la limite de la Charente-Inférieure, est de 10 kilomètres ;

La route départementale n° 4, de Barbezieux au port Maubert ; elle a été classée par ordonnance du 9 août 1826 ; sa longueur entre la route n° 10 à Barbezieux et la limite du département de la Charente-Inférieure, est de 9 kilomètres ;

La route départementale n° 5, de Ruffec à Jarnac, classée par ordonnance du 9 août 1826, et fixée, quant à la direction, par ordonnance du 24 octobre 1836 ; elle présente, entre son origine sur la route royale n° 10 à Ruffec et la route royale n° 141 à Jarnac, une longueur de 53 kilomètres ;

La route départementale n° 6, de Cognac à Pons, aussi classée par l'ordonnance du 9 août 1826, présente une longueur de 7 kilomètres environ, entre Cognac et la limite du département ;

La route départementale n° 7, de Barbezieux à Chalais, classée par ordonnance du 13 août 1828, présente une longueur de 29 kilomètres ;

La route départementale n° 8, de Séreilhac à Mansle (ordonnance du 7 juin 1832), présentant une longueur d'environ 47 kilomètres entre la limite de la Dordogne et Mansle ;

La route départementale n° 9, de Confolens à Ruffec, classée par ordonnance du 14 janvier 1833, présentant une longueur

de 38 kilomètres, entre la route royale n° 148, un peu au-delà
de la sortie de Confolens, et la route royale n° 10, à Ruffec;

Enfin, la route départementale n° 10, de Poitiers à Ruffec,
classée tout récemment par ordonnance du 16 février 1846, et
présentant une longueur de 7 kilomètres environ, entre la limite
de la Vienne et la route départementale n° 9, près Ruffec.

En tout, 278 kilomètres de lignes départementales.

Ainsi, que nous l'avons fait pour les routes royales, nous jetterons séparément un coup d'œil sur chacune de ces lignes, et nous
terminerons aussi par un tableau indiquant les dépenses faites
sur chacune d'elles en 1845 et les crédits alloués en 1846, tant
pour entretien que pour travaux neufs.

### Route départementale n° 1.

La route départementale n° 1 paraît devoir fixer particulièrement l'attention du Conseil général. Récemment terminée, à
l'exception de deux courtes lacunes dont nous parlerons tout à
l'heure, elle se trouve cependant dans un état de viabilité fâcheux et qui exige impérieusement des réparations plus importantes que celles que l'on peut faire au moyen des fonds ordinaires d'entretien. Cela tient à ce que la chaussée en a été construite avec des matériaux très médiocres, et à ce que, à peine
livrée à la circulation, elle a dû subir l'effet des transports nombreux et excessifs occasionnés par la construction du chemin de
fer. Le fonds accordé pour entretien en 1846, a été de 0 fr. 57 c.
environ par mètre courant. Si le Conseil général consent à le
porter à 0 f. 70 c. pendant trois années seulement, il sera possible de pourvoir aux besoins de cette route; il est d'ailleurs à remarquer que le sacrifice que nous demandons n'est que momentané; nous le limitons à trois années, car aussitôt après la confection du chemin de fer, il y a tout lieu de penser que la route
n° 1 ne recevant plus qu'une circulation peu importante, pourra
être entretenue à peu de frais.

Si le Conseil, au lieu d'élever le chiffre de l'entretien comme nous le preposons, préfère allouer un crédit spécial pour être employé en réparations extraordinaires d'après un projet à faire approuver, le résultat sera le même ; seulement, ce moyen aura l'inconvénient de compliquer inutilement la comptabilité et d'exiger beaucoup plus d'écritures sans nécessité.

Nous avons dit que la route départementale n° 1 présentait encore deux courtes lacunes :

L'une, formant la traverse de Montboyer, offre 452 mètres de longueur et paraît devoir exiger une dépense d'environ 10,000 fr. : M. l'ingénieur ordinaire s'occupe de la rédaction de ce petit projet.

L'autre lacune, de 1,832 mètres de longueur, comprend les abords de Chalais et le pont à construire de la Tude ; le projet en a été approuvé par l'administration centrale et va être mis en adjudication : on s'occupe d'ailleurs du règlement des indemnités ; la dépense est fort élevée ; elle ne sera guère moindre que 120,000 fr. y compris ces indemnités ; le budget de 1846 ne comprend qu'une somme de 10,000 fr. à peine, applicable à ce travail : on ne pourra donc, d'ici à la fin de l'année, après avoir passé l'adjudication, que solder une faible partie des indemnités dues : il serait à désirer que l'on pût donner en 1847 une vive impulsion à ces travaux ; pour cela, un crédit de 60,000 fr. serait nécessaire.

### Route départementale n° 2.

La route départementale n° 2 ne présente rien qui soit digne de fixer, d'une manière particulière l'attention du Conseil général ; c'est une route dont l'état de viabilité est satisfaisant, et qui paraît pouvoir être maintenue telle par la continuation d'une allocation de 0 fr. 63 c. par mètre courant : les matériaux y sont fort chers. Il faudrait cependant une légère augmentation pour pouvoir améliorer le pavage de Barbezieux.

### Route départementale n° 3.

La route départementale n° 3, comme celle n° 2, ne présent^

rien de particulier si ce n'est qu'elle est très fréquentée ; cette fréquentation n'a point été déterminée, mais elle passe pour être plus considérable que celle de la route royale n° 141, entre Cognac et Saintes ; le chiffre de l'entretien actuel, 0 fr. 45 c. par mètre courant, ne paraît pas suffire pour maintenir son état de viabilité. Il faudrait une légère augmentation pour remédier à l'usure de certaines parties.

### Route départementale n° 4.

La route départementale n° 4 est une route qui ne donne lieu à aucune observation particulière ; elle est peu fréquentée : il suffit de 0 fr. 33 c. par mètre courant pour maintenir son bon état. Son embranchement à Barbezieux sur la route royale n° 10, est défectueux : l'amélioration de ce point devrait être l'objet d'un petit projet dont l'exécution serait fort utile.

### Route départementale n° 5.

La route départementale n° 5 est d'une grande importance ; elle lie deux contrées fertiles et qui ont entr'elles de nombreuses relations, l'arrondissement de Ruffec et celui de Cognac.

Son état de viabilité est assez satisfaisant ; mais le maintien de cet état exige beaucoup de soins à cause de la médiocre qualité des matériaux que l'on est obligé d'employer, du moins dans une partie de son parcours, entre Aigre et Jarnac.

Le fonds d'entretien de 1846 est de 0 fr. 51 c. environ par mètre courant : ce fonds est à peine suffisant aux besoins.

Il reste à traiter sur cette route deux points importants : les traverses de Tusson et de Charmé ; la voie n'y a jamais été régulièrement établie ; on suit la rue telle quelle, étroite, sinueuse et sans empierrement.

La première chose à faire, ce serait de donner à la route, dans ces deux traverses, la largeur qui a été fixée ; à Tusson on a déjà recueilli les adhésions de tous les riverains dont les propriétés devraient subir un retranchement ; le tableau des indemnités consenties monte à............................... 8,712 f. 85 c.

A Charmé, l'affaire n'est pas tout-à-fait aussi avancée ; il manque encore deux ou trois adhésions qu'on n'a pu obtenir; ici le tableau s'élève à   7,073   78

Il faudrait d'ailleurs, pour exécuter 1,260 mètres courants de bonne chaussée d'empierrement, avec les moyens d'écoulement des eaux (460 mètres à Charmé et 800 mètres à Tusson), une somme de 12 fr. environ par mètre courant, soit..... 15,100   »

Total pour les deux traverses............. 30,886   63

Il serait vivement à désirer que le Conseil général pût voter au budget de 1847 un premier crédit de 15,000 fr. applicables aux deux traverses de Charmé et de Tusson ; il serait facilement employé au paiement d'indemnités et à commencer les travaux pour lesquels il serait dressé un projet régulier à soumettre à l'approbation de l'administration centrale.

Le point d'arrivée de la route départementale n° 5, à Jarnac, est défectueux : il y aurait lieu de l'améliorer.

### Route départementale n° 6.

La route départementale n° 6, de Cognac à Pons, ne présente rien de particulier; elle est assez viable : on l'entretient avec une allocation de 0 fr. 40 c. par mètre courant; mais cette allocation ne pourrait continuer à suffire aux besoins, à raison de la rareté et de la cherté des matériaux ; il faudrait l'augmenter.

### Route départementale n° 7.

La route départementale n° 7 paraît devoir acquérir une grande importance par suite de l'établissement du chemin de fer de Bordeaux ; car elle sera le lien entre ce chemin et la ville de Barbezieux.

Achevée récemment jusqu'aux abords de Chalais, elle pré !
sente néanmoins un tracé assez accidenté ; mais son état de viabilité est satisfaisant : l'allocation de 1846 a été de 0 fr. 50 c. par
mètre courant; ce n'est pas assez : il faudrait l'augmenter, afin
de pouvoir donner encore à cette route quelques améliorations
de détail dont elle a besoin.

Il reste à ouvrir une petite portion de cette route formant l'entrée à Chalais, sur 665 mètres de longueur ; cette courte lacune
comprendra un pont sur la Viveronne ; le projet de cette portion
de route n'a pas encore été présenté par M. l'ingénieur ordinaire; il y a lieu de penser qu'il ne tardera pas à le produire ;
on sait d'ailleurs que la dépense s'élèvera à 41,009 fr. y compris
les indemnités de terrain. Un premier crédit de 10,131 fr. 52 c.
figure pour cet objet au budget départemental de 1846 ; on
compte l'employer, aussitôt après l'approbation du projet que l'on
attend, à acquérir des terrains et à commencer les travaux.      .

Pour 1847, il serait à désirer que le Conseil général, en
allouant un crédit de 25,000 fr., pût mettre l'administration en
mesure de donner à ces travaux l'impulsion nécessaire.

### *Route départementale n° 8.*

La route départementale n° 8 se divise en deux sections bien
distinctes :

L'une, de la limite de la Dordogne au pont d'Agris, qui est
exécutée, à l'état d'entretien depuis plusieurs années, et bien
viable, sauf deux courtes lacunes en deçà et au-delà de Montbron;

L'autre du pont d'Agris à Mansle, dont je parlerai spécialement
tout-à-l'heure.

La première section, je le répète, est bien viable, sauf deux
lacunes; le fonds d'entretien est peu considérable, environ 0 fr.
21 c. par mètre courant : il suffit néanmoins pour entretenir une
partie de route belle et peu fréquentée et où les matériaux sont
à bas prix.

Les lacunes aux abords de Montbron, se composent :

1° Du pont de Menet, sur la Tardoire, en cours d'exécution, et qui pourra être terminé cette année ; mais il donnera lieu à une augmentation de dépense d'environ 1,500 fr. Il faudra pour la couvrir un crédit de cette somme sur 1847 ;

2° De la rampe à établir à la suite, pour joindre ce pont à la place de Montbron ; le projet de cette portion de route vient d'être présenté par M. l'ingénieur ordinaire ; il est soumis à l'approbation du Ministre. La dépense, y compris les indemnités de terrain, est évaluée à 30,331 fr. 80 c ;

3° Du pont à établir au bas de Montbron, sur la Tardoire, et de ses abords ; ce projet, qui n'est point encore commencé, n'est pas exempt de difficultés : on s'en occupera prochainement ; en attendant, on passe sous le vieux pont du bas de Montbron.

Il serait désirable qu'un crédit de 15 ou 18,000 fr. fût alloué au budget de 18.. pour assurer l'exécution de la partie de route aux abords du pont de Menet, dont le projet a été récemment soumis à l'approbation.

Quant à la section de la route départementale n° 8, comprise entre le pont d'Agris et Mansle, et dont la longueur varie entre 15 et 18 kilomètres, selon que l'on suit une direction ou une autre, elle se trouve dans une situation singulière et douteuse, de laquelle il serait temps, ce semble, de la faire sortir.

En 1837, les ingénieurs ont présenté un projet de construction de la partie comprise entre Coulgens et la route royale n° 10, en suivant la ligne anciennement ouverte par les soins des Intendants de la province, et connue sous le nom de *Chemin de la Duchesse* ; mais ce projet ne fut point approuvé par l'administration centrale, qui, le 7 août 1839, par suite des observations de M. le préfet d'alors, demanda une nouvelle étude tendant à satisfaire autant que possible au désir exprimé par le Conseil général, de faire passer la route par Saint-Angeau. Dans sa session de 1840, le Conseil général vota l'exécution du chemin de grande communication n° 26 par Saint-Angeau, et ajourna toute allocation de fonds à cette partie de route départementale, sauf à statuer ultérieurement sur la question de savoir si ce chemin serait la route départementale, ou si, indépendamment du chemin, il convenait d'exécuter la route par le chemin de la Duchesse.

Depuis 1840 jusqu'à ce jour, l'affaire est restée dans cette situation; les ingénieurs ont cessé de s'occuper de cette section de la route départementale n° 8, et MM. les agents-voyers ont continué peu à peu l'exécution du chemin par Saint-Angeau.

Tout récemment j'ai fait faire par M. l'ingénieur ordinaire une reconnaissance de la ligne dont l'exécution est entreprise depuis plusieurs années par les soins de MM. les agents-voyers : il en résulte que la longueur totale est de 18,150 mètres; que le tracé n'est point défectueux et peut être admis pour desservir la route départementale; que 7 kilomètres peuvent être considérés comme terminés et dans un état assez satisfaisant; que par conséquent il reste à traiter 11,150 mètres; j'en évalue la dépense à 10 fr. le mètre courant, soit 110,500 fr.; il y a de plus un pont à établir à Saint-Ciers, de sorte que la dépense totale peut être évaluée 140,000 fr.

Je crois qu'il serait temps d'adopter une des deux solutions indiquées par le Conseil général en 1840; la prolongation de l'état de choses actuel met l'administration dans un véritable embarras : ainsi il est arrivé qu'un particulier voulant bâtir, à La Rochette, sur le bord du chemin de la Duchesse, ne savait à qui s'adresser pour obtenir alignement, et qu'il était renvoyé sans solution de l'administration des Ponts-et-chaussées à celle des Chemins vicinaux.

Des deux solutions indiquées, je n'hésite pas à penser que celle qui consiste à adopter comme route départementale la ligne par Saint-Angeau, est la plus conforme aux intérêts du pays; elle est plus longue que le chemin de la Duchesse, d'environ 2 kilomètres, mais aussi elle traverse une contrée plus peuplée, et présente, entre Saint-Angeau et Agris, une partie commune avec le chemin de grande communication n° 26; il y a longtemps d'ailleurs que le bienfait d'une route départementale, c'est-à-dire d'une voie faite et entretenue aux frais du département, est pro-

mis aux populations de ces contrées : je pense que ce serait faire
un acte de justice et de bonne administration que de faire achever comme route départementale la communication de Mansle à
Agris, par Saint-Angeau. Les projets d'achèvement seraient
bientôt produits par les ingénieurs : ils ont déjà par-devers eux
une grande partie des éléments nécessaires, et si le Conseil général accueillait la pensée qui vient d'être émise, il pourrait le
témoigner d'une manière effective par le vote d'un premier crédit de 10 ou 20,000 fr. sur 1847; il ne serait pas difficile de
l'employer en temps utile.

Je ne terminerai pas ce qui est relatif à la route départementale n° 8, sans rappeler que la continuation de cette ligne
sur une enclave de la Dordogne, d'environ 4 kilomètres de longueur, qui se trouve interposée entre la Haute-Vienne et la
Charente, donne lieu à quelques difficultés. Pour les résoudre,
on a dû suivre la marche tracée par la loi du 25 juin 1841 et
par l'ordonnance du 7 septembre 1842; un ingénieur en chef a
été spécialement désigné par le ministre pour l'instruction de
cette affaire; les opérations de ce terrain ont été faites, et je
sais que cet ingénieur en chef sera bientôt en mesure de provoquer les enquêtes préalables à la loi qui doit intervenir.

### Route départementale n° 9.

La route départementale n° 9 paraît destinée à acquérir une
grande importance, parce qu'elle rattachera au chemin de fer,
à Ruffec, la ville et l'arrondissement de Confolens. Elle est récemment exécutée sur presque toute sa longueur; jusqu'à présent, l'entretien en est assez facile, à cause du bas prix des
matériaux et de son peu de fréquentation. En 1846, il est alloué pour cet entretien 0 fr. 19 c. par mètre courant; malgré
cette facilité d'entretien, une somme aussi faible est insuffisante;
et cette insuffisance a obligé à congédier les cantonniers pendant plusieurs mois, mesure fâcheuse et qui produit toujours de

mauvais résultats; il faut nécessairement augmenter cette allocation pour 1847.

Il reste encore beaucoup à faire sur la route départementale n° 9, savoir :

1° Achever les travaux de reconstruction du pont d'Alloue; ce résultat sera prochainement obtenu; mais la dépense sera considérable; les augmentations approuvées jusqu'ici par l'administration centrale, élèvent la dépense totale à 55,000 fr.; et M. l'ingénieur, nouvellement chargé de l'arrondissement de Confolens, et qui, ayant à mener à bonne fin cette entreprise, a dû en reprendre en détail tout le métré, annonce que diverses omissions ont été faites dans les rapports de son prédécesseur, qui avaient porté le chiffre à 55,000 fr.; de sorte que, en définitive, la dépense paraît devoir s'élever à environ 60,000 fr.

Le pont sera très incessamment terminé et livré à la circulation.

2° Achever les travaux de construction de la route dans la traverse de Champagne-Mouton et du pont sur l'Argent, à l'entrée de ce bourg; on espère aplanir prochainement quelques difficultés qui se sont opposées au prompt achèvement de ces travaux. Il y a eu aussi, sur cette entreprise, des motifs d'augmentation de dépense appréciés et approuvés par l'administration; les fonds crédités au budget de 1846 ne suffiront pas pour couvrir toutes les augmentations; il sera nécessaire de créditer un solde de 2,000 fr.

3° Etablir la route dans la traverse d'Alloue; une somme de 12,575 fr. a été créditée au budget de 1846 pour cet objet, et n'a pu encore trouver son emploi; le projet qui avait été rédigé pour l'exécution de ce travail par M. l'ingénieur de l'arrondissement du Nord, n'ayant pas paru satisfaisant, il a été invité à le refaire; puis, cet ingénieur a quitté l'arrondissement avant d'avoir satisfait à cette demande, et son successeur n'a pas encore pu s'en occuper; il serait nécessaire de reproduire au budget de 1847 une allocation à peu près pareille à celle de 1816, laquelle vraisemblablement ne pourra être employée qu'en faible partie.

4° Établir la route entre Condac et Ruffec ; ceci comprend deux points importants : la construction d'un pont à Condac, travail qui, d'ailleurs, ne paraît pas présenter un caractère de grande urgence, et l'arrivée de la route à Ruffec. Cette dernière question, qui a beaucoup préoccupé le pays, a été, de la part de l'ingénieur en chef, le sujet d'une nouvelle étude entreprise pour satisfaire au vœu exprimé par le Conseil général dans sa dernière session : le résultat de cette étude pourra être soumis à l'appréciation du Conseil : il suffit d'annoncer ici que les conclusions de l'ingénieur en chef tendent à faire maintenir la direction adoptée dès 1841, en passant par la rue du Pontereau ; la route n° 9 devrait ensuite être prolongée dans Ruffec jusqu'à la route royale n° 10, en suivant la rue des Petits-Bancs, la place publique et la rue de Verteuil ;

5° Établir la route entre l'entrée et la sortie de Nanteuil ; c'est une opération qui, vraisemblablement, donnera lieu à quelques difficultés et à une dépense assez élevée ; M. l'ingénieur de l'arrondissement de Confolens est chargé d'étudier cette affaire.

### Route départementale n° 10.

La route départementale n° 10, nouvellement classée, paraît devoir être d'une grande importance pour la ville et l'arrondissement de Ruffec.

A la limite du département de la Vienne, la communication se trouve interrompue par la Charente ; le projet du pont à établir sur ce point a été préparé par MM. les ingénieurs du département de la Vienne ; la dépense en est évaluée 45,000 fr. ; il paraît évident que la moitié de cette dépense devra être supportée par le département de la Charente ; M. l'ingénieur en chef de la Vienne paraît être en mesure de faire exécuter prochainement ce travail ; je pense donc qu'il y aurait lieu de voter pour 1847 un crédit de 15,000 fr. pour cet objet, sauf à parfaire la moitié de la dépense, après règlement do compte.

Pour ne pas laisser inutile le pont qu'établiront les ingénieurs de la Vienne, il conviendrait que, de notre côté, nous fissions exécuter une portion de route aux abords de la rivière, restée en lacune sur environ 300 mètres de largeur ; la dépense en a été évaluée 9,510 fr. ; le projet régulier serait facile à dresser, et il serait à désirer qu'il fût exécuté en même temps que le pont : il suffirait, pour cela, d'allouer sur 1847 un premier crédit de 5,000 fr.

Le budget départemental de 1846 ne comprenait aucun fonds pour l'entretien de la route départementale n° 10 ; afin d'y pourvoir à partir de mai 1846, on a dû prélever la somme nécessaire (1,350 fr.) sur la réserve affectée à l'entretien des parties de route les plus fatiguées.

Pour 1847, il faudrait un crédit de 1,500 fr., afin d'assurer l'entretien de la route dont il s'agit ; c'est une somme minime, puisqu'il s'agit de 7 kilomètres de route; c'est 0 fr. 21 c. par mètre courant ; mais elle n'est pas et ne peut pas être très fréquentée.

(*Voir le Tableau ci-après.*)

*TABLEAU des Dépenses faites en 1845, et des Crédits alloués en 1846, tant pour Entretien que pour Travaux neufs sur les Routes départementales du département de la Charente.*

| DÉSIGNATION des Routes Départementales. | DÉPENSES FAITES EN 1845. | | CRÉDITS ALLOUÉS EN 1846. | | OBSERVATIONS. |
|---|---|---|---|---|---|
| | Pour entretien. | Pour travaux neufs. | Pour entretien. | Pour travaux neufs. | |
| Route nº 1............ | 24,702 f. 82 c. | 48,500 f. 00c. | 30,000 f. 00 c. | 48,000 f. 00 c. | |
| Route nº 2............ | 15,000 00 | »» »» | 15,200 00 | 4,076 42 | |
| Route nº 3............ | 4,000 00 | »» »» | 4,500 00 | »» »» | |
| Route nº 4............ | 3,000 00 | »» »» | 3,000 00 | »» »» | |
| Route nº 5......... ... | 25,000 00 | 2,000 00 | 27 000 00 | 2,000 00 | |
| Route nº 6............ | 2,300 00 | »» »» | 2,700 00 | »» »» | |
| Route nº 7............ | 11,000 00 | 5,864 69 | 14,500 00 | 10,131 52 | |
| Route nº 8............ | 6,000 00 | 7,000 00 | 6,000 00 | 7,072 00 | |
| Route nº 9 ........... | 5,541 89 | 50,215 36 | 7,000 00 | 47,700 00 | |
| Route nº 10.... ........ | »» »» | »» »» | »» »» | »» »» | |
| Dépenses diverses sur la réserve............ | 7,750 37 | 2,199 85 | 10,965 78 | 1,829 33 | |
| Totaux............... | 104,595 08 | 115,779 90 | 120,865 78 | 120,809 27 | |
| Totaux d'ensemble... | 220,374 f. 98 c. | | 241,675 f. 05 c. | | |

*Routes nouvelles à projeter.*

Avant de quitter le service des routes pour passer aux renseignements relatifs aux autres branches de l'administration des
Ponts-et-Chaussées, je pense qu'il ne sera pas déplacé de donner
ici quelques explications sur les nouvelles routes dont il paraîtrait utile de doter le pays.

Plusieurs fois déjà le Conseil s'est occupé de la pensée d'établir une route d'Angoulême à Niort. Pour satisfaire au vœu du
Conseil et aux instructions de l'Administration centrale, les Ingénieurs en chef des trois départements intéressés (Charente,
Charente-Inférieure et Deux-Sèvres) se sont réunis en conférence à Niort, en avril 1844, afin de faire un choix entre les
nombreuses directions que l'on pouvait étudier; ils sont tombés
d'accord que la direction à proposer était celle qui, se détachant
à Saint-Genis de la route royale n° 139, se porterait sur Aigre,
Couture-d'Argenson, Brioux et Niort, passant ainsi directement
de la Charente dans les Deux-Sèvres, sans toucher le territoire
de la Charente-Inférieure. Cette direction a été étudiée dans la
Charente aux frais de ce département, et le résultat de ces études, qui sera bientôt adressé à l'Administration centrale pour
être rapproché du travail analogue qui a dû être fait dans le département des Deux-Sèvres, pourra être préalablement soumis
au Conseil général.

Le résultat, en ce qui concerne le territoire de la Charente,
peut se résumer ainsi, en peu de mots :

La longueur de la nouvelle communication, entre la route
royale n° 139, à Saint-Genis, et la limite des Deux-Sèvres, serait de 29,600 mètres;

La dépense à faire tant pour approprier le chemin de grande
communication emprunté à la nouvelle destination, que pour
ouvrir à neuf certaines parties, peut être évaluée à 240,000 fr.

Il ne m'appartient pas de préjuger quelle sera la suite que
donnera l'Administration à la demande d'établir une route
royale d'Angoulême à Niort; cependant je crois pouvoir émet-

mettre la pensée qu'il est peu probable qu'elle se décide à classer et à créer cette nouvelle communication comme route royale. Pour cela il faut une loi.

Or, l'affaire est-elle assez urgente, d'un intérêt assez élevé, assez vivement senti pour être l'objet d'une *loi spéciale?* Je ne le pense pas.

D'un autre côté, le gouvernement, préoccupé de la vive impulsion qu'il a donnée aux grands travaux extraordinaires des chemins de fer, des ports de mer, etc., trouvera-t-il le moment opportun pour proposer un classement comprenant un certain nombre de nouvelles routes royales parmi lesquelles figurerait la route d'Angoulême à Niort? Je ne le pense pas non plus.

La conclusion est que, dans la situation actuelle des choses, le seul moyen de réaliser prochainement et sûrement cette nouvelle voie de communication, ce serait que les deux départements de la Charente et des Deux-Sèvres en demandassent le clasement au rang de leurs routes départementales, et en entreprissent par conséquent l'exécution à leurs frais.

Mais le moment est-il venu, pour la Charente du moins, d'entrer dans cette voie? C'est à la sagesse du Conseil général qu'est remise la solution de cette question.

Pour moi, je me bornerai à émettre la pensée que sans doute la création de nouvelles routes départementales serait une mesure d'un haut intérêt pour le pays. Il suffit ce me semble, pour le démontrer, d'exposer :

1° Que, en quatre points différents du périmètre du département de la Charente, viennent aboutir des routes départementales classées par les départements limitrophes, et auxquelles il serait rationnel de donner suite sur notre sol ; car les Conseils généraux voisins pourraient à bon droit réclamer d'office la continuité de leurs lignes départementales sur le territoire de la Charente, comme le département de la Charente le fait lui-même en ce moment à l'égard de la Dordogne; 

2° Que, outre l'intérêt général qui s'attache à l'ouverture d'une route d'Angoulême à Niort, la création du chemin de fer va faire naître de nouveaux besoins de communication qu'il me paraît inutile d'indiquer quant à présent, mais auxquels il serait bon de songer à pourvoir.

## § III. — Service de la Navigation.

La Charente, seule rivière navigable du département, est légalement regardée comme telle depuis Montignac jusqu'à la mer ; mais par le fait, la navigation est nulle entre Montignac et le port de Lhoumeau, et les neuf écluses qui s'y trouvent ne fonctionnent point.

Du port de Lhoumeau à l'embouchure du Né, au-dessous de Cognac, point qui forme la limite des attributions des Ingénieurs de la Charente et de la Charente-Inférieure, le cours de la Charente a 67 kilomètres de longueur. La navigation y est active ; elle est desservie par quinze écluses, et une seizième sera bientôt établie en remplacement du passage défectueux, connu sous le nom de Pas-de-Basseau. Les travaux viennent d'en être adjugés.

La loi du 19 juillet 1837 avait donné à l'Administration le moyen d'exécuter sur la Charente des améliorations importantes. Sur 1,900,000 fr. affectés à cette rivière, 956,914 fr. 59 c. ont été employés, jusques et y compris l'exercice 1845, sur la partie située dans le département de la Charente. Aujourd'hui les fonds créés en 1837 sont épuisés à très peu près, et le premier crédit affecté récemment à la construction de l'écluse de Basseau, déjà n'appartient plus à ces fonds spéciaux, mais bien au budget ordinaire.

Il reste cependant encore d'importantes améliorations à entreprendre sur la Charente. L'Administration centrale l'a compris, et elle a pris l'initiative il y a peu de mois pour demander aux Ingénieurs de préparer un nouveau travail dans lequel ils devront détailler tous les ouvrages qu'il leur paraîtra nécessaire d'exécuter encore pour le perfectionnement de cette navigation. Les ingénieurs s'en occupent; ils espèrent pouvoir le produire assez tôt pour que l'administration soit en mesure, si elle le juge convenable, de demander aux chambres un nouveau fonds spécial dès la prochaine session.

Bien que leurs propositions soient loin d'être formulées, ils peuvent dès à présent prévoir qu'elles concluront à l'allocation pour le département de la Charente d'un fonds de un million ou de un million et demi.

Dans l'état actuel des choses et malgré ses imperfections, la navigation de la Charente ne manque pas d'activité et présente un grand intérêt; le port de Lhoumeau des quais duquel on a pu augmenter peu à peu le développement, forme aujourd'hui un foyer commercial où il y a un mouvement déjà considérable et représenté par 35,000 tonnes de marchandises entrant ou sortant annuellement.

Je donnerai ici un tableau analogue à ceux qui ont été présentés pour les routes.

(Voir le Tableau ci-contre.)

TABLEAU des Dépenses faites en 1845 et des Crédits alloués en 1846, tant pour Entretien que pour Travaux neufs sur la Rivière de Charente, dans le département de la Charente.

| DÉSIGNATION des Objets de Dépenses. | DÉPENSES FAITES EN 1845 | | CRÉDITS ALLOUÉS EN 1846 | | OBSERVATIONS. |
|---|---|---|---|---|---|
| | Pour entretien. | Pour travaux neufs. | Pour entretien. | Pour travaux neufs. | |
| Travaux proprement dits.............. | 29,793 f. 75 c. | 24,800 f. 00 c. | 24,275 f. 00 c. | 36,373 f. 33 c.[1] | [1] Y compris 25,000 fr. pour l'écluse de Basseau. |
| Dépenses diverses..... | 5,206　25 | 5,200　00 | 5,725　00 | 4,900　00 | Les dépenses diverses ont principalement pour objet des salaires d'agents secondaires, d'éclusiers, etc. |
| Totaux............. | 35,000　00 | 30,000　00 | 30,000　00 | 41,273　33 | |
| Totaux d'ensemble.... | 65,000 f. 00 c. | | 71,273 f. 33 c. | | |

## § IV. — Services divers.

Les autres branches de l'administration des Ponts et Chaussées dans le département de la Charente (service ordinaire), ne présentent pas grand intérêt; il serait donc inutile d'en entretenir longuement le Conseil général.

Nous dirons seulement qu'il s'y trouve treize bacs affermés au profit de l'Etat, et qui tous ensemble rapportent annuellement au Trésor la faible somme de 6,352 fr. De ces treize bacs sept sont sur la Charente, deux sur la Vienne, deux sur le Né et deux sur la Dronne. Les baux expirent au 31 décembre prochain et devront bientôt être renouvelés.

Il existe aussi dans le département sept ponts à péage concédés à des particuliers; cinq sont des ponts suspendus, qui tous sont établis sur la Charente; deux sont fixes, l'un à Puygolier sur la Bonnieure, et l'autre à La Roche sur le Né.

Tous ces ponts à péage font suite à des lignes vicinales, à l'exception toutefois de celui de Jarnac, route royale n° 141. La concession de ce dernier pont paraît être fort profitable au concessionnaire; la durée est de soixante années qui ont commencé à courir en 1827. Un huitième pont à péage est en voie d'instruction; il doit être établi sur la Charente, en remplacement du bac de Basseau; il y a lieu d'espérer que l'ordonnance autorisant sa mise en adjudication sera prochainement rendue. Une subvention de 20,000 fr. a été demandée à l'Etat pour faciliter cette entreprise.

Les affaires d'usines et cours d'eau présentent dans le département de la Charente un arriéré assez considérable. Un grand nombre d'affaires de ce genre est en voie d'instruction, et, il faut le dire, cette instruction marche fort lentement; cela s'explique par le grand nombre d'affaires du service ordinaire qui occupent constamment les Ingénieurs, lesquels d'ailleurs doivent, avant tout, leur temps à l'Etat et au Département, et par conséquent ne peuvent faire passer qu'en seconde ligne le réglement des intérêts privés.

Angoulême, le 51 août 1846.

# CHEMIN DE FER DE TOURS A BORDEAUX

## (3ᵉ SECTION).

---

# RAPPORT

## ADRESSÉ A M. LE PRÉFET DE LA CHARENTE,

### Par M. l'Ingénieur en Chef

De la 3ᵉ Section du chemin de fer de Tours à Bordeaux,

#### SUR LA SITUATION

## DES TRAVAUX DANS LE DÉPARTEMENT DE LA CHARENTE,

### AU 25 AOUT 1846.

---

MONSIEUR LE PRÉFET,

A l'époque de la dernière réunion du Conseil général de la Charente, les travaux du chemin de fer entre Angoulême et la limite sud du département, venaient d'être entrepris ; les terrains sur lesquels ils devaient s'étendre, venaient d'être achetés presque en totalité ; les ateliers se formaient, et déjà on commençait à ébaucher quelques-uns des ouvrages principaux. Entre la limite nord du département et Angoulême on n'avait encore rien ajouté à l'avant-projet général approuvé, qui fixe le tracé du chemin de fer dans ses dispositions principales.

Nous allons exposer le progrès des travaux depuis cette époque, et les préparatifs qui ont été faits pour hâter l'exécution de ceux qui n'ont pu être encore entrepris.

La jonction d'Angoulême à Bordeaux a provoqué dès le début l'attention de l'administration; c'est sur cette partie qu'ont dû être concentrés les premiers efforts et tous les crédits. Mais le moment est proche où l'on pourra ouvrir la partie au nord d'Angoulême : on en prépare les projets en ce moment; les opérations sur le terrain, commencées au printemps dernier, ont été reprises depuis l'enlèvement des moissons, et sont conduites avec activité.

Sur la partie au sud d'Angoulême, les travaux sont partout en pleine activité. Deux mille ouvriers y sont continuellement employés; échelonnés par ateliers sur toute la ligne, les uns attaquent les terrassements, les autres élèvent les ponts, les viaducs, etc., ou creusent les tunnels.

Les terrassements forment un volume total de 2 millions de mètres cubes. L'exploitation de ces déblais dont plusieurs massifs isolés ont un volume de 80,000 mètr. à 162,000 mètr. cubes, ne pouvait être faite avec la rapidité convenable que par l'emploi des rails. Les devis avaient prévu que l'on emploierait pour cet objet ceux mêmes qui doivent former la voie définitive ; mais la compagnie concessionnaire qui s'est offerte pour faire cette fourniture, ne l'a pas livrée en temps utile. Au lieu de 13,000 rails demandés et nécessaires aujourd'hui, 3,000 environ sont fournis et ne sont même pas pourvus de leurs coussinets. Il a fallu suppléer au défaut de ces rails définitifs, par des voies provisoires en bois, garnies de bandes de fer,

dont l'approvisionnement a retardé l'exécution des terrassements. Néanmoins on est parvenu à déblayer jusqu'à ce jour
700,000 mètr. cubes ou le tiers environ de la masse totale ; en
conservant l'impulsion imprimée actuellement aux travaux,
on peut les achever l'année prochaine, à l'exception peut-être
de quelques passages, qui sont en ce moment l'objet de mesures spéciales de la part de l'administration.

Les ouvrages d'art sont conduits avec une activité pareille ;
en négligeant ceux dont le débouché n'atteint pas deux mètres, on en compte 60, dont 18 sont achevés, et 18 en cours
d'exécution. Le plus considérable est le viaduc des Couteaubliè-
res, porté sur 12 arches larges de 10 mètr. chacune et hautes
de 22 mètr.; les piles et les culées en sont fondées et élevées
au-dessus de la prairie. Viennent ensuite, parmi les plus importants, le pont-viaduc de Mouthiers, qui donne passage à la
fois à la rivière de Bohème et à un chemin vicinal : il est à peu
près terminé ; quatre ponts sur la rivière de Tude, dont un est
clavé, un autre très près de l'être, et les deux derniers mon-
tés au-dessus des crues de la rivière. Pour les autres ouvrages,
on s'est attaché à faire les fondations qui paraissaient devoir offrir quelques difficultés, de sorte qu'aujourd'hui on est à l'abri
des éventualités, si fréquentes dans ce genre de travaux, et qui
en retardent souvent la construction. On compte achever tous
les ouvrages d'art dans la campagne prochaine.

L'exécution des tunnels d'Angoulême et de Livernan, le premier long de 730 mètr., le second de 1,310 mèt., se poursuit
avec rapidité et sans accident, suivant la marche qui a été
fixée d'avance par les devis. Elle réalise toutes les prévisions
dont ces ouvrages ont été l'objet.

A Angoulême, on mène de front les trois premières opérations : c'est d'abord une galerie centrale qui a été percée à
partir de chaque extrémité, et qui s'avance aujourd'hui jus-

qu'au cœur de la montagne ; il ne reste plus à percer en ce moment qu'un noyau de 180 mètr. que chaque jour réduit de 2 mètr. En arrière, un second atelier élargit incessamment cette première galerie, et prépare le logement de la voûte ; un troisième la construit à mesure.

A Livernan, l'attaque est faite de la même manière ; mais en raison de la plus grande longueur du tunnel, il ne suffisait pas d'entrer par les extrémités ; on a ouvert deux puits intermédiaires. La galerie centrale se prolonge sans interruption depuis la tête nord jusqu'au-delà du second puits intermédiaire; il ne reste entre celui-ci et la tête sud, qu'un noyau long de 60 mètres, qui sera percé avant la fin de septembre. L'élargissement de cette galerie centrale est commencé près des têtes, et dès que l'administration supérieure aura ratifié les marchés qui lui sont soumis, on construira la voûte, dont le logement est préparé sur une grande longueur.

L'exploration du rocher à Angoulême et à Livernan est presque complète aujourd'hui ; elle ne laisse aucun doute sur le succès de ces deux entreprises, et l'on peut affirmer que leur achèvement suivra de près, s'il ne le précède, celui des autres travaux du chemin de fer.

En dehors du département de la Charente, la 3ᵉ section du chemin de fer de Tours à Bordeaux se prolonge jusqu'à Libourne. Les travaux sont conduits avec activité, les terrassements sont très avancés, presque tous les ouvrages d'art fondés, quelques-uns terminés, et plusieurs très près de l'être. Un seul ouvrage, parmi les plus considérables, est en retard, c'est le pont sur la rivière d'Ile, adjugé le 20 juin dernier; la construction en va être poussée avec diligence, et si l'on n'est pas trop gêné par les intempéries et les eaux, elle pourra être achevée assez tôt pour que la section d'Angoulême à Libourne soit prête à recevoir les rails en 1848. Cette partie forme un des tronçons principaux que la compagnie, aux termes du cahier des charges, est tenue de recevoir, et qu'elle doit exploiter dans l'année qui succède à la réception.

C'est dans cette prévision que l'on a commencé l'étude des stations. Le projet de distribution de ces établissements dans la 3ᵉ section, a été soumis aux enquêtes et confirmé par l'assentiment des commissions qui ont été appelées à donner leur avis dans les départements de la Charente et de la Gironde. Les résultats obtenus dans la Dordogne et dans la Charente-Inférieure n'ont pas été communiqués. Si M. le Ministre sanctionne ces propositions, des stations de voyageurs seront placées à La Couronne, Mouthiers, Charmant, Montmoreau et Chalais : ces deux dernières seront pourvues en outre de gares pour marchandises. Le projet de ces ouvrages et celui des maisons de gardien que l'on prépare en ce moment, compléteront, pour la partie au sud d'Angoulême, l'étude des travaux que les lois de juin 1842 et juillet 1844 ont laissés à la charge de l'état.

Les stations au nord d'Angoulême ont été comprises dans le même projet de distribution ; elles sont placées à Ruffec, Moussac, La Terne et Vars ; toutes, à l'exception de la seconde, seront pourvues d'une gare de marchandises.

En résumé, l'étude du chemin de fer au nord d'Angoulême est commencée ; tous les travaux à faire au sud de cette ville, sauf les stations et autres bâtiments, sont entrepris, non seulement dans la Charente, mais encore dans les départements voisins ; l'exécution en est poursuivie avec activité et succès, et l'on est fondé à espérer que l'achèvement de la partie comprise entre Angoulême et Libourne, sera obtenu dans l'année 1848.

Les fonds crédités pour le département de la Charente sont en total de 3,783,297 fr. 04 c., dont 2,500,000 sur l'exercice 1846; les dépenses faites jusqu'à ce jour s'élèvent à 3,480,000 fr.

* * *

# EMBRANCHEMENT DE LIMOGES

## Sur le chemin de fer d'Orléans à Bordeaux.

———

L'administration a entretenu le Conseil général de la Charente, pendant plusieurs années consécutives, de divers projets de canalisation pour joindre la Basse-Loire à la Dordogne. Lorsque le chemin d'Orléans à Bordeaux fut décrété, M. Leblanc, ingénieur en chef, directeur des études de la canalisation, émit la pensée qu'une voie de fer dirigée de Limoges sur cette ligne, serait une solution plus favorable et moins dispendieuse que les voies navigables, à la question que le gouvernement s'était proposée. En conséquence, une étude sommaire fut entreprise: elle prouva que l'embranchement indiqué, était praticable, dans des conditions de tracé et de dépense ordinaires.

Vers la fin de 1845, l'administration supérieure a ordonné une étude plus approfondie de cette direction. Aujourd'hui cette étude, ou du moins les opérations de terrain nécessaires à la rédaction de l'avant-projet, sont terminées entre Angoulême et Chasseneuil; les reconnaissances préparatoires sont avancées jusqu'à Chabanais ; les ingénieurs comptent sur de nouvelles ressources pour compléter cette dernière partie et prolonger jusqu'à Limoges leurs opérations.

Angoulême, le 31 août 1846.

*L'Ingénieur en chef de la 3ᵉ section du Chemin de fer de Tours à Bordeaux*,

A. DUVIGNAUD.

Angoulême, Imp. de LEFRAISE et Cⁱᵉ,
rue des Trois-Notre-Dame, 1.

# PROCÈS-VERBAL

## DES DÉLIBÉRATIONS

### DU

# CONSEIL GÉNÉRAL.

DÉPARTEMENT DE LA CHARENTE.

# PROCÈS-VERBAL

## DES DÉLIBÉRATIONS

DU

# CONSEIL GÉNÉRAL.

Session de 1846.

ANGOULÊME,

IMPRIMERIE DE ARDANT FRÈRES,

PLACE MARENGO, 55.

1846.

# RAPPORT

SUR LA SUITE DONNÉE

## AUX VOTES ÉMIS PAR LE CONSEIL CÉNÉRAL DU DÉPARTEMENT,

Dans sa Session de 1845.

Le conseil général émet un avis favorable sur une demande de classement, au rang des routes royales, de la route départementale classée d'Aurillac à Angoulême.

*Cet avis a été transmis à M. le Sous-Secrétaire d'État des travaux publics, le 17 novembre 1845.*

Le conseil général demande de nouveau l'exécution du projet d'une route royale d'Angoulême à Niort.

*Cette délibération a été adressée à M. le Sous-Secrétaire d'État des travaux publics.*

Le conseil général vote le classement, en route départementale, de la partie du chemin de grande communication n° 9, comprise entre Ruffec et le département de la Vienne.

*Une ordonnance royale du 16 février 1846 a sanctionné ce vote*

La lacune de la route départementale n° 8, de Mansle à Sérellhac, sur la Dordogne, doit être classée et exécutée le plus promptement possible.

*L'instruction de cette affaire se poursuit.*

Le loyer du tribunal de commerce de Cognac doit être porté de 200 fr. à 400 francs.

*Cette délibération a reçu son exécution.*

Le conseil général donne un avis favorable à la création d'une foire royale à Ste-Radegonde, laquelle tiendrait au mois d'août.

*Cette foire a été autorisée par ordonnance royale du 10 août 1816.*

Le conseil est d'avis qu'il soit établi un marché hebdomadaire au chef lieu de la commune de Roussines.

*Ce marché a été autorisé par arrêté ministériel du 19 mai 1816.*

Une législation nouvelle devrait améliorer le service du jury médical.

*Avis transmis à M. le Ministre de l'agriculture et du commerce.*

Le conseil général donne un avis favorable au projet de réunion des communes de Conzac et Lachapelle à celle de St.-Aulaye.

*Une ordonnance royale du 8 octobre 1816 approuve cette réunion.*

Le conseil général est d'avis qu'il y a lieu de prendre en considération le mémoire de M. le docteur Loir, ayant pour objet l'amélioration du service des actes de naissance.

*La délibération a été transmise à M. le Ministre de l'intérieur.*

Le conseil général approuve le projet de réunion des communes de Lamenècle et Saint-Martial, à celle de Rouffiac.

*Cette réunion a été prononcée par ordonnance royale du 8 octobre 1816.*

Le conseil général demande que l'enclave du Petit-

*L'instruction de cette affaire se poursuit.*

Champagne (Dordogne) soit réuni à la commune de Blan zaguet ( Charente ).

Le conseil général émet un avis favorable sur le projet de l'établissement d'un mont-de-piété à Angoulême.

*Le 29 décembre 1845 transmis la délibération à M. le Ministre de l'intérieur.*

Un impôt sur les chiens doit être établi , mais le produit devra être affecté aux communes.

*La délibération a été adressée à M. le Ministre des finances ; la chambre des députés n'a pas admis cette proposition.*

Il doit être opéré une réduction sur la taxe qui grève le sel.

*La délibération a été adressée à M. le Ministre des finances.*

Un hôtel de sous-préfecture et un palais de justice seront construits à Ruffec sur le terrain dépendant du local de la caserne de gendarmerie.

*Le projet a été approuvé par M. le Ministre de l'intérieur le 31 janvier 1816 et les travaux ont été adjugés le 21 mars suivant.*

Le conseil général donne un avis favorable au traité passé avec le directeur de l'asile d'aliénés de Leyme.

*Une décision ministérielle du 7 juillet 1846 approuve ce traité.*

Il y a lieu d'autoriser la régularisation d'un excédant de dépense sur l'exercice 1844 pour intérêt de l'emprunt départemental.

*L'ordonnance royale du 19 janvier 1846 , qui règle le compte des recettes et des dépenses départementales de 1844 , approuve cette délibération.*

Le conseil demande le rapport de la décision ministérielle qui alloue des remises aux receveurs des hospices sur la dépense des enfants-trouvés.

*La délibération a été transmise à M. le Ministre de l'intérieur.*

Le conseil renouvelle son vœu que les listes électorales ne soient tout entières imprimées qu'à l'époque des réunions des colléges électoraux.

*La délibération a été transmise à M. le Ministre de l'intérieur.*

L'administration doit faire surveiller activement les voitures publiques tant celles qui sont neuves ou nouvellement livrées à la circulation que celles qui servent depuis long-temps.

*La délibération a été adressée à M. le Ministre de l'intérieur.*

Le conseil général vote six centimes sur les quatre contributions directes, pendant cinq ans, à partir du premier janvier 1847, pour être employés, savoir : 4 centimes 1/2 à l'extinction de l'emprunt et à l'achèvement des routes départementales, et 1 centime 1/2 à concourir à l'exécution des travaux d'art des chemins vicinaux de grande communication.

*La loi du 5 juin 1846 approuve ce vote.*

L'organisation par canton des comices agricoles doit être maintenue, mais toute subvention doit être refusée à ceux qui ne fonctionnent pas.

*Cette délibération a été transmise à M. le ministre de l'agriculture et du commerce, et les comices qui ne fonctionnent pas n'ont pas reçu de subvention.*

Le conseil général accorde une gratification de 300 francs au garde-mine, en résidence à Jarnac, pour faire un travail spécial sur les tourbières, minières et carrières du département.

*Cette gratification, qui a été approuvée par l'autorité supérieure, a été ordonnancée au profit du garde-mine.*

Le conseil est d'avis que le gouvernement devrait traiter avec les sieurs Pradel de St.-Charles et A. Bisson pour la cession de leur procédé propre au rouissage du chanvre et du lin, afin de le rendre public.

*Cet avis a été adressé à M. le ministre de l'agriculture et du commerce.*

Le conseil général émet le vœu que la loi sur les patentes soit révisée dans le but de proportionner les charges aux bénéfices.

*Une lettre de M. le directeur général de l'administration des contributions directes du 30 avril 1846, annonce que le gouvernement recueille tous les faits qui doivent le déterminer à faire une proposition aux chambres.*

Il est accordé à M. le préfet tous les pouvoirs nécessaires pour porter devant l'autorité compétente la demande du département contre l'État, à l'effet de le faire déclarer, en cas de contestation, propriétaire de partie du local et des bâtim⁴ de l'ancien collége de marine.

*L'affaire est à l'instruction.*

Le conseil général pense qu'il y a lieu de prendre en considération le mémoire de M. Eymerye sur l'organisation des gardes-champêtres.

*La délibération a été transmise à M. le ministre de l'intérieur.*

C'est dans l'amélioration du régime hypothécaire et la simplification des formalités de l'expropriation que l'on doit rechercher les solutions du problème du crédit agricole.

*La délibération a été adressée à M. le ministre de l'agriculture et du commerce.*

Le bienfait des irrigations ne peut se répandre qu'en

*La délibération a été transmise à M. le ministre de l'agriculture et du commerce.*

accordant aux propriétaires voisins des cours d'eau le droit d'appuyer sur l'héritage d'autrui, à la charge d'une juste et préalable indemnité, les ouvrages d'art nécessaires à la prise d'eau

Dans la Charente, les routes vicinales permettraient l'usage des chariots à quatre roues ; il y aurait même avantage pour la conservation des routes, à n'employer pour le transport, que des véhicules de cette nature ; mais ce serait changer les habitudes du pays où l'on ne connaît absolument que des charrettes à bœufs ou des chariots à deux roues, traînés par un ou deux chevaux.

*La délibération a été envoyée à M. le ministre de l'agriculture et du commerce*

Le conseil général est d'avis :
1° Que les plantations soient placées sur le sol même des routes ;
2° Que l'État et les départements doivent faire les frais de plantations, de culture et de conservation ;
3° Que les arbres qui conviennent le mieux à la nature du sol, dans le département, sont les ormes ;
4° Que ces arbres doivent être espacés de dix mètres.

*La délibération a été adressée à M. le ministre des travaux publics, le 17 novembre 1845.*

Le conseil maintient, pour l'année 1846, le tarif des prestations en nature adopté pour l'année précédente.

*Ce tarif a été appliqué aux rôles de 1846*

Le conseil vote le budget des recettes et dépenses départementales de 1846.

*Une ordonnance royale du 22 décembre 1815 règle ce budget*

Le conseil général émet le vœu que les pensions des élèves de l'école normale primaire soient divisées en demi-bourses, trois-quarts de bourses, en conservant quelques bourses entières pour les élèves tout-à-fait distingués.

*Les élèves admis cette année n'ont été reçus à l'école qu'avec cette condition.*

Le conseil admet la demande d'un crédit additionnel de 3,000 f. au budget de 1845, 2ᵉ section, sous-chapitre 17, art. 4, construction de la route départementale n° 8.

*Cette délibération a été approuvée par ordonnance royale du 13 mars 1846.*

Le conseil prend une délibération qui répartit entre les divers services mentionnés dans la loi du 23 mai 1841, le produit de l'imposition extraordinaire autorisée par cette loi.

*Une ordonnance royale du 27 mars 1846 sanctionne cette délibération.*

La loi à intervenir sur l'instruction secondaire devrait contenir une disposition donnant au gouvernement le droit de surveillance sur tous les établissements, laïques ou religieux, quelque soit la nature de l'enseignement qui s'y donne.

*Ce vœu a été transmis à M. le ministre de l'instruction publique.*

Le gouvernement devrait prendre des mesures pour mettre un terme au colportage des mauvais livres.

*Ce vœu a été expédié à M. le ministre de l'intérieur.*

Le conseil demande une loi qui oblige les domestiques et autres personnes salariées à se pourvoir de livrets.

*Ce vœu a été transmis à M. le ministre de l'intérieur.*

Les communications qui sont faites aux conseils généraux devraient l'être également aux conseils d'arrondissements, qui émettraient leurs avis dans la première partie de leur session.

*Ce vœu a été adressé à M. le ministre de l'intérieur.*

Des bureaux de poste aux lettres devraient être établis dans chaque chef-lieu de canton.

*Cette demande a été envoyée à M. le ministre des finances.*

Renouvellement du vœu précédemment émis pour que des brigades de gendarmerie soient établies à Saint-Amant-de-Boixe, Villefagnan, Montembœuf, Segonzac, Brigueuil, et que la brigade à pied de Blanzac soit mise à cheval.

*Ce vœu a été transmis à MM. les ministres de l'intérieur et de la guerre.*

Une communication de poste devrait être établie directement de Ruffec à Confolens.

*Cette demande a été communiquée à M. le ministre des finances.*

Le conseil général prie le gouvernement d'élever d'une classe le département qui,

*Ce vœu a été transmis à M. le ministre de l'intérieur.*

chaque jour, devient plus important par l'établissement de nouvelles fabriques et de nouvelles usines ainsi que par l'augmentation de sa population.

Le conseil général émet le vœu que les secrétaires généraux de préfecture soient rétablis dans tous les départements.

*Ce vœu a été envoyé à M. le ministre de l'intérieur.*

Le gouvernement devrait s'occuper de la révision du classement des routes départementales et de la législation sur le fonds commun de la première section des budgets départementaux.

*Ce vœu a été adressé à M. le ministre de l'intérieur.*

Les proviseurs, censeurs, professeurs et autres employés des colléges royaux devraient passer à une classe supérieure sans quitter le collége auquel ils sont attachés.

*Ce vœu a été communiqué à M. le ministre de l'instruction publique.*

Renouvellement d'un vœu pour la réforme postale et pour que le chiffre uniforme de 30 centimes soit adopté pour les ports de lettres.

*Ce vœu a été transmis à M. le ministre des finances.*

# BORDEREAU

## DES RAPPORTS ET PIÈCES

Remis au Conseil Général

### A L'OUVERTURE DE LA SESSION DE 1846.

--- ---〜〜〜--- ---

| | | Commissions. |
|---|---|---|
| 1. | Ordonnance royale du 16 août 1846, portant convocation des conseils généraux. | |
| 2. | Loi organique des conseils généraux. | |
| 3. | Circulaire de M. le ministre de l'Intérieur sur le mode de rédaction des procès-verbaux. | |
| 4. | Loi du 10 mai 1838 sur les attributions des conseils généraux. | |
| 5. | Rapport sur la suite donnée aux votes émis par le conseil général dans sa session de 1845. | |
| 6. | Rapport du préfet sur toutes les parties de son administration. | |
| 7. | Cahiers des délibérations des conseils d'arrondissement...................... | FINANCES. |
| 8. | Rapport du préfet sur la répartition des contributions directes pour 1847.... | Id. |
| 9. | Réclamations de plusieurs communes contre leur contingent mobilier...... | Id. |
| 10. | Compte définitif des dépenses départementales de 1845 et double des pièces justificatives à l'appui....... ...... | Id. |
| 11. | Compte définitif des dépenses de l'instruction primaire et doubles des pièces à l'appui.................... | Id. |

B

|  |  | Commissions. |
|---|---|---|
| 12. | Compte de l'école normale primaire. | FINANCES. |
| 13. | Compte des dépenses du cadastre de 1845............................. | Id. |
| 14. | Compte de la partie du fonds d'abonnement affectée au traitement des employés de la préfecture............. | Id. |
| 15. | Compte du fonds denon-valeurs de 1844 | Id. |
| 16. | Rapport du préfet sur la situation de la caisse des retraites des employés de la préfecture.................. | Id. |
| 17. | Rapport du préfet sur une demande d'admission à la retraite de M. Marchais Duréry, employée la préfecture. | Id. |
| 18. | Situation de la caisse d'épargnes et de prévoyance des instituteurs primaires | Id. |
| 19. | Budget des recettes et des dépenses départementales pour 1847........... | Id. |
| 20. | Budget des recettes et des dépenses de 1847 pour l'instruction primaire..... | Id. |
| 21. | Budget des recettes et des dépenses de 1847 pour le cadastre............. | Id. |
| 22. | Rapports de M. l'ingénieur en chef sur le service des routes départementales. | Id. |
| 23. | Rapport de l'architecte sur la situation des bâtiments départementaux...... | Id. |
| 24. | Etat des communes imposées d'office en 1845 pour les travaux des chemins vicinaux.......................... | Id. |
| 25. | Mobilier de l'hôtel de la préfecture.. | Id. |
| 26. | Mobilier de la cour d'assises et des tribunaux de première instance....... | Id. |
| 27. | Pièces justificatives des dettes départementales..................... | Id. |
| 29. | Projet de loi relatif à la conservation du cadastre......................... | Id. |
| 30. | Rapport du préfet sur l'exécution de l'article 3 de la loi du 5 juin 1846.. | Id. |
| 31. | Rapport du préfet sur le service des enfants-trouvés................... | INTÉRIEUR. |
| 32. | Rapport du préfet sur le service des aliénés......................... | Id. |

| | | Commissions. |
|---|---|---|
| 33 | Rapport du préfet sur les caisses d'épargnes. . . . . . . . . . . . . . . . . . . . | INTÉRIEUR. |
| 34. | Rapport du préfet sur les salles d'asile. | Id. |
| 35. | Rapport du préfet sur les indigents envoyés aux eaux thermales. . . . . . . . | Id. |
| 36. | Rapport du préfet sur le jury médical. | Id. |
| 37. | Communication d'un mémoire de M. le docteur Gigon sur la suette militaire qui a régné à Poitiers . . . . . . . . . . . | Id. |
| 38. | Rapport du préfet sur les bâtiments de l'ancienne école de Marine. . . . . . . | Id. |
| 39. | Rapport du préfet sur une demande de crédits pour réparations à la sous-préfecture et à la prison de Cognac. . . | TRAVAUX PUBLICS. |
| 40. | Communication d'une demande tendant à faire établir un hôtel de sous-préfecture à Confolens. . . . . . . . . . . . | Id. |
| 41. | Rapport du préfet sur les travaux à faire au palais de justice de Confolens. | Id. |
| 42. | Communication d'une demande ayant pour objet de faire construire un dépôt de sûreté à Rouillac. . . . . . . . . . . | Id. |
| 43. | Rapport du préfet sur une demande de crédit pour réparations à la prison de Confolens. . . . . . . . . . . . . . . . | Id. |
| 44. | Communication d'une demande de secours pour aider la commune de Brigueuil à rétablir son église. . . . . . . . | INTÉRIEUR. |
| 45. | Communication d'une demande en revendication d'immeubles formée par la commune de Cognac contre le département. . . . . . . . . . . . . . . . | Id. |
| 46. | Rapport du préfet sur la réunion à la Charente de l'enclave du Petit-Champagne dépendant de la Dordogne. . . . | Id. |
| 47. | Rapport du préfet sur le projet d'un nouveau pont à Confolens. . . . . . . . . | TRAVAUX PUBLICS. |
| 48. | Rapport du préfet sur la situation du projet d'une route royale d'Angoulême à Niort. . . . . . . . . . . . . . . . . . . | Id. |
| 49. | Rapport du préfet sur le projet d'élar | |

Commissions.
—

gissement du pont de Cognac.. ....  **TRAVAUX**

50. Rapport du préfet sur le classement **PUBLICS.**
d'office dans la Dordogne d'une lacune
de la route départementale numéro 1.  *Id.*

51. Rapport du préfet sur le projet de réunion en une seule , des routes départementales numéros 2 , 3 et 7........  *Id.*

52. Rapport du préfet sur le classement
d'office dans la Dordogne d'une lacune
de la route départementale numéro 8.  *Id.*

53. Rapport du préfet sur la direction dans
les abords et la traverse de Ruffec de
la route départementale numéro 9...  *Id.*

54. Rapport du préfet sur l'exécution du
pont de l'Isle , route départementale
numéro 10.....................  *Id.*

55. Communication d'une demande de
classement au rang des routes dépar
tementales du chemin de grande communication de Cognac à Pons.... ..  *Id.*

56. Communication d'un rapport de M.
l'ingénieur en chef des ponts-et-Chaussées sur le service dont il est chargé. .  *Id.*

57. Rapport du préfet sur les études du
chemin de fer d'Angoulême à Limoges.  *Id.*

58. Rapport du préfet sur une réclamation
du sieur Barraud, rédacteur du projet
du pont suspendu de Latrache.....  *Id.*

59. Communication d'une nouvelle réclamation des sieurs Simon et Boisdon ,
concessionnaires des ponts de La Chapelle..... ..... ......... ....  *Id.*

60. Communication d'une demande de
classement d'un chemin de grande vi
cinalité de Sigogne à Ste.-Sévère.....  *Id.*

61. Rapport du préfet sur les observations
du conseil d'arrondissement d'Angoulê
me relatives à la vicinalité.....  *Id.*

62. Rapport du préfet sur les observations
du conseil d'arrondissement de Barbezieux relatives à la vicinalité........  *Id.*

Commissions.
—

63. Rapport du préfet sur les observations du conseil d'arrondissement de Cognac relatives à la vicinalité............ TRAVAUX

64. Rapport du préfet sur les observations du conseil d'arrondissement de Confolens relatives à la vicinalité ......... PUBLICS. *Id.*

65. Rapport du préfet sur les observations du conseil d'arrondissement de Ruffec relatives à la vicinalité............ *Id.*

66. Communication de l'état des communes auxquelles il a été accordé des subventions pour les travaux de la petite vicinalité ........................ *Id.*

67. Rapport du préfet sur la formation de la liste du jury d'expropriation pour cause d'utilité publique ........... INTÉRIEUR.

68. Rapport du préfet sur la confection de la carte routière départementale..... TRAVAUX PUBLICS.

69. Rapport du préfet sur les travaux de la carte géologique du département.... *Id.*

70. Communication d'un mémoire sur les usines et minières du département.... *Id.*

71. Rapport du préfet sur les travaux exécutés aux monuments historiques.... INTÉRIEUR.

72. Rapport du préfet sur les travaux du palais de justice et de la sous-préfecture de Ruffec.................... *Id.*

72. Rapport du préfet sur les terrains abandonnés par suite de la rectification de la rampe de Churet route royale numéro 10 .................... *Id.*

73. Rapport du préfet sur la réunion à la commune de Cognac d'une partie de celle de St.-Martin................. *Id.*

74. Rapport du préfet sur la réunion à la commune de St.-Martin de celle de Châteaubernard.................. *Id.*

75. Rapport du préfet sur les élèves boursiers aux écoles vétérinaires........ *Id.*

76. Rapport du préfet sur les élèves boursiers à l'école des arts et métiers d'Angers.......................... *Id.*

XX

Commissions.

—

77. Rapport du préfet sur les élèves boursiers à l'institution royale des sourds-
muets de Bordeaux .............. INTÉRIEUR.
78. Communication d'une demande de bourse à l'école centrale des arts et manufactures. ..................... *Id.*
79. Rapport du préfet sur le service des
prisons. ...................... *Id.*
80. Rapport du préfet sur l'école pratique
d'agriculture... ............... *Id.*
81. Rapport du préfet sur les travaux de la
société d'agriculture. ........... *Id.*
82. Rapport du préfet sur les travaux des
comices agricoles. .............. *Id.*
83. Rapport du préfet sur la distribution des
primes à la race chevaline........ *Id.*
84. Rapport du préfet sur la distribution des
primes à la race bovine .......... *Id.*
85. Rapport du préfet sur les questions posées dans une circulaire ministérielle relatives aux cours d'eau , aux irrigations
et aux usines. ................ *Id.*
86. Rapport du préfet sur le service de la
vaccine....................... *Id.*
87. Communication du compte-rendu de la
colonie agricole de Mettray ........ *Id.*
88. Rapport du préfet sur une demande de
foire formée par la commune de Bouex
89. Rapport du préfet sur une demande de
changement de jour de foires, formée
par la commune d'Aubeterre........ *Id.*
90. Rapport du préfet sur une demande de
foires formée par la commune de Bonnes......................... *Id.*
91. Rapport du préfet sur une demande de
foire royale formée par la commune de
Châteauneuf. ................ *Id.*
92. Rapport du préfet sur une demande de
foires formée par la commune de St.-
Fort......................... *Id.*
93. Rapport du préfet sur une demande de

Commissions.
—

foires formée par la commune de Mou-
ton........................................ INTÉRIEUR.

94. Rapport du préfet sur une demande de
foires formée par la commune de Nanteuil....................................... *Id.*

95. Communication d'une lettre de M. le
pasteur protestant de Jarnac, demandant
que les foires qui tombent les dimanches
et jours fériés soient renvoyées au lendemain.................................... *Id.*

96. Communication du dénombrement de
la population du département....... *Id.*

97. Communication des statuts de l'Union
Agricole, société fédérative d'assurances
contre la grêle............................ *Id.*

# PROCÈS-VERBAL

## DES DÉLIBÉRATIONS

# DU CONSEIL GÉNÉRAL

## DE LA CHARENTE.

Session de 1846.

## SÉANCE DU 14 SEPTEMBRE 1846.

Le 14 septembre 1846, jour fixé par l'ordonnance royale pour la convocation des conseils généraux, MM. les membres du conseil général du département de la Charente se sont réunis à midi, dans le lieu ordinaire de leurs délibérations, à l'hôtel de la préfecture.

1

Sont présents à cette Séance :

MM. Chazaud, Lavallée, de la Tranchade, Hine, Poitevin, Faure-Saint-Romain, Bouhier, Mathieu-Bodet, Albert, Veyret, Plantevigne-Lastier, Richard, Memineau, Tillard, Navarre-Merveillaud, Dumas-Champvallier, Bournut-Lemerie, Bouniceau-Gémon, Tesnière, Hennessy, Esnein, de la Faye, Filhol, Poineau.

M. le préfet du département donne lecture de l'ordonnance royale précitée et du titre 2 de la loi organique sur les conseils généraux, appelle à prêter serment entre ses mains les conseillers nouvellement élus, qui sont : MM. Bouniceau-Gémon, Plantevigne-Lastier, Mathieu-Bodet, Esnein, Lavallée, Richard, Bouhier, Dumas-Champvallier, Lemerie, Poineau, qui prêtent le serment voulu par la loi.

M. le préfet déclare ensuite ouverte la session de 1846, et invite le plus âgé et le plus jeune des membres présents à prendre place au bureau provisoire, le premier comme président, et le second comme secrétaire.

M. Memineau, doyen d'âge, et M. Mathieu-Bodet, le plus jeune, sont, en conséquence, au bureau.

M. le préfet se retire pendant que l'assemblée procède à la composition du bureau définitif.

### Élection du Président.

Sur vingt-quatre membres votants :

M. Albert a réuni ..... 14 suffrages.
M. Tesnière ......... 10 Id.

M. Albert ayant obtenu la majorité des suffrages, est proclamé président.

### Élection du Secrétaire.

Sur le même nombre de votants :

M. Bouniceau-Gémon obtient .... 18 suffrages.
M. Mathieu-Bodet ..... ... .... 4 Id.
M. Hennessy ................. 1 Id.
M. Faure-Saint-Romain ........ 1 Id.

M. Bouniceau-Gémon est proclamé secrétaire.

M. le président du bureau provisoire invite MM. Albert et Bouniceau à venir siéger au bureau.

### Remerciments de M. Albert.

« MESSIEURS ET CHERS COLLÈGUES,

« Cette nouvelle expression de continuelle bienveillance me pénètre de la plus vive reconnaissance, et, dans mon trouble, je ne pourrais qu'imparfaitement vous peindre toutes mes impressions.

« Ce sera un bon souvenir après moi, et un honneur, long-temps peut-être exceptionnel dans les traditions des conseils généraux, de vous avoir présidé, messieurs, pendant quinze années successives. Je sens profondément le prix de cette insigne faveur, aussi, dans ma pensée, je l'ai toujours placée au niveau de tout ce qui peut jamais arriver de plus heureux et de plus élevé dans la vie de l'homme public, car ce sont des succès pacifiques, sans animosités et sans orages. »

« Qu'il me soit même permis, messieurs, de le dire, comme juste tribut de gratitude, c'est à la haute position

d'estime où vous m'avez constamment maintenu depuis
1831 , que je dois , en partie , la généreuse continuation
des sympathies , et les témoignages de confiance , dont
le premier arrondissement de la Charente , vient, pour la
sixième fois , de me combler d'une manière si éclatante.

« Je voudrais retrouver ici tous mes anciens collègues,
pour leur adresser ensemble mes affectueux remercîments ;
— et certes leurs dignes successeurs ne manqueront pas
de reconnaître , avec franchise, que des regrets unanimes,
donnés à de vieux amis, ne peuvent affaiblir en rien la
sincérité de l'empressement de chacun de nous à accueillir
d'honorables élus, appelés à leur tour , à partager nos travaux et à nous aider de leur expérience et de leurs lumières.

« C'est donc cordialement qu'en cet instant , au nom
du conseil général , nous disons à nos nouveaux collègues :
« Soyez les biens venus, messieurs, parmi les aînés de
» cette grande et paisible famille du département. »

« Le conseil général est constitué , nous allons en informer M. le Préfet. »

M. le président propose ensuite au conseil de voter
des remercîments au bureau provisoire, ce qui est accepté à l'unanimité.

M. le préfet, informé de la constitution du conseil général, vient occuper au bureau la place qui lui est
réservée, et M. le président, s'adressant à lui, s'exprime ainsi :

« MONSIEUR LE PRÉFET ,

« Le conseil général, toujours heureux de vous revoir
dans son sein, est prêt à recevoir les nouvelles communications que vous pouvez avoir à lui faire. »

### Rapport du Préfet.

M. le préfet prend la parole et donne lecture au conseil d'un rapport étendu sur l'administration départementale. Après quelques considérations générales sur la situation du pays, ce magistrat s'élève avec une énergique indignation contre les auteurs exécrables de ces attentats à la personne sacrée d'un prince dont les jours précieux sont si noblement et si courageusement consacrés, sous l'évidente protection de la providence, au repos du monde comme à la prospérité de la France : il faut donc que le cœur de certains hommes soit un abîme sans fonds, pour que de pareils projets puissent s'y concevoir et s'y développer, déplorables atrocités contre lesquelles se sont soulevées les unanimes réprobations des conseils électifs et de la population tout entière du pays.

M. le préfet donne ensuite des détails sur les dernières opérations électorales, et en accordant d'affectueux souvenirs et des regrets aux membres sortis du conseil général, il salue de flatteuses espérances l'entrée des membres nouvellement élus ; et passant aussitôt à l'exposition de ses vues sur les divers services administratifs, il place au premier rang de sa sollicitude l'état des cultes si digne, au temps où nous sommes, d'appeler l'attention sérieuse des pouvoirs publics. L'agriculture, le commerce et l'industrie de la Charente sont dans les voies du pogrès. Les comices, la société et l'école d'agriculture sont trois puissants leviers, dont les efforts simultanés remuent les masses agricoles et secouent la poussière énervante des vieux préjugés et de la routine. Que de puissances productives n'y aurait-il pas pour l'agriculture dans l'amélioration des nombreux

cours-d'eau, et conséquemment dans un bon système d'irrigation ! L'agriculture et l'industrie se donnent ici la
main, car du sort des cours-d'eau dépend le sort des
usines, et dépend aussi l'irrigation; matière éminemment
importante sans doute, mais éminemment aussi délicate
et difficile, car quoi de plus compliqué sous le rapport
du fait, du droit, des intérêts divers et de la juridiction ; une loi seule peut convenablement et sûrement
règlementer cette matière : le département est riche
en cours-d'eau, mais leur dégradation et leur dépéris-
sement sont malheureusement incontestables, il est urgent de faire cesser cet état de choses, et d'adopter
pour ce service, le système d'une agence spéciale victorieusement tentée déjà dans la Sarthe et que l'on pourrait compléter en y joignant le service des carrières
et des mines, le tout sous la responsabilité active d'un
ingénieur spécial; système nouveau dont le gouvernement s'est préoccupé, et pour la réalisation duquel M.
le préfet déclare qu'il proposera au conseil le vote
d'une somme égale à l'allocation faite déjà par le département de la Sarthe. M. le préfet annonce que les
fonds consacrés pour l'amélioration de la race chevaline
ont produit les plus heureux résultats et propose l'a-
doption d'un système dont M. le baron de La Porte a
développé les avantages.

Le paupérisme et la mendicité occupent une place
importante dans le rapport. Si le temps a manqué, dit
M. le préfet, pour une étude complète de ces graves
et difficiles questions, au moins l'administration a-t-elle
préparé de nombreux éléments de solution au moyen
de tableaux statistiques et de classifications dont les
données diverses sont d'un haut intérêt, et paraissent

captiver l'attention de l'assemblée. Les *aliénés* , objet particulier d'un rapport spécial du médecin chargé de ce service , sont aussi l'un des services les plus avancés, car il accuse cette année un excédant libre sur son allocation. Les *enfants trouvés et la vaccine* sont de la part de M. le préfet les sujets de statistiques dont les résultats, dit-il , valent mieux que de longs discours, et peut-être le moment est-il proche où l'administration posera la question de la suppression du tour d'Angoulême , en conciliant toutefois les intérêts du département avec les sentiments d'humanité de l'assemblée départementale. Les prisons aussi où l'organisation du travail est combinée de manière à ce que les ouvriers n'y trouvent pas une concurrence mortelle à leurs justes efforts. Tous ces intérêts sont , d'après M. le préfet , en voie de progression et de perfectionnement.

Mais l'instruction secondaire n'est point au-dessous des autres intérêts moraux du pays, le collège royal d'Angoulême a grandi, et, définitivement constitué dans de magnifiques bâtiments, il est digne de prendre rang dans la deuxième classe de ces sortes d'institutions. Le conseil général s'associera, sans doute, au vœu formé déjà pour cela par la commune d'Angoulême; l'instruction primaire dont le budget est insuffisant, puisque les salles d'asile ne peuvent ni par leur progrès ni par leur nombre répondre aux justes vœux émis par le conseil général. L'instruction primaire améliorée , le serait bien plus encore , sans l'excessive mobilité des inspecteurs s'étant succédés pour les besoins du service trop souvent, en trop peu de temps dans le département ; oui, dit M. le préfet , il y a insuffisance du budget de l'instruction primaire ; car l'école normale des filles allait périr si le ministre de l'instruction publique, qui comprend et pratique si bien les devoirs de sa haute mission, n'était venu si généreusement combler la totalité du déficit, en nous invitant ainsi, par ce noble exemple, à assurer, par un vote de fonds, l'avenir de cette utile et indispensable institution.

Abordant un autre ordre d'intérêts, M. le préfet accuse une amélioration et une augmentation notables dans le recouvrement des impôts, et quant aux travaux publics, six ou sept ans suffiront à l'achèvement des chemins vicinaux; cependant l'administration n'a pas obtenu les 50,000 mètres de chaussées qu'elle avait espéré pouvoir annuellement réaliser; mais la raison de cette déception est dans le rapport spécial qui sera soumis au conseil. Le service des prestations perfectionné, l'itinéraire bientôt achevé, les chemins d'association développés sur une échelle de 200,000 mètres achevés, de nombreux travaux d'art, ponceaux et aqueducs élevés sur toutes les voies de communication, toutes choses constatées, expliquées, mises en relief dans le rapport de M. le voyer en chef, attestent au plus haut degré, aux yeux de M. le préfet, le zèle et le dévouement de l'administration pour le service important des travaux publics. Pour les routes départementales si faiblement dotées, M. l'ingénieur en chef propose leur prompt achèvement soit au moyen d'une augmentation de ressources, soit au moyen de la conversion des plus importantes de ces routes en routes royales.

M. le préfet s'étend ensuite sur la répartition des contributions. Les travaux de péréquation s'accomplissent. Les assemblées cantonales ont été consultées et ont approuvé les premières opérations. La contribution mobilière a seulement été l'objet de quelques réclamations, et le cadastre marche toujours dans une voie d'amélioration que le budget doit maintenir au moyen d'une suffisante allocation.

Enfin M. le préfet arrive au budget et déplore l'insuffisance de la part du département de la Charente au fonds commun. Ce magistrat parcourt le budget sur toutes ses ramifications, et propose sur les unes des réductions, sur d'autres des augmentations, sur d'autres encore le *statu-quo*, et cherche à justifier ses projets par des considérations développées et de nouveaux aperçus.

Il termine ce rapport par des données statistiques sur les opérations du recrutement, des considérations sur la société archéologique dont les travaux ont été justement appréciés par le gouvernement ; la colonie agricole de Mettray, la valeur de la journée de travail, les jurys spéciaux, la situation de la caisse d'épargnes des instituteurs, et les comptes administratifs, et se félicite du concours que le conseil général a jusque là prêté à l'administration ; c'est dans les sympathies et l'accord qui règneront entre le chef de l'administration et l'assemblée départementale que se développeront de plus en plus les germes d'une prospérité déjà puissante et que rendront inébranlables les efforts soutenus de ces deux pouvoirs réunis par un dévouement commun au pays.

Ce rapport, dont la lecture a duré plus de trois heures, a été écouté avec une attention soutenue et accueilli avec intérêt par l'assemblée.

### Allocution de M. le Président.

Monsieur le Préfet,

« Chaque session est pour nous l'occasion d'apprécier au

plus haut degré , votre sollicitude et vos efforts pour le développement des intérêts moraux et matériels du département.

« Maintenir le bien et le continuer avec des ressources désormais si restreintes , est un succès digne d'éloge ; vous avez pu remarquer l'impression favorable que chacun de nous vient de recevoir de votre lumineux exposé, le conseil général vous en exprime sa satisfaction et ses remercîments.

« Le conseil général, Monsieur le Préfet, s'associe particulièrement, de toute l'énergie de ses sentiments, à vos douloureuses pensées au sujet des odieux attentats récemment commis contre la personne du Roi. Le conseil rend ardemment grâce à la Providence d'avoir protégé des jours si précieux et si étroitement liés à l'avenir de la France comme à la durée de la paix du monde. »

M. le préfet remercie M. le président des témoignages d'intérêt qu'il vient de lui donner au nom du conseil général.

M. le président procède ensuite à la formation des commissions.

*Commission de l'Intérieur :* MM. DUMAS-CHAMPVALLIER, MATHIEU-BODET, TILLARD, LEMERIE, POINEAU, GUILLET-PLANTEROCHE, BOUHIER, GELLIBERT.

*Commission des Travaux publics :* MM. VEYRET, RICHARD, DELAFAYE, POITEVIN, MÉMINEAU, MERVEILLAUD, MIMAUD, HENNESSY, ESMEIN.

*Commission des Finances :* MM. LAVALLÉE, FILHOL, DE LA TRANCHADE, CHAZAUD, LASTIER, FAURE-SAINT-ROMAIN, TESNIÈRE, HINE, DEVARS.

MM. Devars et Guillet-Planteroche entrent en ce moment dans la salle.

M. le président propose au conseil de s'occuper de la lecture des procès-verbaux des délibérations des conseils d'arrondissements.

Le procès-verbal des délibérations du conseil d'arrondissement d'Angoulême est lu par M. Bouniceau-Gémon.

Celui de Barbezieux, par M. Delafaye.

Celui de Cognac, par M. Hennessy.

Celui de Confolens, par M. Bouhier.

Celui de Ruffec, par M. Bourrut-Lemerie.

## ANALYSE DES PROCÈS-VERBAUX

### Des Délibérations des Conseils d'Arrondissements.

---

### ARRONDISSEMENT D'ANGOULÊME.

Le conseil se félicite des progrès réels de l'instruction primaire dans l'arrondissement ; il les attribue principalement à la bonne volonté des parents, qui, mieux inspirés que par le passé, montrent plus de zèle à faire fréquenter les écoles à leurs enfants.

Le conseil n'est pas d'avis qu'il soit établi deux foires au chef-lieu de la commune de Bouex.

Il exprime le vœu que le tour des enfants trouvés existant à l'hospice d'Angoulême soit maintenu ; et que l'administration continue son active surveillance pour réprimer les abus qui peuvent en résulter.

La réforme postale est un besoin de l'époque, particulièrement pour l'arrondissement d'Angoulême, où s'exploitent vingt-deux papeteries. La taxe moyenne de 20 centimes devrait être adoptée.

Les routes royales qui traversent l'arrondissement ne sont pas dans un bon état d'entretien à défaut de fonds suffisants ; il importe que le gouvernement augmente l'allocation annuelle.

Pour encourager les productions et l'élevage de la race chevaline, il devrait être placé, aux frais du département et de l'Etat, à l'école pratique d'agriculture, cinq ou six juments de races pures.

La carte routière du département qui vient d'être dressée et dont un exemplaire est remis par l'administration à chaque membre, paraît au conseil ne laisser rien à désirer.

Le conseil demande que les viaducs des chemins de fer soient pourvus de garde-fous ou banquettes, de manière à tranquilliser les populations contre la possibilité du renouvellement de l'évènement de Fampoux.

La commune d'Angoulême ayant réclamé contre le contingent qui lui a été assigné dans la contribution personnelle et mobilière, le conseil pense que pour y faire droit en connaissance de cause, le recensement de 1841 doit être revisé, en suivant les formalités prescrites par l'ordonnance royale du 18 décembre 1832, et il émet le vœu que ce travail soit refait dans tout le département suivant le mode indiqué dans cette ordonnance.

Cet avis du conseil s'applique aux communes de Sonneville et d'Illersac qui avaient réclamé également contre leur principal dans cette taxe.

Le conseil, pénétré de plus en plus des avantages d'une route royale d'Angoulême à Niort, émet de nouveau le vœu pressant qu'elle soit exécutée le plutôt possible.

Le conseil demande le maintien du tarif actuel des journées de prestations en nature. Il renouvelle le vœu que les piqueurs qui dirigent l'emploi des prestations soient désignés par l'administration. Il est d'avis que la direction arrêtée du chemin de grande communication numéro 6, au de-là le Bourg d'Illersac, soit maintenue.

Le conseil engage l'administration à poursuivre le projet de réunion à la Charente de l'enclave du Petit Champagne dépendant de la Dordogne, malgré l'opposition des divers conseils électifs de ce dernier département.

Une loi sur la conservation du cadastre est urgente. Elle devrait assurer la conservation immédiate dans tous les cantons où les plans parcellaires sont en bon état.

Il y a lieu d'augmenter l'allocation du budget départemental en faveur des hospices qui reçoivent les malades indigents des communes pauvres, et le fonds de secours pour les cas d'extrême misère.

L'ordre du jour est adopté sur une demande de la commune d'Angoulême tendant à la création d'un emploi d'ingénieur civil.

Il est de l'intérêt de l'arrondissement d'Angoulême, sillonné par un grand nombre de cours d'eau, qu'une loi spéciale sur le curage des ruisseaux et des rivières soit élaborée.

Le conseil donne acte à l'administration de la communication de l'état de répartition du fonds de non-valeur de l'exercice 1844.

## ARRONDISSEMENT DE BARBEZIEUX.

Le conseil persiste dans les vœux qu'il a précédemment

émis relativement à l'emperrement de la chaussée de la route royale numéro 10, qui, chaque hiver se trouve dans un état déplorable.

La route départementale numéro 1, devrait être promptement achevée dans la traverse de Chalais. Il devrait être pris des mesures pour qu'elle soit confectionnée sur le territoire de la Dordogne. La dégradation qu'elle subit en ce moment, dans la partie achevée, par suite des travaux que nécessitera la voie de fer, devrait être à la charge de l'Etat.

Le conseil réitère le vœu que les routes départementales numéros 2 et 7, n'en forment plus qu'une sous la dénomination de route de Cognac à Bergerac, avec prolongement sur St-Aulaye, où il existe un chemin de grande communication se dirigeant sur cette dernière localité.

L'administration générale des ponts-et-chaussées doit prendre en considération la position de Chalais, dans le cas où elle jugerait à propos de modifier le projet présenté par l'autorité départementale relativement à l'établissement des gares.

Le chemin de grande communication d'Archiac à Pons devrait être classé au rang des routes départementales.

Le conseil demande la confection de ponts indispensables à la circulation sur le chemin de grande communication numéro 5 au lieu de Chez-Bouffard sur le ruisseau Lamaury.

Un pont à péage devrait être jeté sur le Né au lieu de Pladuc, pour faciliter la circulation du chemin de grande vicinalité numéro 12.

Le chemin de grande communication numéro 13 a

besoin d'un pont sur le Lary et de plusieurs ponceaux.

Le conseil renouvelle le vœu du classement, en route départementale, sous la dénomination de Barbezieux à Blaye, du chemin de grande communication numéro 14 dans la partie qui traverse le canton de Baignes.

Il est urgent d'établir un pont sur le ruisseau d'Aignes, dans la commune de St-Cybard, chemin de grande communication numéro 16.

Pour faciliter la communication entre St-Severin et Aubeterre, chemin de grande communication numéro 17, il est nécessaire d'établir deux ponts sur les ruisseaux le Crevanseau et l'Auzone, qui sont infranchissables en hiver. Un aqueduc est jugé indispensable au lieu de Chez-Penny.

La portion du chemin de grande communication numéro 18, comprise entre Aubeterre et Montmoreau, devrait être érigée en route départementale. Il devrait en être de même de la partie du chemin numéro 13, comprise entre Chalais et Aubeterre. La création de gares à Chalais et à Montmoreau rend ces classements d'une nécessité absolue. Une nouvelle allocation, sur les fonds départementaux devrait être accordée au chemin numéro 18 pour le prompt achèvement des travaux du Jauvray.

Le conseil demande spécialement la prompte confection d'un pont sur le ruisseau de l'Arse, au moulin Coutor, chemin de grande communication numéro 22.

L'administration doit faire surveiller de plus en plus, par des agents-voyers ou des piqueurs, les travaux exécutés sur les chemins vicinaux ordinaires.

Il devrait être porté dans les budgets communaux par les conseils municipaux ou d'office par l'administration, une somme de quarante francs environ pour achat de pierres qui seraient placées sur les ruisseaux dont les eaux interrompent, en hiver, le passage des piétons.

Le conseil signale la négligence de l'autorité locale à faire élaguer les haies le long des chemins vicinaux et demande à cet égard l'exécution de la loi.

Le conseil renouvelle le vœu qu'une somme de 150 francs soit obtenue pour l'augmentation du mobilier des bureaux de la sous-préfecture.

Il donne un avis favorable : 1° au changement des foires mensuelles d'Aubeterre, qui auraient lieu à l'avenir le dernier samedi de chaque mois au lieu du premier samedi.

2° A la création de deux foires dans la commune de Bonnes, qui se tiendraient le 3ᵐᵉ mercredi de mai et le lundi après le 13 août.

Le conseil est d'avis que les réclamations des communes de Barbezieux et Montmoreau contre leur contingent dans les contributions personnelle et mobilière, sont fondées et qu'on devrait les rétablir au chiffre de 1845. Il désirerait qu'au moyen des avertissements, chaque contribuable connut la valeur locative de chaque maison, et les évaluations résultant du recensement de 1844 dont il demande la révision ainsi que du travail sur les cotes personnelles.

Le conseil demande la suppression du dixième des recettes des octrois des villes, perçu au profit de l'E-tat.

Il renouvelle les vœux suivants :

1° Que les gardes champêtres ne soient plus à la nomination de l'autorité locale, et qu'ils soient embrigadés.

2° Que les percepteurs, receveurs municipaux, ne prélèvent de remises sur les rôles de prestation en nature que sur les sommes rentrées en argent;

3° Que les revenus des fabriques soient centralisés et qu'une législation nouvelle régisse ces administrations.

M. le sous-préfet, continuant à diriger son administration avec dévouement et habileté, le conseil lui adresse de nouveau l'expression de sa complète satisfaction.

### ARRONDISSEMENT DE COGNAC.

Le conseil est d'avis que pour tirer le meilleur parti de la prestation en nature, qui est la principale ressource pour l'exécution des travaux des chemins vicinaux, il faudrait : 1° que les maires exerçassent une surveillance de tous les instants sur les divers ateliers de travailleurs; 2° que les émargements des rôles fussent vérifiés par les agents-voyers pour éviter qu'un grand nombre de journées ne tombent en pure perte; 3° que les cantonniers, dont le salaire serait élevé à 33, 36 et 39 francs, fussent embrigadés; 4° qu'il fut créé des chefs cantonniers qui, chargés 'e l'entretien d'un cantonnement, auraient, en même temps, la mission de surveiller les travaux et l'approvisionnement des matériaux d'entretien, ce qui éviterait la dépense des piqueurs.

La journée de prestation est trop faible dans l'arrondissement, il convient d'en élever le taux. Cette mesure produirait de réels avantages.

Le conseil donne un avis favorable sur les réclamations de la commune de Cognac, qui revendique la propriété de plusieurs appartements dont jouit le département,

2

comme propriétaire de l'hôtel de la sous-préfecture et
du palais de justice, sauf, cependant, à ce dernier, à en
payer le prix.

Des travaux extraordinaires et urgents ayant été faits
à la prison de Cognac, le conseil demande qu'il soit
ouvert au budget départemental un crédit de 269 francs
pour les payer.

Les mêmes motifs engagent le conseil à demander
également un crédit de 212 francs 53 centimes pour
solde des réparations faites à l'hôtel de la sous-préfecture.

Les servitudes de cet hôtel ayant besoin d'être agran-
dies, le conseil désire qu'il soit alloué une somme
de 2,213 francs 40 centimes pour y pourvoir, suivant
le devis qui lui a été communiqué.

Le conseil appuie la demande de M. le sous-préfet,
tendant à obtenir une augmentation de frais d'administration. Les motifs donnés par ce fonctionnaire sont
péremptoires.

Le conseil donne acte à l'administration de la communication du tableau de distribution du fonds de non-
valeurs de l'exercice 1844 et du compte de la partie
des frais d'abonnement affectés aux traitements des employés de la sous-préfecture.

Le conseil désire que l'hospice, situé dans la commune de St-Martin, soit transporté dans l'intérieur de la
ville de Cognac, et pour y parvenir et couvrir la dépense, il émet le vœu que les bâtiments de l'établissement actuel soient vendus et que toutes les communes
de l'arrondissement soient imposées extraordinairement
de quatre centimes additionnels pendant quatre ans.

La commune de Cognac ayant réclamé contre le contingent qui lui a été assigné, en 1846, dans les contributions personnelle et mobilière, le conseil, après examen sérieux des divers rapports qui ont été faits sur cette réclamation, émet l'avis qu'il y a exagération dans l'évaluation des valeurs locatives de cette commune et qu'il y a lieu de procéder à la vérification du recensement général de 1841, en chargeant une commission de contrôler le travail des agents des contributions directes.

Le conseil donne un avis favorable sur une demande de la commune de Châteauneuf, ayant pour objet la création d'une foire royale, le dimanche le plus rapproché de la St-Symphorien.

Il n'accueille pas la réclamation de la commune de St-Fort, qui désirerait l'établissement de cinq nouvelles foires mensuelles.

Il ne prend pas en considération la demande de la commune de Houlette tendant à faire établir, sur son territoire, un chemin de grande communication qui relierait Ste-Sévère à Sigogne.

Le conseil passe à l'ordre du jour sur une demande de classement de la route de Salles au pont de Celles.

Le conseil appuie de nouveau une réclamation de la commune de Segonzac, ayant pour objet le classement, en route départementale, du chemin de grande communication numéro 8.

Il renouvelle le vœu qu'il a émis plusieurs fois pour qu'une brigade de gendarmerie soit créée à Segonzac.

## ARRONDISSEMENT DE CONFOLENS.

Le conseil donne son approbation au rapport qui lui a été fait par M. le sous-préfet, et reconnaît que la prospérité de l'arrondissement est due à la bonne administration de ce magistrat.

Les journées de la prestation en nature, applicables à la petite vicinalité, sont employées, en général, de manière à ne produire aucun résultat, le conseil demande qu'il soit pris des mesures pour rendre profitable cette ressource.

L'arrondissement étant très-propre, par l'abondance de ses fourrages et la fertilité de ses pâturages, à l'élève des chevaux, le conseil demande qu'il soit établi une station d'étalons dans chaque canton.

Les comices agricoles devraient être supprimés, attendu qu'ils ne fonctionnent pas, et remplacés par une école modèle d'agriculture, dont l'arrondissement retirerait les plus grands avantages, parce qu'elle parviendrait, sans doute, à déraciner les mauvaises pratiques des agriculteurs généralement ignorants.

Il devrait être établi des gardes-champêtres dans chaque commune ; ces emplois seraient confiés à d'anciens militaires qu'on embrigaderait.

Le conseil demande la diminution de la taxe du sel ; elle serait plus profitable que nuisible aux finances de l'Etat.

Il est d'avis que tous les jeunes gens, appelés à concourir au recrutement de l'armée, soient préalablement visités et que le contingent départemental soit formé dans la proportion des hommes valides de chaque canton ;

celle mesure aurait l'avantage de concilier les intérêts de l'armée et ceux de l'agriculture.

Le conseil, appréciant les bienfaits immenses des salles d'asile, émet le vœu qu'il soit alloué à l'arrondissement un secours applicable à l'entretien de celles qui existent, ou à l'érection de nouvelles.

Le conseil demande le prompt achèvement de la route départementale numéro 9, qui ouvre une communication importante entre deux chefs-lieux d'arrondissement.

Il réclame avec la plus vive instance l'établissement d'un nouveau pont à Confolens sur la Vienne; celui qui existe menace ruine et est insuffisant pour le service de la circulation considérable qu'il comporte.

Il émet le vœu qu'il soit pris des mesures pour l'édification d'un hôtel de sous-préfecture; l'arrondissement étant le seul du département où il n'existe pas un établissement de cette nature.

Le conseil désire qu'il soit accordé au budget départemental une somme de 1,100 pour réparer la prison de Confolens dont le peu de solidité donne lieu à des tentatives d'évasion.

Il demande qu'il soit alloué un secours à la commune de Brigueuil pour l'aider à réparer son église, détruite en partie par la foudre.

Le conseil recommande spécialement à la bienveillance de l'administration la salle d'asile de Confolens à l'édification de laquelle la commune a déjà consacré une somme de 4,000 francs.

Il recommande également la bibliothèque de Confolens, récemment réorganisée, et contenant quelques volumes précieux.

Le conseil demande que les sommes votées pour approprier la salle d'audience du palais de justice soient promptement dépensées.

Deux directions rivales sont réclamées pour le chemin de grande communication numéro 29 entre Lesterps et Brillac; le conseil est d'avis que celle par la rue Ferrade soit préférée

Le conseil émet le vœu d'une nouvelle répartition des contributions foncière, personnelle et mobilière dans tout le royaume, en prenant pour base les produits réels de chaque propriété.

### ARRONDISSEMENT DE RUFFEC.

Le conseil constate avec intérêt les résultats progressifs de l'instruction primaire dans l'arrondissement, et persiste plus que jamais dans le vœu émis dans ses précédentes sessions pour que le traitement de ces fonctionnaires soit élevé à 300 francs.

Il demande le prompt achèvement de la route départementale numéro 5, dans les traverses de Charmé et de Tusson, dont les indemnités de terrain sont réglées. Ces lacunes ne peuvent être tolérées plus long-temps sans compromettre le transport des voyageurs et des marchandises.

Le conseil insiste sur la nécessité de terminer, aussitôt que possible, la route départementale numéro 9, et particulièrement d'étudier la traverse de Nanteuil.

Il importe, aux arrondissements de Ruffec et de Civray (Vienne), que la confection du pont de l'Isle, sur la Charente, qui doit avoir lieu, à frais communs entre les deux départements, soit promptement commencée. Une allocation de 20,000 francs devrait être accordée pour cet objet.

Le chemin de grande communication numéro 1, de Matha à Fontafy, l'un des plus importants du département, soit par les cantons populeux qu'il traverse, soit par les échanges qu'il facilite, devrait être élevé au rang des routes départementales.

La création d'une route royale de Niort à Angoulème, suivant le tracé qui traverse les cantons d'Aigre et de Villefagnan, est un des besoins les plus vivement sentis par l'arrondissement de Ruffec, aussi le conseil d'arrondissement appelle toute la sollicitude du conseil général sur cette voie de communication.

Le conseil demande que l'administration vienne en aide, au moyen du fonds commun, aux communes traversées par des chemins de grande communication, dont les ressources en prestations et en centimes spéciaux sont insuffisantes pour achever ces chemins; il conviendrait de faire revivre à leur égard les travaux par entreprise concurremment avec ceux de leurs prestations. .

Le conseil prend en considération une pétition des maires et conseillers municipaux des communes de Ranville-Breuillaud, Barbezières et Oradour, canton d'Aigre, sollicitant le classement d'un chemin de grande communication d'Aigre à Aulnay, sollicité également par les populations de la Charente-Inférieure.

Le conseil n'adopte pas la demande de la commune de Mouton pour l'établissement d'une foire à son chef-lieu.

Il prend en considération la réclamation de la commune de Nanteuil, ayant pour objet de faire transférer ses foires au 27 de chaque mois, sous la condition que le nombre de foires, qui est de quatorze, sera réduit à douze.

L'institution actuelle des gardes-champêtres doit être modifiée, si on ne veut pas qu'elle devienne entièrement inutile à l'agriculture ; l'organisation par brigades serait un des moyens de réforme les plus efficaces.

Le conseil émet le vœu, dans l'intérêt des classes pauvres et de l'agriculture, que la taxe du sel puisse être prochainement tout à fait abolie.

Le conseil insiste de nouveau, puisque les petits bouilleurs se sont presque partout retirés du commerce, sur la révision du tarif de la nouvelle loi des patentes.

Depuis long-temps le conseil demande l'établissement d'une brigade de gendarmerie à Villefagnan. Le moment est arrivé où ce vœu doit se réaliser à cause des travaux du chemin de fer qui vont appeler, dans les environs de ce chef lieu de canton, une quantité considérable d'ouvriers étrangers, qui doivent être l'objet continuel de la surveillance de l'autorité.

Il importe que l'on vote les fonds nécessaires au prompt achèvement des travaux du palais de justice et de la sous-préfecture dont la construction intéresse l'arrondissement tout entier.

De promptes mesures doivent être prises pour le curage des cours-d'eau de l'arrondissement, notamment de la Sonnette et de l'Osme, dont les fréquents débordements enlèvent à la culture une grande quantité de terrains.

Le conseil renouvelle les vœux , par lui exprimés les années précédentes , en faveur des comices et institutions agricoles de l'arrondissement.

Il désigne MM. André et Brothier pour faire partie du comité supérieur de l'instruction primaire, en remplacement de MM. Lavallée et Goyaud , qui ont cessé de faire partie du conseil.

Le conseil est d'avis que le tarif de rachat des journées de prestations en nature soit maintenu, tel qu'il a été fixé les années précédentes.

Acte est donné à M. le sous-préfet de la communication du tableau de distribution du fonds de non-valeurs.

Le conseil, avant de se séparer, croit devoir exprimer à M. le sous préfet sa reconnaissance pour l'activité et le zèle que ce magistrat continue à déployer dans son administration.

————

Un membre propose de former une commission dite *des Vœux*, laquelle rapporterait au conseil, en assemblée générale , les vœux divers que tout membre du conseil aurait à proposer. L'honorable membre fait entrevoir la nécessité de faire subir aux vœux proposés l'épreuve d'une élaboration et d'un examen préalables de la part d'une commission dont le travail préparatoire aurait pour effet de faciliter et de compléter la discussion de ces matières naturellement graves et difficiles. La création de cette commission éviterait une perte de temps pour le conseil , et comme elle pourrait opérer avant la confection et le vote du budget, on éviterait encore par là l'inconvénient des fins de non-recevoir avec lesquelles on accueillait certains vœux formulés trop tard , c'est-à-dire après le vote du budget , où l'on ne trouvait aucune place pour y loger l'accomplissement d'un vœu dont on reconnaissait cependant toute l'opportunité.

Un autre membre répond que la formation d'une commission spéciale des vœux est inutile , que cette inutilité avait été reconnue l'an dernier après une longue et minutieuse discussion ; qu'en effet, les vœux pour la plupart sont déjà déposés dans les cahiers des conseils d'arrondissement , et que ces cahiers étant renvoyés aux commissions diverses , chacune des commissions pourra s'approprier . après un examen attentif, les vœux qui lui paraîtront convenables , et les soumettre ensuite au conseil. L'honorable membre soutient d'ailleurs que ce serait une gêne apportée à l'émission des vœux que d'exiger , de la part des membres du conseil, qui les proposerait , que ces vœux fussent probablement soumis à une commission; personne , dit-il, ne peut empêcher un membre du conseil de faire des propositions de vœux au conseil général.

Un membre répond que l'émission des vœux est une des attributions les plus importantes des conseils généraux; que c'est une matière large et difficile, dont la portée peut se faire sentir sur la législation ; que c'est dans la région des pouvoirs supérieurs que gravite cette matière , qui dès lors ne saurait être trop mûrement étudiée. Les vœux émis dans les procès-verbaux des conseils d'arrondissement ne peuvent pénétrer ainsi jusqu'au gouvernement puisque ces procès-verbaux ne lui sont pas adressés ; et c'est une erreur de croire , en définitive , que chaque membre du conseil n'aura pas la faculté de proposer directement au conseil des vœux , bien qu'il y ait une commission spéciale; seulement, tout membre sera invité à soumettre préalablement ses vœux à la commission.

Sur l'observation d'un membre, qui regarde comme difficile en ce moment la création d'une quatrième commission à raison de la répartition de tous les membres du conseil en trois commissions déjà constituées, M. le président répond que chacune des trois commissions élira un membre dans son sein pour la commission des vœux et propose de renvoyer à demain la réalisation de cette mesure.

Cette proposition est adoptée.

———————

La séance est levée à cinq heures et demie et renvoyée à demain (midi).

# SÉANCE DU 15 SEPTEMBRE 1846.

## PRÉSIDENCE DE M. ALBERT.

A midi, les membres du conseil étant au nombre voulu par la loi, M. le préstient ouvre la séance.

Sont présents :

MM. Albert, Plantevigne-Lastier, de la Tranchade, Hine, Tessière, Hennessy, Guillet-Plantero- che, Devars, Poitevin, Faure-Saint-Romain, Mimaud, Mathieu-Bodet, Bouhier, Lavallée, Veyret, Esmein, de Lafaye, Richard, Tillard, Merveillaud, Dumas-Champvallier, Bourrut- Lemerie, Filhol, Bouniceau-Gémon, *secrétaire.*

M. le préfet assiste à la séance.

Le procès-verbal de la séance de la veille est lu et adopté.

M. le préfet annonce qu'il a reçu, dès lundi, de M. Gellibert, membre du conseil général, une lettre par laquelle l'honorable membre écrit, qu'à raison d'une maladie grave, il ne pourra prendre part aux travaux de la session; le conseil général reçoit cette communi- cation avec des regrets douloureux.

M. le président communique au conseil une lettre de M. le président du conseil de direction de l'association agricole du Centre et de l'Ouest. — Renvoi à la commission de l'intérieur ;

M. le président communique également des lettres de MM. Gallenon et Ritz ;

Un écrit de M. Gérard rélatif au cadastre. — Renvoi à la commission des finances.

Enfin, M. le président communique un écrit signé par des personnes notables et ayant pour but d'engager le conseil général à concourir à l'érection d'un monument à l'honneur de Buffon. — Renvoi à la commission des finances.

M. Dumas-Champvallier fait les rapports suivants au nom de la commission de l'intérieur.

## FOIRES.

### COMMUNE DE BOUEX.

#### Rapport du Préfet.

Messieurs ,

Par délibération du 12 mai 1846 , le conseil municipal de la commune de Bouex renouvelle la demande qu'il avait déjà formée, le 15 mai 1845 , tendant à ce qu'il soit établi, à son chef-lieu, deux foires qui se tiendraient le 14 des mois de mai et de septembre de chaque année et qui seraient renvoyées au lendemain lorsqu'elles tomberaient le dimanche ou un jour férié.

Sur dix-huit communes consultées, *douze* donnent un avis favorable à ce projet , *six* le repoussent.

Le conseil d'arrondissement, par délibération du 19 juillet dernier, rejette cette demande.

## Rapport de la Commission.

La commune de Boucx demande qu'il soit établi, à son chef-lieu, deux foires qui se tiendraient le 14 du mois de mai et de septembre de chaque année.

Le conseil d'arrondissement, par délibération du 19 juillet dernier, rejette cette demande.

La commission de l'intérieur en fait autant.

## Discussion.

Un membre observe que, la multiplicité des foires est nuisible à l'agriculture, et que le conseil ferait une faute en accordant trop facilement ce qu'on lui demande ici ; les foires sont assez et peut-être trop nombreuses. L'honorable membre soutient donc les conclusions de la commission.

M. le président met aux voix les conclusions de la commission, onze voix s'élèvent pour et onze voix contre.

Un membre soutient que pour résoudre la question ainsi suspendue, il faut recourir au scrutin secret. Cependant on observe que l'administration n'ayant fait sur ce sujet aucune proposition, le conseil général n'est pas convenablement saisi ; mais l'administration répond que c'est purement et simplement un avis qu'elle a voulu demander au conseil, et qu'elle n'a pas voulu user autrement de son initiative, que le conseil est bien saisi ; elle pourrait bien reprendre en ce moment la question, en usant de son initiative, car elle le peut à toute heure et à tout instant, mais elle avisera plus tard, tout en reconnaissant l'opportunité de la demande en ce moment.

La demande de la commune de Bouex est donc ajournée.

## COMMUNE D'AUBETERRE.

### Rapport du Préfet.

**Messieurs,**

Le conseil municipal d'Aubeterre, par délibération du 15 mai 1846, demande que ses foires mensuelles, qui se tiennent actuellement le premier samedi de chaque mois, aient lieu à l'avenir, le dernier samedi.

Sur sept communes consultées, trois seulement ont répondu et donnent leur assentiment à ce projet.

Un avis favorable à ce changement de jour a été formulé, dans sa séance du 20 juillet dernier, par le conseil d'arrondissement de Barbezieux.

### Rapport de la Commission.

Le conseil municipal d'Aubeterre demande que ses foires mensuelles, qui se tiennent actuellement le premier samedi de chaque mois, aient lieu à l'avenir le dernier samedi.

Le conseil d'arrondissement de Barbezieux, dans sa séance du 20 juillet dernier, a émis un avis favorable.

La commission en fait autant.

Les conclusions de la commission sont adoptées.

COMMUNE DE BONNES.

### Rapport du Préfet.

Messieurs ,

Par délibération du 15 mai 1846 , le conseil municipal de la commune de Bonnes sollicite la création
de six foires , qui auraient lieu les 22 janvier , troisième mercredi d'avril , mai , juillet , septembre et le
lundi d'après la Ste. Radégonde.

Sur quatre communes qui ont donné leur avis, deux
sont favorables au projet, les deux autres s'y sont opposées.

Le conseil d'arrondissement de Barbezieux , dans sa
séance du 20 juillet dernier , a émis le vœu que deux
seulement , de six foires demandées , fussent créées et
leur tenue fixée au troisième mercredi de mai et au
lundi après le 13 août, jour de la Ste-Radégonde, fête
patronale.

### Rapport de la Commission.

La commune de Bonnes sollicite la création de six
foires.

Le conseil d'arrondissement de Barbezieux a émis le
vœu que deux seulement, des six foires demandées , fussent créées et leur tenue fixée au troisième mercredi
de mai et au lundi après le 13 août, jour de la Ste.-
Radégonde , fête patronale.

Les commissions rejettent.

Un membre combat les conclusions de la commission;

il fait observer que , si le conseil pouvait trouver exces-
sif le nombre de six foires demandées , il ne saurait
trouver que modeste et convenable ';; nombre de deux.

Bonnes est un endroit bien posé , important par le nombre
et la valeur de ses communications, il est sur les bords de
la Dronne , et au centre de localités riches et fécondes.
En vérité , on n'a pas de motifs sérieux pour repousser
la demande de cette commune, les foires ne nuiront
pas à Aubeterre , et St.-Severin qui a obtenu des foires
n'avait certes pas plus de droits que la commune de
Bonnes. Il ne faut pas aveuglément et d'une manière
absolue repousser toute demande de foires , c'est avec
circonspection qu'il faut les accorder ; et l'honorable
membre persiste à soutenir qu'elles sont fort justement
demandées dans le cas dont il s'agit.

Un autre membre fait observer que si l'on adoptait
les jours choisis par la commune de Bonnes, les foires
royales d'une commune voisine seraient lésées. Enfin ,
un autre membre se borne à réclamer pour la commune
de Bonnes une seule foire qui se tiendrait le lendemain
de la fête patronale.

Un membre appule au contraire les conclusions de
la commission. Il allègue que le grand nombre des
foires est une chose nuisible à tous les intérêts généraux de l'agriculture et du commerce. Les foires des
chefs-lieux de canton suffiraient, du reste, aux besoins du
pays. On crée trop de foires , les communes se ber-
cent à cet égard des plus fâcheuses illusions , elles se
lancent dans une voie dispendieuse , et les déceptions
qu'elles éprouvent compromettent leurs intérêts financiers.
Bonnes n'est pas d'ailleurs dans de convenables conditions de succès à cet égard  Elle est cernée par les

3

foires déjà fort belles d'Aubeterre , Chalais , St.-Aulaie , Larochechalais ; l'établissement d'une foire le lendemain de la fête patronale ! mais, mon Dieu, dit l'honorable membre , il y a des foires ce jour-là ; et la demande de la commune de Bonnes doit être rejetée.

Un membre admet volontiers les considérations présentées au point de vue général par l'honorable préopinant , mais il pense que les demandes de foires doivent être mûrement étudiées et doivent être réalisées quand les besoins locaux semblent l'exiger , besoins que nuls mieux que les hommes du pays ne doivent apprécier. Ce n'est pas l'importance des localités qu'il faut examiner en cela , c'est la situation du pays, car il est des villes importantes dont les foires sont presque nulles et des communes rurales d'une très-minime importance où les foires ont parfaitement réussi ; il ne doit donc rien exister d'absolu en cette matière, et c'est des hommes locaux qu'il faut en cela recevoir les lumières.

L'honorable membre qui a proposé l'établissement seulement d'une foire persiste dans sa proposition qui , mise aux voix , est rejetée.

Les conclusions de la commission sont adoptées.

### COMMUNE DE CHATEAUNEUF.

#### Rapport du Préfet.

Messieurs,

Par délibération du 13 février 1846, le conseil municipal de la commune de Châteauneuf demande la création d'une foire royale qui se tiendrait le dimanche d'août le plus rapproché de la St.-Symphorien.

Sur vingt-quatre communes qui ont fait connaître leur avis, vingt-une sont favorables au projet, quatre le repoussent.

Le conseil d'arrondissement de Cognac, par délibération du 20 juillet dernier, donne son assentiment à cet établissement.

### Rapport de la Commission.

Le conseil municipal de la commune de Châteauneuf demande la création d'une foire royale qui se tiendrait le dimanche d'août le plus rapproché de la St.-Symphorien.

Le conseil d'arrondissement de Cognac, par délibération du 20 juillet dernier, donne son assentiment à cet établissement.

La commission adopte.

Il résulte, de la discussion qui s'engage à ce sujet, que la demande faite aurait pour effet de nuire, si elle était réalisée, à des foires déjà existantes, telles que celles de Mansle notamment. Et un membre propose de convertir l'une des douze foires de Châteauneuf en foire royale, celle par exemple qui se trouverait le plus rapprochée de la fête de St.-Symphorien.

Les conclusions de la commission sont rejetées.

### COMMUNE DE St.-FORT.

### Rapport du Préfet.

Messieurs,

Le conseil municipal de la commune de St.-Fort, par

délibération du 17 mai 1845, demande la création de cinq nouvelles foires, qui auraient lieu le second mardi des mois de janvier, juillet, septembre, octobre et décembre.

Parmi les communes consultées, huit donnent un avis favorable à ce projet, deux le repoussent.

Le conseil d'arrondissement de Cognac émet le vœu qu'il n'y a pas lieu d'accueillir cette demande de création.

### Rapport de la Commission.

La commune de St.-Fort demande la création de cinq nouvelles foires.

Le conseil d'arrondissement de Cognac émet le vœu qu'il n'y a pas lieu d'accueillir cette demande de création.

La commission est du même avis.

Les conclusions de la commission sont adoptées.

### COMMUNE DE MOUTON

### Rapport du Préfet.

Messieurs ,

Par délibération du 15 mai 1846, le conseil municipal de Mouton renouvelle la demande qu'il avait formée en 1845, dans le but d'obtenir la création de douze foires qui se tiendraient le 24 de chaque mois.

Trois communes donnent un avis favorable à cette demande, six la repoussent.

Le conseil d'arrondissement de Ruffec, dans sa séance

du 19 juillet dernier, a émis le vœu qu'il ne soit pas fait droit à cette demande.

### Rapport de la Commission.

Le conseil municipal de Mouton, renouvelle la demande qu'il avait formée, en 1845, dans le but d'obtenir la création de douze foires qui se tiendraient le 24 de chaque mois.

Le conseil d'arrondissement de Ruffec a émis le vœu qu'il ne soit pas fait droit à cette demande.

La commission partage l'avis du conseil d'arrondissement.

Un membre fait observer que jadis il existait des foires dans la commune de Mouton, et que cet établissement a été transporté à Champagne-Mouton ; que la commune de Mouton semble avoir une sorte de droit à revendiquer des foires qu'elle avait eues jadis, et qu'elle n'avait perdues que par des circonstances indépendantes de sa volonté.

Les conclusions de la commission sont adoptées.

## COMMUNE DE NANTEUIL.

### Rapport du Préfet.

Messieurs,

Le conseil municipal de la commune de Nanteuil, par sa délibération du 10 mai 1846, demande que ses foires mensuelles, qui se tenaient le 8 de chaque mois, aient lieu à l'avenir le 27.

Sur huit communes consultées, sept ont donné un avis favorable à cette demande, une seule donne un avis contraire.

Le conseil d'arrondissement de Ruffec donne son as
sentiment à ce changement de jour.

### Rapport de la Commission.

La commune de Nanteuil demande que ses foires mensuelles, qui se tenaient le 8 de chaque mois, aient lieu
à l'avenir le 27.

Le conseil de l'arrondissement de Ruffec, donne son
assentiment à ce changement de jour.

La commission rejette la demande du changement
des foires de la commune de Nanteuil.

Un membre ne comprend pas le motif que peut avoir
eu la commune de Ruffec à repousser la demande de Nanteuil, car Ruffec est éloigné de Nanteuil d'une lieue
et demie, et le lendemain de la foire de Nanteuil, les
marchands peuvent aisément se rendre à Ruffec et rendre ainsi plus actives, plus productives les foires de cette
dernière ville.

Un autre membre appuie ces considérations, et il
fait entrevoir la coïncidence des foires de Tusson avec
celles dont il s'agit, et croit que c'est là une raison
digne de fixer l'attention du conseil général, et de le
déterminer à adopter la demande de Nanteuil.

Mais un troisième membre combat cette opinion en
faisant remarquer que les foires de Montembœuf seraient
contrariées par l'accomplissement du vœu de la commune de Nanteuil; ces deux foires, en effet, tombe-
ront le même jour et comme c'est le même genre de
commerce qui les constitue, elles se nuiraient réci-
proquement.

Les conclusions de la commission sont mises aux voix et adoptées.

---

Le même rapporteur entretient ensuite le conseil d'un rapport du préfet sur le dénombrement récemment opéré de la population du département. Il résulte de ce dénombrement, que la population du département a augmenté depuis les dernières opérations de cette nature, de 11,000 âmes. Ce rapport d'ailleurs est ainsi conçu :

## DÉNOMBREMENT DE LA POPULATION.

### Rapport du Préfet.

Messieurs,

L'administration ne peut entretenir le conseil général de la situation du département sans lui parler du dénombrement de la population, exécuté, conformément aux prescriptions de l'ordonnance royale du 4 mai dernier. Cette opération, qui a été primitivement ordonnée dans un intérêt de police et de bon ordre, sert aussi à établir, d'une manière équitable et uniforme, pour chaque localité, diverses charges et divers avantages, et à appliquer les lois électorales.

Ce travail long et pénible a cependant été effectué du 1er juin au premier septembre, temps pendant lequel, les habitants des communes rurales sont absents de leur domicile pour les occupations de la campagne. Cette circonstance n'a pas laissé que d'occasionner aux bureaux de la préfecture une surcharge de travail, en raison des irrégularités et des inexactitudes qui existaient dans la plupart des tableaux de dénombrement dont les renvois n'ont pas nécessité une correspondance de moins de 680 lettres.

La population se répartit, par canton, ainsi qu'il suit :

(Voir le tableau ci-contre.)

| CANTONS | POPULATION PAR CANTON. | | | | | | | | TOTAL GÉNÉRAL. | POPULATION D'APRÈS LE DÉNOMBREMENT DE 1841. | DIFFÉRENCE | |
| | SEXE MASCULIN. | | | | SEXE FÉMININ. | | | | | | En plus | En moins |
| | Garçons. | Hommes mariés. | Veufs. | TOTAL | Filles. | Femmes mariées. | Veuves. | TOTAL | | | | |
| Angoulème (1re partie). | 5288 | 1004 | 401 | 9693 | 4775 | 3956 | 949 | 9680 | 19373 | 20017 | 0 | 644 |
| Angoulème (2e partie) | 6235 | 5520 | 499 | 12254 | 5512 | 5437 | 1037 | 11986 | 24240 | 21597 | 2843 | » |
| Blanzac.......... | 2712 | 2647 | 515 | 5672 | 2515 | 2627 | 518 | 5690 | 11362 | 11118 | 244 | » |
| Hiersac........ | 2652 | 2517 | 308 | 5477 | 1966 | 2491 | 480 | 4957 | 10414 | 10045 | 369 | » |
| Larochefoucauld .... | 4297 | 3593 | 349 | 8259 | 3982 | 3591 | 726 | 8299 | 16558 | 15994 | 541 | » |
| Lavalette........ | 3834 | 3058 | 316 | 7208 | 3481 | 3034 | 635 | 7150 | 14358 | 14253 | 105 | » |
| Montbron........ | 3557 | 2710 | 298 | 6565 | 3176 | 2711 | 548 | 6435 | 13000 | 12696 | 304 | » |
| Rouillac.......... | 3704 | 3670 | 314 | 7718 | 3073 | 3581 | 703 | 7357 | 15075 | 14719 | 326 | » |
| St.-Amant-de-Boixe. | 5044 | 2927 | 357 | 6505 | 2580 | 2838 | 570 | 5988 | 12293 | 12052 | 241 | » |
| Aubeterre........ | 2027 | 1970 | 213 | 4210 | 2067 | 1936 | 374 | 4377 | 8587 | 8595 | » | 8 |
| Baignes........ | 1861 | 1864 | 211 | 3933 | 1925 | 1862 | 465 | 4250 | 8183 | 7874 | 309 | » |
| Barbezieux........ | 5110 | 3480 | 409 | 7299 | 3281 | 3160 | 756 | 7506 | 14805 | 14281 | 524 | » |
| Brossac.......... | 4615 | 1359 | 131 | 5116 | 1605 | 1353 | 254 | 3212 | 6518 | 6142 | 176 | » |
| Chalais ...... | 2310 | 1982 | 214 | 4556 | 2329 | 1949 | 406 | 4684 | 9220 | 9066 | 154 | » |
| Montmoreau.. .... | 2110 | 2331 | 271 | 5012 | 2110 | 2513 | 457 | 5210 | 10282 | 10119 | 163 | » |
| Châteauneuf...... | 2664 | 2812 | 328 | 5804 | 2158 | 2792 | 561 | 5491 | 11295 | 10603 | 692 | » |
| Cognac.......... | 4111 | 3957 | 414 | 8482 | 5629 | 3953 | 816 | 8378 | 16860 | 15885 | 975 | » |
| Jarnac........... | 5015 | 3046 | 520 | 6584 | 2409 | 2998 | 611 | 6018 | 12599 | 11820 | 579 | » |
| Segonzac........ | 3519 | 3510 | 569 | 7598 | 2779 | 3433 | 765 | 6977 | 14575 | 13993 | 382 | » |
| Chabanais........ | 3515 | 2790 | 501 | 6656 | 3168 | 2757 | 559 | 6784 | 13420 | 12803 | 617 | » |
| Champagne-Mouton. | 1915 | 1445 | 175 | 5555 | 1942 | 1434 | 295 | 5669 | 7204 | 7035 | 169 | » |
| Confolens ( nord)... | 2022 | 1587 | 184 | 5793 | 1913 | 1567 | 380 | 5890 | 7685 | 7472 | 211 | » |
| Confolens (sud )... . | 3476 | 2982 | 565 | 7024 | 3295 | 2978 | 831 | 7105 | 14120 | 13784 | 342 | » |
| Montemboeuf. ..... | 3346 | 2864 | 294 | 6414 | 5558 | 2616 | 542 | 6196 | 12940 | 12585 | 555 | » |
| Saint-Claud....... | 4212 | 3180 | 350 | 7752 | 3776 | 3314 | 651 | 7741 | 15475 | 15052 | 411 | » |
| Aigre............ | 3163 | 3089 | 525 | 6379 | 2999 | 3073 | 649 | 6721 | 13300 | 13369 | » | 69 |
| Mansle........... | 4107 | 3672 | 375 | 8434 | 3964 | 3609 | 754 | 8307 | 16761 | 16457 | 304 | » |
| Ruffec........... | 4122 | 3177 | 313 | 7612 | 4159 | 3177 | 649 | 7965 | 15577 | 15092 | 485 | » |
| Villefagnan.. .... | 3507 | 2954 | 529 | 6770 | 5203 | 2935 | 654 | 6792 | 13562 | 13763 | » | 201 |

On voit que 25 cantons se trouvent au-dessus de la population recensée en 1841 et que 4 cantons, ceux d'Angoulême, première partie, d'Aubeterre, d'Aigre et de Villefagnan, sont au-dessous des résultats de ladite année. Dans les chiffres obtenus, 288 communes ont une population supérieure au précédent recensement ; elle est égale dans 3 communes, et, dans 148, elle est supérieure.

Le dénombrement se classe par arrondissement comme ci-dessous.

*(Voir le tableau ci-contre.)*

| ARRONDISSEMENTS. | RÉCAPITULATION PAR ARRONDISSEMENT. | | | | | | | | | TOTAL GÉNÉRAL. | POPULATION D'APRÈS LE DÉNOMBREMENT DE 1841. | DIFFÉRENCE EN PLUS. | OBSERVATIONS |
| | SEXE MASCULIN. | | | | SEXE FÉMININ. | | | | | | | | |
| | Garçons. | Hommes mariés. | Veufs. | TOTAL. | Filles. | Femmes mariées. | Veuves. | TOTAL. | | | | | |
| Angoulême . . . . . . . . | 35320 | 30643 | 3168 | 69131 | 31090 | 30266 | 6166 | 67522 | | 136653 | 132323 | 4330 | |
| Barbezieux. . . . . . . . . . | 13691 | 12983 | 1452 | 28126 | 13648 | 12879 | 2742 | 29269 | | 57395 | 56077 | 1318 | |
| Cognac. . . . . . . . . . . | 13309 | 13325 | 1431 | 28065 | 10955 | 13158 | 2731 | 26804 | | 54929 | 52301 | 2628 | |
| Confolens. . . . . . . . . | 18546 | 14768 | 1847 | 35161 | 17760 | 14666 | 3259 | 35685 | | 70846 | 68511 | 2335 | |
| Ruffec. . . . . . . . . . . . | 15201 | 12872 | 1342 | 29415 | 14305 | 12794 | 2686 | 29785 | | 59200 | 58681 | 519 | |
| *Totaux* . . . . | 96067 | 84591 | 9240 | 189898 | 87758 | 83763 | 17604 | 189125 | | 379023 | 367893 | 11130 | |

La population du département se trouve en conséquence de 279,023 habitants, ce qui établit une différence de 11,130 en faveur de 1846. Il est cependant à
remarquer qu'on y comprend 2,211 individus, qui ne
doivent pas compter dans le chiffre de la population,
servant de base à l'assiette de l'impôt ou à l'application
des lois sur l'organisation municipale.

Le conseil général donne acte à M. le Préfet de la
communication qu'il vient de lui faire.

M. Mathieu-Bodet, membre de la commission de l'intérieur, fait les rapports suivants :

## BATIMENTS DE L'ANCIENNE ÉCOLE DE MARINE.

### Rapport du Préfet.

Dans sa session de 1845 (séance du 31 août) le
conseil général du département a autorisé l'administration à former toute action en revendication de la
propriété, en faveur du département, des bâtiments
de l'ancienne École de Marine, et à transiger avec l'É-
tat, au sujet desdits bâtiments, moyennant une somme qui ne serait pas inférieure à 200,000 fr.

Le 26 novembre dernier, une copie de la délibération du conseil général a été adressée à M. le Ministre des
Travaux Publics avec prière de faire connaître sa manière de voir sur la question de propriété dont il s'agit
et sur la transaction autorisée par le conseil général.

Cet envoi étant demeuré sans réponse, l'administration l'a rappelé les 20 juillet et 21 août derniers.

Par sa lettre du 2 courant, ci-jointe, M. le sous secrétaire d'Etat des Travaux Publics, en faisant connaître

qu'il s'occupe de cette affaire, fait espérer qu'il pourra être en mesure d'informer l'administration de ses résolutions à cet égard, assez à temps, pour qu'elle puisse en entretenir le conseil général.

Cette décision n'est point arrivée. Quelle qu'elle soit, l'administration se conformera à la délibération du conseil général, dans la suite à donner à cette affaire.

### Rapport de la Commission de l'Intérieur sur la propriété des bâtiments de l'ancienne Ecole de Marine.

Les bâtiments destinés à l'ancienne Ecole de Marine sont l'objet de diverses prétentions de la part de l'Etat, du département, et de la ville d'Angoulême.

La question que soulèvent ces prétentions opposées est grave à raison de l'importance des intérêts qui s'y rattachent ( le minimum en a été fixé par le conseil général lui-même, à la somme de 200,000 fr. ), graves aussi à raison de la difficulté de principes qu'elle soulève.

Dans sa séance du 31 août 1845, le conseil général a autorisé l'administration à former une action en revendication, en faveur du département, de la propriété des bâtiments dont il s'agit, et à transiger, s'il y avait lieu.

Avant de soumettre l'action à l'autorité judiciaire, il était naturel de s'adresser à M. le Ministre des Travaux Publics pour avoir son avis sur cette question de propriété. Dans ce but, M. le Préfet lui a adressé, le 26 novembre dernier, une copie de la délibération du conseil général et la prière de vouloir bien donner son opinion sur la revendication ou la transaction entre lesquelles le département hésitait.

Ne recevant pas de réponse de l'administration centrale, M. le préfet a renouvelé sa demande dans deux
lettres des 20 juillet et 21 août, et M. le Ministre a
répondu dans les termes suivants :

« J'examine en ce moment la question , et j'espère
être en mesure de vous informer des résolutions de
l'administration , à cet égard , assez à temps pour que
vous puissiez en entretenir le conseil général de votre
département dans sa prochaine session. »

Les résolutions annoncées n'ont pas été envoyées. En
l'absence de ce document, il a paru à votre commission
de l'intérieur, qu'il y avait utilité à ajourner l'examen
de cette affaire, l'opinion de l'administration étant de
nature à la simplifier singulièrement.

Votre commission , Messieurs , vous propose de prier
M. le préfet de vouloir bien continuer ses instances
auprès de M. le Ministre des travaux publics , pour avoir
l'avis de l'administration le plus promptement possible ,
afin que cette importante affaire puisse vous être soumise avant la fin de cette session ou dans la session
prochaine.

Votre commission vous propose, en outre, de charger son rapporteur d'examiner la question au point de
vue légal , et de vous soumettre son travail lors de votre
prochaine réunion.

M. le préfet fait observer que la seconde partie des
conclusions du rapport ne peut subsister comme contraire à la loi. Les pouvoirs des membres des conseils
généraux expirent avec la session ; et, en dehors du temps
des sessions, les membres des conseils généraux ne peuvent
en cette qualité s'occuper ni de la discussion ni de

l'examen ou de la solution des affaires administratives qui leur ont été soumises. Cette observation est généralement adoptée par le conseil et la deuxième partie des conclusions du rapport de la commission est supprimée, le premier chef seulement de ces conclusions mis aux voix est adopté.

## ÉCOLES ROYALES VÉTÉRINAIRES D'ALFORT ET DE TOULOUSE.

### Rapport du Préfet.

Messieurs,

Vous votez tous les ans une somme de 1080 francs, pour venir en aide aux jeunes gens de la Charente qui font leurs études aux Écoles Royales vétérinaires d'Alfort et de Toulouse.

Les élèves qui prennent part à l'allocation que vous avez votée dans la dernière session, sont les sieurs :

|  |  |  |
|---|---|---|
| Rimbaud, à l'école d'Alfort. | | |
| Collet, | Id. | Id. |
| Vivier, | Id. | Id. |
| Coutant, | Id. | de Toulouse. |
| Perret, | Id. | Id. |

Le faible nombre de vétérinaires établis dans le département, ainsi que vous pourrez en juger par l'état que je mets sous vos yeux, vous déterminera, j'en ai l'espoir, à maintenir à votre budget la somme de 1080 francs, que j'y ai inscrite.

### Rapport de la Commission.

Le conseil général vote chaque année une somme de

1080 francs affectée à l'entretien des jeunes gens du département de la Charente placés aux écoles vétérinaires d'Alfort et de Toulouse.

Votre commission de l'Intérieur pense qu'il y a lieu de continuer cette allocation. Il suffit de parcourir le tableau distribué par M. le Préfet aux membres du conseil général pour se convaincre que le nombre des médecins-vétérinaires, résidant dans le département de la Charente, est insuffisant. Notre département ne compte que 32 médecins-vétérinaires : une grande partie habite la commune d'Angoulême, qui est le centre de population le plus considérable ; plusieurs localités en sont privées ; l'arrondissement de Confolens, où l'industrie chevaline et bovine est importante, n'a que deux médecins-vétérinaires.

Le département de la Charente a donc intérêt à favoriser les jeunes gens qui se destinent à cette profession et à faciliter leurs études.

Les élèves, qui profitent en ce moment de l'allocation du conseil général, sont au nombre de cinq. Ils sont désignés dans le rapport de M. le Préfet.

Votre commission vous propose Messieurs, d'adopter la proposition de l'administration.

Les conclusions de la commission sont adoptées.

## ÉCOLES ROYALES DES ARTS ET MÉTIERS.

### Rapport du Préfet.

Messieurs,

Le département compte, en ce moment, à l'École

royale des arts et métiers d'Angers, douze élèves, savoir :

Les sieurs Blais.........⎫
        Rauzand........⎬ qui occupent chacun une
        Bordes..........⎬ bourse gratuite du gou-
        Seguin..........⎬ vernement.
        Tricheler.......⎭

        Ventenat......⎫ qui jouissent chacun d'une
        Frugier........⎬ bourse à 3/4 gratuite du
        Montengerand.⎭ gouvernement.

        Cailler.........⎫ qui occupent chacun une
        Grimaud.......⎬ demi bourse.
        Lacroix........⎭

        Damond........ qui pourvoit aux frais de sa pension.

L'allocation votée par le conseil général est employée à compléter les bourses des sieurs Ventenat, Cailler, Grimaud et Lacroix, et à venir en aide, pour un quart de bourse, au sieur Damond.

Le nombre, toujours considérable, des candidats qui concourent pour l'admission aux Ecoles Royales d'arts et métiers, vous déterminera, je l'espère, à prononcer le maintien de la subvention que vous avez votée jusqu'à ce jour, pour l'entretien d'élèves dans cet établissement.

**Rapport de la commission de l'Intérieur sur l'École des Arts et Métiers.**

L'expérience atteste chaque jour, que les chefs d'industrie trouvent difficilement, parmi les ouvriers employés dans leurs ateliers, des hommes assez intelligents pour qu'ils puissent leur confier la direction de leurs travaux. Il faut une grande intelligence et une longue pratique

4

pour qu'un ouvrier acquière, sans le secours d'un enseignement raisonné, les connaissances nécessaires pour être contre-maître. Le travail des ateliers ne crée pas assez de contre-maîtres pour les besoins de l'industrie française. A ce point de vue, les écoles des arts et métiers rendent d'immenses services.

Le conseil général consacre habituellement une somme de 1,000 fr. pour venir en aide aux élèves que le département de la Charente envoie à ces écoles. Le département en compte en ce moment douze.

Cinq ont obtenu une bourse entière du gouvernement.
Trois ont obtenu trois quart de bourse.
Trois, une demi bourse.
Un, a été placé à ses frais.

M. le préfet demande cette année, comme les années précédentes, l'allocation de la même somme de 1,000 francs pour compléter les bourses de quatre des élèves qui sont déjà l'objet de la libéralité de l'Etat, et pour venir en aide, pour un quart de bourse, à celui de ces élèves qui pourvoit aux charges de l'école avec ses ressources personnelles.

La commission vous propose, Messieurs, d'accorder la somme demandée.

Les conclusions de la commission sont mises aux voix et adoptées.

## ÉCOLE CENTRALE DES ARTS ET MANUFACTURES.

Le même rapporteur expose qu'une demande de secours est formée par le sieur Genevière, pour l'aider à subvenir à ses frais d'étude et d'entretien à l'école centrale.

### Rapport du Préfet.

Messieurs ,

Le sieur Genevière sollicite , du conseil général, un secours , pour l'aider à subvenir à ses frais d'étude et d'entretien à l'école centrale.

Ce jeune homme, qui était l'un des meilleurs élèves de l'école royale des arts et métiers, a eu à subir, à Angoulême , un examen préparatoire , dans lequel il a résolu, d'une manière satisfaisante , toutes les questions qui lui ont été posées. Le jury l'a déclaré pourvu des connaissances exigées pour suivre avantageusement les cours de l'école centrale des arts et manufactures.

Je mets sous vos yeux une lettre par laquelle M. le Ministre de l'agriculture et du commerce m'invite à appeler votre bienveillance sur ce jeune homme , ainsi que le procès-verbal sus-relaté.

Je verrais avec plaisir que les ressources départementales vous permissent de voter un secours au sieur Genevière, que nous verrons sans doute , sous peu d'années, venir se fixer dans la Charente comme ingénieur civil.

M. le rapporteur de la commission donne des détails sur la conduite , le caractère, la capacité du pétitionnaire : il croit ce jeune homme digne de l'intérêt et de la bienveillance du conseil général. Ce serait , dit l'honorable membre , non-seulement un acte de justice de la part du conseil, mais encore un bon acte d'administration. Car le jeune Genevière , en sortant de l'école centrale , serait apte certainement à remplir dans le pays des fonctions réclamées par les besoins de notre

Industrie , qui se développe de jour en jour sur de larges bases.

L'école centrale a pour but de former des ingénieurs civils ; les connaissances qu'on y reçoit sont fort étendues et sont peu différentes de celles que l'on puise à l'école polytechnique. Ce serait donc une excellente acquisition à faire que le jeune Genevière sorti de l'école centrale pour un département où les nécessités croissantes de l'industrie appellent les lumières et les secours d'un ingénieur civil. C'est dans ce but qu'il serait convenable , ajoute M. le rapporteur , de stipuler, avec le sieur Genevière, une convention par laquelle il s'engagerait à venir, après sa sortie de l'école , résider dans le département de la Charente et se mettre à la disposition des industries locales. Ce contrat serait régulier aux yeux de la loi ; ce serait purement et simplement une obligation de faire qui, comme les actes de ce genre , ne pourrait être forcée sans doute dans son exécution par les voies coercitives, mais qui se résout alors en dommages-intérêts. Or, ici les dommages-intérêts pourraient être le remboursement des sommes avancées par le département. Ainsi, le conseil devrait, en accordant sa bienveillance à Genevière, l'obliger à prendre l'engagement dont s'agit.

L'honorable membre conclut donc, 1° à ce que le conseil vote une allocation quelconque en faveur du sieur Genevière ;

2° A ce qu'il intervienne , avec toutes les garanties convenables , une convention par laquelle le sieur Genevière s'engagerait à consacrer, au profit du département, ses connaissances acquises par lui dans l'école centrale.

Plusieurs membres du conseil prennent la parole pour appuyer la demande de secours et pour proposer le vote d'une allocation à cet égard ; mais ils combattent le second chef des conclusions du rapport. Ils ne regardent pas comme de la dignité du conseil général , en accordant un secours à Genevière , de stipuler avec lui une convention de la nature de celle qui a été proposée.

Un membre observe que la demande doit être purement et simplement renvoyée à la commission des finances , mais que le conseil ne saurait , sans inconvénient , voter dès à présent l'allocation en principe , sauf à la loger plus tard au budget, parceque dans le cas où il ne serait pas possible de réaliser cette année sa demande , le pétitionnaire ne manquerait pas , à chaque session , de venir fatiguer de ses réclamations le conseil général , qui semblerait avoir ainsi pris une sorte d'engagement.

Un autre membre combat cette observation, Il pense que dès à présent le conseil doit prendre en considération la demande de Genevière , et il propose de voter la prise en considération.

M. le président résume la discussion et met aux voix la prise en considération de la demande de Genevière et son renvoi à la commission des finances.

Le conseil adopte la proposition ainsi présentée.

## JURY MÉDICAL.

M. Guillet-Planteroche , membre de la commission de l'intérieur , fait le rapport suivant :

### Rapport du Préfet.

Le décret du 21 germinal an XI , sur l'organisation des écoles de pharmacie , prescrit formellement ( art. 29 ) une visite , au moins une fois l'an , des officines et magasins des pharmaciens et droguistes , pour vérifier la bonne qualité des drogues et médicaments simples ou composés.

L'arrêté du gouvernement du 18 thermidor de la même année, porte ( art. 42 ) , qu'il sera payé , pour les frais de ces visites , six francs par chaque pharmacien et quatre francs par chaque épicier et droguiste.

Les frais de ces visites s'élèvent , terme moyen , à 2,400 francs, tandis que leur produit ne monte également, terme moyen , qu'à 600 francs.

Pour pourvoir à ce déficit , qui retombe à la charge du département , l'administration propose au conseil général de voter une allocation de 1,500 francs.

### Rapport de la Commission.

Messieurs ,

Un jury médical est institué pour visiter , au moins une fois par an , les officines des pharmaciens et les magasins des droguistes à l'effet de vérifier la bonne qualité des drogues et médicaments qui s'y débitent ; d'après un arrêté du gouvernement, tous les pharmaciens et droguistes sont tenus de payer, pour fournir à ces dépenses , les premiers, chacun une somme de six francs, les seconds, une somme de quatre francs ; mais le produit de ces diverses taxes étant insuffisant pour couvrir les frais nécessités par ces visites , l'administration départementale a demandé , pour les compléter, une allocation de fonds qui a été votée les années précédentes par le conseil général ; M. le préfet renouvelle cette année la même proposition tendant à allouer, comme à votre dernière session, une somme de quinze cents francs ;

La commission, ayant reconnu l'utilité de cette dépense, me charge de vous proposer de la voter.

Un membre observe ici que MM. les droguistes et les pharmaciens sont sans doute doués du don divin de l'impeccabilité car l'honorable membre ne sache pas avoir vu depuis longues années une seule contravention relevée contre ces Messieurs. Les transactions, s'il en intervenait ici, seraient fâcheuses ; car cette manière d'atteindre les délinquants est d'une portée préjudiciable ; les tribunaux seuls devraient ici faire justice de faits d'autant plus graves que les contraventions commises peuvent compromettre la salubrité publique et la santé des individus.

M. le préfet répond que l'honorable membre est dans l'erreur, et que l'administration prend toutes les mesures possibles pour que justice soit faite des contraventions en cette matière.

Les conclusions de la commission sont mises aux voix et adoptées.

————————

M. Esmein, membre de la commission des travaux publics, fait les rapports suivants :

## HOTEL DE SOUS-PRÉFECTURE A CONFOLENS.

### Rapport du Préfet.

Le conseil d'arrondissement de Confolens émet le vœu qu'il soit pris des mesures pour l'établissement d'un hôtel de sous-préfecture au chef-lieu de cet arrondissement, qui est le seul du département qui ne soit pas encore doté d'un établissement de ce genre.

En l'absence de projet pour cette construction, at-

tenda surtout la situation des ressources du département,
l'administration ne croit pas devoir faire .e proposition
à ce sujet.

### Rapport de la Commission.

La commission , Messieurs , tout en trouvant juste
que l'arrondissement de Confolens soit plus tard doté
d'un hôtel de sous-préfecture comme les autres arrondissements ; tout en désirant que la situation des finances du département permette un jour au conseil général de faire cesser l'inégalité dont on se plaint, m'a
chargé de vous proposer le maintien de l'état actuel
des choses, attendu que les embarras auxquels donnerait lieu le non-renouvellement du bail existant aujour-
d'hui ne peuvent se présenter que dans un avenir éloigné , puisque ce bail doit courir encore pendant sept
années.

Un membre combat les conclusions de la commission,
il pense que dès à présent le conseil général devrait
voter une somme et décider l'acquisition d'un terrain ;
car si l'on attend l'expiration d'un bail, les conditions
relatives à l'acquisition d'un emplacement seront plus
dures pour le département ; il faut s'y prendre à l'a-
vance, l'occasion est aujourd'hui favorable, des terrains
très-favorables et très-propices sont en ce moment ou
seront bientôt à vendre ; il y va de l'intérêt , bien entendu, du département, d'arrêter dès aujourd'hui le vote
d'une somme et son application à l'acquisition d'un
terrain.

Un membre répond qu'en agissant selon l'avis du pré-
opinent ce serait surexciter au contraire les prétentions

des vendeurs de terrains, que d'ailleurs on ne peut ainsi voter des sommes sans connaître les éléments et les avantages ou les inconvénients de leur application : qu'au surplus il n'existe ici de proposition ni de la part de la sous préfecture de Confolens ni de la part de la commune même de Confolens ; qu'il ne s'agit seulement que d'un simple vœu émis par le conseil d'arrondissement, vœu dont la réalisation serait évidemment en ce moment prématurée.

Un autre membre pense, comme le premier orateur, que l'occasion actuelle serait favorable à l'acquisition d'un terrain, mais qu'attendu la longueur du bail actuel de la sous-préfecture, il y a lieu d'ajourner.

Les conclusions de la commission sont mises aux voix et adoptées.

## PALAIS DE JUSTICE A CONFOLENS.

### Rapport du Préfet.

Un membre du conseil d'arrondissement de Confolens se plaint du retard apporté dans l'exécution des travaux de restauration du palais de justice de Confolens.

Les travaux dont il s'agit ont été adjugés le 9 courant au nommé Audoin, entrepreneur à Confolens.

Un membre observe que l'honorable membre du conseil d'arrondissement de Confolens, qui s'est plaint du retard, était dans le vrai lorsqu'il a formulé ses plaintes, car ce n'est que depuis ce temps-là que l'administration a cru devoir agir.

M. le préfet observe au contraire que le membre du

conseil d'arrondissement dont s'agit a été précipité dans ses plaintes.

Le conseil passe donc à l'ordre du jour.

Mais l'ordre du jour étant épuisé, M. le président lève la séance et la renvoie à demain, à midi.

# SÉANCE DU 16 SEPTEMBRE 1846.

## PRÉSIDENCE DE M. ALBERT.

A midi, les membres du conseil général étant au nombre voulu par la loi, M. le président ouvre la séance.

Sont présents à cette Séance :

MM. ALBERT, CHAZAUD, PLANTEVIGNE-LASTIER, DE LA TRANCHADE, HINE, TESNIÈRE, HENNESSY, GUILLET-PLANTEROCHE, POITEVIN, FAURE-SAINT-ROMAIN, MEMINEAU, BOUHIER, RICHARD, LAVALLÉE, MATHIEU-BODET, VEYRET, MIMAUD, POINEAU, DE LA FAYE, TILLARD, FILHOL, MERVEILLAUD, ESNEIN, CHAMPVALLIER, LEMERLE, BOUNICEAU-GÉMON, secrétaire.

M. le préfet assiste à la séance.

Le procès-verbal de la séance de la veille est lu et adopté.

M. le président donne au conseil communication d'une lettre de M. l'abbé Godeau, relative aux Filles de la Croix. — renvoi de cette lettre à la commission des finances.

M. Poitevin, membre de la commission des travaux publics, a la parole pour un rapport.

## ROUTE DÉPARTEMENTALE N° I.

**Demande en classement, au rang des routes départementales de la Dordogne, du chemin de grande communication n° 48, de ce département, faisant suite à la route départementale de la Charente n° 1er.**

### Rapport du Préfet.

Le conseil d'arrondissement de Barbezieux appelle l'attention de l'administration sur la nécessité de faire classer, au rang des routes départementales de la Dordogne, le chemin de grande communication numéro 48, de Parcoul à Larochechalais, faisant suite à la route départementale numéro 1. Ce classement, qui établirait une ligne d'Angoulême à Libourne, à travers une contrée riche et fertile, a paru à l'administration d'un haut intérêt pour les départements de la Charente, de la Dordogne et de la Gironde.

Nonobstant les avantages que présente cette ligne, et qui ont été reconnus par M. l'ingénieur en chef des ponts-et-chaussées, M. le préfet de la Dordogne, expose, par sa lettre ci-jointe, du 1er courant, que le défaut de ressources l'empêche d'en proposer le classement à son conseil général.

Dans cet état de choses, et pour éviter que la solution de cette affaire soit reportée à la session de 1847 des conseils généraux, l'administration prie M. le préfet de la Dordogne de provoquer, de la part de son conseil général , une délibération sur le classement dont il s'agit.

Elle écrit également à M. le préfet de la Gironde, dont le département est intéressé à ce classement , afin qu'il fasse la même proposition à son conseil général.

L'administration propose de demander le classement, au rang des routes départementales, de la partie de chemin dont il s'agit , et , dans le cas d'un refus du département de la Dordogne, d'autoriser l'administration à en poursuivre le classement d'office dans les formes indiquées par la loi du 25 juin 1841.

Le conseil d'arrondissement de Barbezieux sollicite aussi le prompt achèvement de cette route sur le territoire de la Charente , dans la traverse de Chalais. — L'administration est heureuse de pouvoir dire que les vœux du conseil d'arrondissement à ce sujet , ont été devancés puisque les travaux dont il s'agit ont été adjugés le 9 courant.

### Rapport de la Commission.

La commission adopte les conclusions de l'administration et l'invite à faire les démarches nécessaires afin d'obtenir le classement, en route départementale, du chemin de grande communication numéro 48 , dans la Dordogne, pour faire suite à la route départementale numéro 1er dans celui de la Charente.

Un membre combat les conclusions de la commission, Il fait entrevoir les obligations rigoureuses auxquelles s'exposerait le département s'il entrait dans la voie où la commission et l'administration voudraient le pousser; il

ne s'agirait de rien moins que de prostituer les ressources pécuniaires, déjà fort amoindries, du département de
la Charente, à la confection de routes sur un département voisin ; en vérité, ce serait être par trop dupe.
Il faudrait tout au moins, s'il n'en était pas tout-à-fait
ainsi, que la Charente fît les avances de la portion de
route demandée sur la Dordogne, sauf à poursuivre un
remboursement qui serait assurément illusoire. La lettre
de M. le Ministre qui est au dossier fait parfaitement
concevoir de pareilles craintes, et l'honorable membre
ne pense pas que le conseil général doive se décider
légèrement à de pareils sacrifices.

M. le préfet fait remarquer qu'il ne s'agit pas ici
d'avances à faire ; les frais de la confection de la route
en lacune restent à la charge du département auquel
cela profite ; c'est l'entretien seulement qui est, après la
confection des travaux neufs, à la charge du département
sur le territoire duquel est la lacune.

Un membre dit qu'il faut ici rétablir les faits et poser
les véritables principes. Entre la Gironde et la Charente
il existe, sur le département de la Dordogne, une lacune
à la suite de la route numéro 1er. La Gironde et la
Charente réclament la disparition de cette lacune ou la
transformation, en route départementale, du mauvais chemin de grande communication qui fait suite à notre
numéro 1er. La Dordogne se refuse à cette réclamation.
Eh bien ! la loi offre des moyens naturels de vaincre
la résistance des récalcitrants ; ce seront des commissions
d'enquête qui seront chargées d'examiner la question
et de la résoudre, tout cela se réduira à une question
d'intérêt. S'il y a intérêt pour le département récalci-
trant, à l'ouverture de la communication, les frais de

la partie de route en lacune lui incomberont, c'est ainsi que l'on procède en ce moment sur la question relative à la route numéro 8 , de Mansle à Séreilhac. Ainsi, le conseil ne s'engage à rien de compromettant pour ses intérêts en votant les conclusions de la commission, c'est d'ailleurs ce que le conseil général a fait dans sa dernière session, à l'occasion de la conversion, en route départementale , d'un chemin de grande communication qui se reliait à une route départementale de la Vienne vers Civray, et qui devait aboutir à un pont jeté sur la Charente.

Le membre, qui le premier a pris la parole, soutient qu'il n'y a aucune identité entre la question actuelle et l'affaire dont le préopinant a parlé et relative au chemin converti l'an dernier en route départementale; qu'il s'agissait ici de joindre un pont qui tendait les bras à la Charente et à la Vienne, d'un pont sur la Charente qui était la limite de notre département ; d'ailleurs, la Charente a consenti, il n'y a donc plus d'identité ; nous faisons alors la route départementale pour nous et sur nous, et ici, nous irons faire la route départementale sur et pour la Dordogne, la Dordogne ne saurait ainsi nous demander, et nous ne saurions lui faire la charité. L'honorable membre cite ici l'exemple de l'existence de la lacune sur la route numéro 8, et lit la lettre ministérielle relative à cette affaire , pour en faire surgir des arguments à l'appui de son opinion. On nous demande d'émettre le vœu que le chemin de la Dordogne soit transformé en route départementale ; mais si le classement s'opère contre la volonté du département qui refuse, il faut que le conseil le sache bien , ce sera le département de la Charente qui, alors, supportera les frais d'exécution.

M. le préfet fait remarquer qu'il y a bien plus d'identité entre le cas qui occupe le conseil en ce moment et l'affaire du chemin de Civray, qu'entre le cas actuel et l'affaire relative à la route numéro 8; qu'ici, comme dans la question de la route de Civray, c'est de la conversion d'un chemin de grande communication en route départementale qu'il s'agit; car si le Ministre a pu nous forcer à la conversion de notre chemin en route départementale, n'est-il pas évident qu'il prendra la même mesure contre la Dordogne. M. le préfet prie le conseil de l'autoriser à suivre cette affaire par toutes les voies en son pouvoir.

Un membre dit qu'il y a ici une question de principe, il expose par quelles nécessités le pouvoir législatif a été amené à consacrer des mesures de coercition contre les départements qui refuseraient de réaliser sur leur territoire des prolongations de routes réclamées par l'intérêt général; il y a deux choses ici : le classement, et puis l'exécution ; le classement n'engage à rien, ce sera lorsqu'il s'agira de l'exécution que surgira la question d'utilité, et cette question n'est pas douteuse ici. Il y a utilité certaine pour le département de la Dordogne à la conversion demandée, car il ne s'agit pas ici d'un chemin qui frise les limites du département et longe sa frontière, mais d'un chemin qui pénètre dans ses flancs et qui est destiné à relier plusieurs de ses localités importantes au chemin de fer. L'honorable membre ajoute que ce qui a été fait par le ministre, à l'occasion de notre communication vers Civray, sera fait à l'occasion de l'affaire actuelle, et que la Dordogne sera forcée de s'exécuter; le précédent est là qui fait désormais disparaître toute équivoque à ce sujet.

Il est répondu par un membre, qu'il faut, dès à présent, une explication cathégorique sur le point de savoir si le département de la Charente devra contribuer à la confection de la portion de route demandée, parce que, s'il en était ainsi, il repousserait de toutes ses forces les conclusions de la commission ; il faut donc qu'il soit bien entendu, qu'en aucun cas, le département de la Charente n'entrera dans les frais de cette portion de route.

M. le rapporteur pose de nouveau la question, il cherche à dissiper toutes les craintes que quelques préopinants ont manifesté devoir tomber à la charge du département, la confection de la partie de route dont s'agit, parce que, selon lui, le département de la Dordogne est évidemment intéressé à l'existence de cette route, et que, dans tous les cas, M. le Ministre n'irait pas agir ici autrement qu'il ne l'a fait, à notre égard, l'an dernier, à l'occasion du chemin de Civray.

M. le président résume la discussion, et, pour poser la question d'une manière concise et saisissable, il donne lecture du paragraphe de la loi relatif à la matière, lequel est ainsi conçu : « Les dépenses de construction pourront être mises, pour la totalité, à la charge des départements qui auront réclamé le classement ou l'exécution sur le territoire d'un autre département. »

Un membre demande l'ajournement.

M. le préfet combat cette demande en disant que la question va sans doute également s'agiter dans le conseil général de la Gironde, et que si la Gironde vote pour le classement et que la Charente ajourne, les choses seront paralysées dans leur cours, et le département de la Gironde, contrarié de l'ajournement adopté par la Charente , pourrait plus tard, rendre la pareille au département de la Charente, lorsque ce dernier, revenu à des dispositions plus favorables, voudrait les réaliser.

Un membre fait observer qu'il y a quelque chose de peu bienveillant et de peu parlementaire à accueillir, par la demande d'un ajournement, le travail d'une commission qui a consacré son temps, sa sollicitude et ses soins à l'élaboration des affaires.

Mais un autre membre répond qu'il y a peu d'excentricité dans cette demande, que déjà elle avait été faite dans le sein de la commission elle-même, et que d'ailleurs, la demande d'ajournement n'a rien en elle-même de blessant et est d'une pratique constante, et l'on pourrait même dire indispensable dans toutes les assemblées délibérantes.

Un membre propose un amendement aux conclusions de la commission, lequel est ainsi conçu :

« M. le préfet est prié de continuer ses démarches auprès de M. le Ministre, pour que la route départementale , de Chalais à Larochechalais , soit classée et confectionnée, en route départementale, dans son parcours sur le département de la Dordogne, mais aux frais de ce département. »

Un membre fait observer que cet amendement contient l'expression de deux vœux ; l'un conforme à la loi, celui du classement, et l'autre contraire à la loi, celui de la confection, dans tous les cas, aux frais du département de la Dordogne. En effet, ce n'est que dans le cas d'utilité reconnue pour lui de la route, que le département de la Dordogne peut être contraint ; hors

ce cas, la loi le protège, et rejette sur les autres départements les frais de confection. La condition insérée
dans l'amendement sera, comme toutes les clauses illi-
cites ou illégales, considérée comme non avenue par
le Ministre, et en définitive, dit l'honorable membre,
l'amendement qui avait été conçu par son auteur,
dans le but de bannir les appréhensions de ceux des
membres du conseil qui ne veulent pas faire ici les
affaires des autres départements, cet amendement laisse
subsister ces appréhensions dans toute leur force.

Il est répondu par un autre membre que la condition insérée dans l'amendement est sérieuse et sera
prise sans doute en considération par le pouvoir supérieur.

L'ajournement, proposé de nouveau, est mis aux voix
et repoussé.

L'amendement est ensuite mis aux voix et adopté.

———

M. Veyret, membre de la commission des travaux
publics, a la parole pour un rapport.

## ROUTES ROYALES

### N° 148, de Limoges à Nantes, n° 151 (bis), d'Angoulême à Nevers.

#### PONT DE CONFOLENS.

#### Rapport du Préfet.

Le conseil d'arrondissement de Confolens demande
avec instance l'établissement d'un nouveau pont à Confo-

lens en remplacement de l'ancien dont l'état de vétusté
menace la sûreté publique.

MM. les ingénieurs des ponts-et chausées s'occupent,
en ce moment, de la rédaction des projets comparatifs
d'un pont suspendu et d'un pont en pierre pour le pont
dont il s'agit.

MM. les ingénieurs estiment qu'un pont en maçonnerie serait préférable à un pont suspendu, attendu l'importance de la communication qu'il est appelé à desservir.

L'administration met sous les yeux du conseil général le rapport, sur cet objet, de M. l'ingénieur en chef
des ponts-et-chaussées dont elle partage l'opinion à cet
égard. Elle prie le conseil général d'émettre un vœu
sur le mode de construction qui lui paraîtra le plus
avantageux.

### Rapport de la Commission.

Le conseil général est invité à émettre un vœu sur
le mode à employer pour la confection d'un pont à
Confolens, destiné à desservir les deux routes royales
148 et 151 (bis), et à remplacer, pour cela, le vieux
pont qui menace ruine.

Pour répondre à cette invitation, votre commission,
MM., vous propose d'émettre le vœu que la construction
projetée soit exécutée en maçonnerie, attendu qu'il
y a nécessité d'employer ce mode, vu que ce pont est
appelé à desservir deux communications importantes, à
réunir les deux parties de la ville de Confolens; qu'il
a besoin d'une grande largeur, par suite de la nature
des transports qui s'effectuent sur ce pont; qu'il y

aurait de grands dangers à courir, si un pont suspendu était établi en ce lieu, où, d'ailleurs, les matériaux propres à faire des constructions en maçonnerie d'une grande solidité, sont en grande abondance.

Les conclusions de la commission sont adoptées.

———

M. Esmein, membre de la commission des travaux publics, fait le rapport suivant :

## CONSTRUCTION D'UN DÉPOT DE SURETÉ A ROUILLAC.

### Rapport du Préfet.

Le dépôt de sûreté de Rouillac est dans un état complet de vétusté.

Un devis a été dressé par M. l'architecte du département pour la construction d'un nouveau dépôt, sur un terrain offert par la commune à cet effet; mais, comme on le voit par l'exposé de M. l'Architecte, tout n'est pas encore réglé quant à l'abandon de ce terrain qui ne pourrait être accepté par le département qu'autant qu'une donation en forme en serait faite par la commune, que le conseil général aurait délibéré et enfin, que cette donation aurait reçu la sanction du gouvernement.

L'administration n'a, en conséquence, aucune proposition à faire pour ce projet dont elle complètera l'instruction de manière à pouvoir la soumettre au conseil général dans sa session de 1847.

### Rapport de la Commission.

Messieurs ,

L'administration vous expose, dans son rapport, que le dépôt de sûreté de Rouillac est dans un état complet de vétusté, et qu'un devis a été dressé, par l'architecte du département , pour la construction d'un nouveau dépôt , sur un terrain offert par la commune à cet effet ; mais , observant que les formalités préalables à remplir pour régulariser l'abandon de cet emplacement au département ne l'ont pas été , elle déclare qu'elle n'a aucune proposition à soumettre au conseil général pour ce projet.

La commission , après avoir examiné le devis et les plans dressés par M. l'architecte , a remarqué, que le logement destiné au concierge était très-confortable et trop développé relativement aux dimensions restreintes de la prison projetée, que le département n'était pas en mesure de dépenser la somme de 5,296 fr. 97 c., chiffre total du devis , pour exécuter cette construction sur des plans qui sont très-attrayants en vue de l'agrément du concierge, mais aussi très-dispendieux. La commission observe en outre , que le canton de Rouillac est déjà dans une position privilégiée, relativement à la plupart des autres cantons de la Charente , qui sont dépourvus de dépôts de sûreté, ce qui paralyse souvent l'exercice de la police locale et entrave celui de la police judiciaire; en conséquence , en l'absence de toute proposition de la part de M. le Préfet, la commission vous propose de passer à l'ordre du jour.

Un membre insiste sur la nécessité de la reconstruction du dépôt de sûreté à Rouillac , ce chef-lieu est important, les communications y sont nombreuses, il y a urgence.

Les conclusions de la commission, mises aux voix, sont adoptées.

---

Un membre demande qu'il soit établi un dépôt de sûreté par chacun des cantons du département, il ne peut y avoir de raison sérieuse de refuser aux unes, ce que l'on accorde aux autres. Aujourd'hui que, grâce à la grande quantité des routes, la circulation a singulièrement grandi dans toutes les directions du département. L'honorable membre propose au conseil d'inviter l'administration à proposer, à la prochaine session, un projet ayant pour but l'établissement d'un dépôt de sûreté par chacun des chefs-lieux de canton du département.

Il est répondu que c'est ici l'expression d'un vœu qui, conformément à la décision prise par le conseil général, à l'occasion de la formation d'une commission des vœux, doit être renvoyé à cette commission.

Le renvoi de ce vœu, à la commission des vœux, est prononcé par l'assemblée.

---

Le même rapporteur continue.

## SOUS-PRÉFECTURE ET PRISON DE COGNAC.

### Rapport du Préfet.

Le conseil d'arrondissement de Cognac demande qu'il soit alloué, savoir :

1° Pour des travaux extraordinaires, exécutés à la prison de Cognac... ...................... 269 f. » c.

2° Pour travaux extraordinaires, exécutés
à la sous-préfecture...................... 212 f. 53 c.

3° Pour l'établissement de diverses servitudes, à l'hôtel de la sous-préfecture.. 2213 f. 40 c.

Cette demande est accompagnée des devis des travaux à faire pour l'établissement des servitudes.

L'administration a reconnu l'urgence des travaux
qui font l'objet des deux premiers articles ; des crédits suffisants pour les solder sont portés au budget de
1847.

Quant à l'établissement de nouvelles servitudes pour
l'hôtel de la sous-préfecture, l'administration verrait
avec plaisir que la situation des ressources permit
au conseil général d'en faire l'objet d'un article au
budget.

### Rapport de la Commission.

L'administration vous propose de voter deux crédits
spéciaux : l'un, de 269 fr., pour travaux extraordinaires
exécutés à la prison de Cognac ; l'autre, de 212 f. 53 c.
pour travaux extraordinaires à la sous-préfecture de
cette ville. Comme l'urgence de ces travaux a été reconnue par le conseil d'arrondissement et par l'administration, et comme la dépense est déjà faite, la commission est d'avis d'allouer les sommes demandées pour
les deux articles qui viennent d'être indiqués. En ce qui
concerne l'agrandissement des servitudes de l'hôtel de
la sous-préfecture, demandé par le conseil d'arrondissement, la commission invite le conseil général à dire,
comme l'administration, qui ne fait aucune proposition
à cet égard, qu'il verrait avec plaisir que l'état des

ressources du département lui permit d'en faire l'objet d'un article au budget, mais, attendu qu'il s'agit d'une dépense de 2213 fr. 40 c., elle propose de l'ajourner à des temps plus prospères.

Un membre s'étonne de ce que M. le préfet n'ait pas cru devoir prendre d'initiative en cette matière et n'ait fait aucune proposition. L'affaire est sérieuse pourtant et provoquait une résolution quelconque de la part de l'administration; ce défaut d'initiative, de la part de l'administration, induit à penser qu'elle ne veut rien faire ou bien qu'elle ne peut rien faire. M. le préfet aurait pu présenter la chose et la réclamer, sauf à attendre que l'on pût avoir une place au budget, car la nécessité d'acheter un terrain est reconnue même urgente.

M. le préfet répond qu'il n'est point chargé de prendre en toutes choses l'initiative, que c'est une faculté dont il use quand bon lui semble, que les conseils d'arrondissement proposent des mesures, que l'administration soumet les propositions au conseil général, et quand le préfet se borne à transmettre purement et simplement ces propositions, sans autre résolution de sa part, c'est qu'il ne fait pas lui, de proposition; et ne prend pas d'initiative.

Les conclusions de la commission sont adoptées.

———

M. Richard, membre de la commission des travaux publics, fait les rapports suivants :

## PRISON DE CONFOLENS.

### Rapport du Préfet.

Le conseil d'arrondissement de Confolens demande une

somme de 1,100 fr. jugée nécessaire pour des réparations à faire à la prison de cette ville.

L'administration regrette que l'absence d'un devis
régulier et l'exiguïté des ressources départementales
ne lui permettent pas de faire de proposition à ce
sujet.

Il eut été à désirer, pour la régularité de cette affaire, qu'une demande ait été formée, en temps utile,
auprès de l'administration qui aurait envoyé sur les
lieux M. l'architecte du département pour s'assurer de
l'état de la prison et faire des propositions en conséquence.

### Rapport de la Commission.

Votre commission, Messieurs, au sujet de la demande
qui vous est faite par l'arrondissement de Confolens,
pour obtenir une somme de *onze cents francs*, qu'il
croit nécessaire, pour couvrir les frais de réparations
*urgentes* pour la prison de cette ville, dit, et ce,
conformément au rapport de l'administration, qu'un
travail, de M. l'architecte du département, est reconnu
indispensable ; aussi bien, Messieurs, la commission
renvoie, pour statuer, à la session prochaine, afin que,
d'ici là, le conseil d'arrondissement de Confolens se
mette en mesure de renouveler sa demande d'une manière régulière.

La commission propose, et le conseil adopte les
conclusions du rapport du préfet.

## ÉGLISE DE BRIGUEUIL.

### Rapport du Préfet.

Le conseil d'arrondissement de Confolens recommande

la commune de Brigueuil au conseil général pour une part dans le fonds voté annuellement pour aider les communes pauvres dans les réparations à faire aux édifices du culte.

L'administration avait prévenu le vote du conseil d'arrondissement en comprenant, dans son projet de distribution, la commune de Brigueuil pour une somme de 400 fr. pour réparations à son église, ( voir le projet de distribution et l'avis de Monseigneur l'Evêque. )

### Rapport de la Commission.

Votre commission, Messieurs, qui a pris lecture des diverses pièces se rattachant à la demande de la commune de Brigueuil, afin d'obtenir des secours sur les fonds départementaux, pour pouvoir parvenir à réparer le clocher de son église, tout en approuvant le rapport de l'administration, qui alloue à cette commune une somme de 400 fr. sur celle de 7,600 fr. jugée nécessaire, verrait avec plaisir que de plus grands secours lui seraient promptement donnés.

La commission propose, et le conseil adopte les propositions de l'administration.

## ROUTE DÉPARTEMENTALE N° 10, DE POITIERS A RUFFEC.

### PONT DE L'ISLE.

### Rapport du Préfet.

Par suite du vote émis par le conseil général, dans sa dernière session (séance du 26 août), un ordon-

nance royale, du 16 février 1846, a classé au rang
des routes départementales sous le numéro 10 et la dénomination de Poitiers à Ruffec, par Civray, la partie
du chemin de grande communication numéro 9, de Couture-d'Argenson à Civray, comprise entre Ruffec et le
département de la Vienne.

Le conseil d'arrondissement de Ruffec demande une
allocation de vingt mille fr. pour les travaux de construction du pont de l'Isle, sur la Charente, formant
la limite des deux départements.

L'administration, prenant en considération la demande
du conseil d'arrondissement et l'importance de cette communication, qui met en relation immédiate l'arrondissement de Ruffec avec celui de Civray, propose une allocation au budget départemental pour cette construction,
dont la dépense totale, aux frais des deux départements,
est évaluée à 45,000 fr.

### Rapport de la Commission.

Votre commission, Messieurs, relativement à la demande de la construction du pont de l'Isle, faite par
le conseil d'arrondissement de Ruffec, s'en réfère entièrement au rapport de l'administration, qui reconnaît
juste et nécessaire, et ce, dans l'intérêt des départements de la Charente et de la Vienne, la construction
de ce pont, d'autant mieux encore, qu'elle paraît être
sollicitée par l'arrondissement de Civray.

La commission propose, et le conseil adopte les
propositions de l'administration.

### Chemins de petite communication.

L'administration soumet au conseil général un travail re
latif aux chemins de petite vicinalité, le conseil général donne

acte à l'administration de cette communication pure et simple.

———————

M. Hennessy, au nom de la commission des travaux publics, fait le rapport suivant :

## Projet de réunion, en une seule, des routes départementales n° 2, de Cognac à Barbezieux, et n° 7, de Barbezieux à Chalais.

### Rapport du Préfet.

Le conseil d'arrondissement de Barbezieux demande la réunion, avec un prolongement sur St-Aulaye (Dordogne), des routes départementales numéros 2 et 7, qui n'en formeraient plus qu'une seule, sous la dénomination de route départementale de Cognac à Bergerac.

M. l'ingénieur en chef des ponts-et-chaussées, consulté sur ce projet, estime que, non-seulement ces deux routes pourraient être réunies sous un seul numéro, mais qu'on pourrait encore y ajouter la route numéro 3, de Cognac à St-Jean-d'Angély, et que cette ligne prendrait alors la dénomination de St-Jean-d'Angély à Chalais, par Cognac et Barbezieux.

M. l'ingénieur en chef considère le prolongement sur St-Aulaye comme une chose très-utile et qu'il serait également désirable de voir réaliser prochainement.

L'administration partage entièrement l'avis de M. l'ingénieur en chef auquel elle se réfère, et propose, en conséquence, au conseil général de voter la réunion, sous un seul numéro, des trois routes départementales numéros 2, 3 et 7.

Elle propose également de voter en principe le prolongement sur St-Aulaye, prolongement qui ne peut être considéré comme un classement nouveau, mais seulement comme la continuation de la route dont il s'agit.

### Rapport de la Commission.

Messieurs,

Deux questions sont ici soumises à vos délibérations, elles ont fait le sujet de sérieuses études pour la commission des travaux publics qui m'a fait l'honneur de me choisir pour l'organe de ses décisions que je viens soumettre à votre approbation.

1° Votre commission vous propose, à l'unanimité, le classement des routes départementales numéros 3, 2 et 7, en une seule ligne qui prendrait la dénomination de route départementale de St-Jean-d'Angély à Chalais, sous le numéro 2 ;

2° Votre commission adopte la seconde proposition de M. le préfet et de M. l'ingénieur en chef et vous engage à voter, en principe, le prolongement de cette ligne de Chalais à St-Aulaye.

Voici, MM., les considérations qui ont agi puissamment sur l'esprit des membres de votre commission.

La route départementale numéro 3 se dirige en ligne fort directe de St-Jean-d'Angély à Cognac, la route numéro 2 fait une seule route naturelle à la précédente et se dirige sur Barbezieux. — Le numéro 7, enfin, suit toujours la même direction du Nord au Midi et joint Barbezieux à Chalais. •

Ces trois routes forment donc déjà, à vrai dire, une seule ligne très-directe et qui semble appelée à acquérir une grande importance à une époque peu éloignée. — En effet, St-Jean-d'Angély est en correspondance directe avec Niort où il s'établira promptement, d'ici à peu d'années, une voie de fer ; déjà il y existe des routes royales importantes ; St-Jean-d'Angély est traversé par une route royale ; Cognac est un point important par son commerce, sur la route royale de Clermont à Saintes ; Barbezieux est traversé par la route royale de Paris en Espagne ; enfin, Chalais se trouve sur la ligne du chemin de fer de Tours à Bordeaux et il y sera établi une garre pour les marchandises comme pour les voyageurs. Ce sera le point accessible aux populations de Barbezieux et du riche pays qui l'entourre. — Ainsi donc, Messieurs, quand on réfléchit que cette route directe de Niort à Chalais aura son point de départ d'une ville déjà dotée de deux routes royales et probablement a le désir de posséder un chemin de fer, qu'elle viendra successivement relier des routes royales les unes aux autres, à St-Jean-d'Angély, à Cognac, à Barbezieux, qu'elle aboutira enfin à un débarcadère important du chemin de fer de Paris à Bordeaux ; il est presque évident que, dans le grand travail dont s'occupe l'administration supérieure pour coordonner ce magnifique réseau de chemins de fer et de routes royales destinés à donner un puissant élan aux efforts de l'agriculture et de l'industrie de notre belle patrie, la route dont nous vous demandons le nouveau classement viendra prendre le rang que lui assigne naturellement son importance.

La seconde question, celle du prolongement sur

St-Aulaye, a déjà fait le sujet de vos délibérations dans les deux dernières sessions. Le vote que vous demande aujourd'hui votre commission est la confirmation de ceux que vous avez déjà émis, et, à son avis, la question a aujourd'hui cette gravité de plus, que St-Aulaye étant traversé par la route royale de Bordeaux à Périgueux, le prolongement de la route, entre Chalais et St-Aulaye, deviendrait une jonction de plus entre une route royale et le chemin de fer, et viendrait compléter cette ligne importante qui, de Niort à St-Aulaye, relierait entr'elles six routes royales et deux voies de fer.

Quelques membres, en reconnaissant qu'il peut être utile de réunir, en une seule, les routes départementales dont il s'agit, s'opposent de toutes leurs forces à ce que la prolongation demandée soit votée par le conseil, ils invoquent à ce sujet toute l'autorité des précédents et du principe posés par l'assemblée, et par lesquels il a été consacré, résolu, arrêté qu'il ne serait classé ou projeté aucune nouvelle route, que toutes les routes, déjà classées, ne fussent terminées ; or, ici la prolongation demandée est bien un supplément de route, ou, ce qui revient à la même chose, une route nouvelle; et il faut, dit l'un des membres opposants, que ce soit encore et toujours pour le même arrondissement que de semblables propositions soient faites au conseil général ; en vérité, il semblerait que le conseil général soit institué pour acquitter toutes les lettres de change qu'il plaît à l'arrondissement de Barbezieux de tirer sur lui. Lorsqu'il s'est agi du classement de la route de Chalais, on disait, pour l'obtenir, que cette route ne serait faite qu'après que toutes les autres, classées avant elle, seraient terminées ; on sait le reste aujourd'hui, dit l'honorable membre : comment la promesse a été tenue et comment on a respecté le principe posé par le conseil ; la route de Chalais est terminée, ou sur le point de l'être, tandisque toutes les autres routes, long temps classées avant elle, languissent dans une sorte de végétation paralytique. Le conseil doit donc prendre garde ici, plus que jamais ; sous le masque de la belle idée d'une route royale en projet, on dissimule le projet, sans cesse renouvelé, d'ajouter une nouvelle route départementale, pour l'arrondissement de Barbezieux, à celles déjà classées ; l'honorable membre estime que le second chef des conclusions du rapport, ayant pour objet le prolongement demandé, doit être repoussé.

M. le préfet répond que l'administration n'est jamais préoccupée que des intérêts généraux du département et qu'elle a dû s'entendre avec les ponts-et-chaussées pour combiner des communications aptes à amener, vers le département de la Charente, les autres départements attirés naturellement déjà par la création du chemin de fer.

Les deux parties du rapport sont divisées ; on vote d'abord sur la réunion, en une seule, des trois routes 2, 3 et 7.

Cette réunion est adoptée.

On met ensuite aux voix la prolongation *sur St.-Aulaye*, le conseil se partage ; douze voix sont pour, douze voix contre.

———————

M. le préfet donne, au conseil, lecture d'une lettre

6

par laquelle l'honorable général Dulimbert, membre du conseil général, annonce qu'il ne pourra, par suite d'une grave maladie, assister et prendre part aux travaux de la session.

Le conseil reçoit cette communication avec une impression manifeste de douleur et de regrets.

---

M. Poitevin, membre de la commission des travaux publics, fait le rapport suivant :

## DEMANDE DE LA COMMUNE D'HOULETTE,
### Tendant à obtenir le classement d'un chemin de Sigogne à Ste-Sévère.

#### Rapport du Préfet.

Plusieurs habitants notables de la commune d'Houlette s'adressent au conseil général pour obtenir le classement d'un chemin de Sigogne à Ste-Sévère.

Cette demande a obtenu un avis favorable du conseil d'arrondissement.

Les pétitionnaires ne s'expliquent point sur le rang du chemin qu'ils sollicitent. — Le conseil d'arrondissement estime qu'il doit être qualifié : Chemin d'Association.

L'administration apprécie toute l'utilité de cette direction qui relierait entr'eux les chemins de grande communication numéros 10 et 24, et la route départementale, numéro 5, de Ruffec à Jarnac. — Elle se propose, en conséquence, de donner immédiatement suite à cette demande qui rentre exclusivement dans ses attributions et dont le conseil général n'a, en conséquence, pas à s'occuper.

Que, si les pétitionnaires entendaient, contrairement à l'avis du conseil d'arrondissement, obtenir le classement d'un chemin de grande communication, l'administration, attendu le principe formellement arrêté par le conseil général, dans ses précédentes délibérations, n'aurait aucune proposition à faire.

La commission propose, et le conseil adopte les conclusions de l'administration.

---

, M. Hennessy, membre de la commission des travaux publics, fait le rapport suivant :

## PONT DE LA TRACHE,
### Sur la Charente, Chemin de grande communication n° 10.

#### RÉCLAMATION DU SIEUR BARRAUD

##### Rapport du Préfet.

Le sieur Barraud, de Cognac, est dans l'intention de former une action contre l'administration, pour obtenir le paiement d'une somme de 1500 fr. à laquelle ont été réglés ses honoraires pour les études du pont de La Trache, dont il avait été chargé par la précédente administration.

Les pièces du dossier, et particulièrement celles émanant du sieur Barraud, donnent, sur cette affaire, des renseignements qui dispensent l'administration d'entrer dans de plus grands détails.

L'administration est en instance auprès de M. le ministre de l'intérieur pour obtenir un supplément de subvention qui, en désintéressant le sieur Barraud, mettrait fin à ce débat qui dure depuis près de quatre ans ; mais, dans l'éventualité d'un refus, non présumable, de la part de M. le ministre, elle demande au conseil général l'autorisation de défendre à l'action que ledit sieur Barraud paraît être dans l'intention de former contre elle.

LETTRE MINISTÉRIELLE.

« Paris, le 12 septembre 1846.

« Monsieur le Préfet,

« Par lettre du 21 août dernier, vous m'avez fait
« connaître que vous aviez inutilement fait plusieurs dé-
« marches auprès du sieur Escaraguel pour le paiement
« d'une somme de 1,500 francs due au sieur Barraud,
« à titre d'indemnité, pour la réduction de l'avant-projet
« du pont de La Trache, et vous me proposiez d'accorder
« un supplément de subvention de 1,500 francs qui serait
« destiné à désintéresser le sieur Barraud.

« J'ai l'honneur de vous informer que le crédit de
« 400,000 francs, inscrit au budget de mon département
« pour favoriser l'établissement des ponts communaux
« par voie de concession de péage, est, depuis long-temps,
« épuisé ; je ne puis donc accueillir votre proposition.

« Toutefois, vous pouvez soumettre au conseil général
« de votre département la demande du sieur Barraud et

« le consulter sur la question de savoir s'il entend voter,
« en faveur de cet entrepreneur, l'indemnité qu'il mani-
« feste l'intention de réclamer par voie judiciaire. Dans le
« cas de la négative, vous pourrez lui demander l'au-
« torisation de défendre à l'action que ledit sieur Barraud
« se propose de former contre le département.

« Je vous renvoie ci-joint la demande du sieur
« Barraud.

« Recevez, Monsieur le Préfet, l'assurance de ma consi-
« dération très-distinguée.

« *Le Ministre de l'Intérieur.*

« Pour le Ministre et par autorisation

« *Le Sous-Secrétaire d'État,*

Signé A. PASSY.

**Rapport de la Commission.**

Messieurs,

L'affaire qui vous est ici présentée a un caractère
fâcheux, c'est du moins ainsi qu'elle a été envisagée par
la commission qui m'a chargé de vous en donner les détails.

Permettez-moi de récapituler les faits principaux qui se
trouvent établis dans la correspondance qui nous a été
soumise.

A une époque déjà reculée, l'assiette du chemin de
grande communication n° 10 donna lieu à de vives contestations ; il s'agissait surtout de fixer si la Charente serait
traversée, au moyen d'un pont suspendu, au passage de
Les Chassiers, ancien tracé de la route de Cognac à Sigogne, ou si le pont serait établi au village de La Trache.

M. Barraud fut chargé, par M. le Préfet de la Charente, en 1838, d'étudier plusieurs tracés entre ces deux points ; le conseil général donne sa sanction à cette démarche par ses délibérations de l'année 1839.

Le tracé par le village de La Trache fut définitivement adopté ; mais c'est en 1842 seulement que l'établissement d'un pont suspendu et à péage fut mis en adjudication.

M. Barraud avait naturellement réclamé le salaire de son travail qui fut définitivement fixé à une somme de 1500 francs d'accord avec l'administration départe<sup>le</sup> et avec M. le ministre lui-même ; mais il fut statué que le paiement de cette somme serait supporté par l'adjudicataire du pont et qu'elle figurerait au cahier des charges.

Cette formalité, oubliée une première fois, donna lieu à des réclamations de la part de M. Barraud, et il fut fait droit à sa demande. Cependant, l'adjudication n'eut pas lieu à l'époque des premières démarches faites dans ce but par l'administration. Ce n'est que plus tard que MM. Escaraguel devinrent adjudicataires du pont de La Trache, et ici se présenta toute la difficulté. L'affiche, qui avait été, à plusieurs reprises, bien connue des soumissionnaires, portait bien qu'une somme de 1,500 francs serait payée à M. Barraud ; mais, par une négligence qu'il serait inutile aujourd'hui de qualifier, cette clause ne fut pas introduite dans le cahier des charges, ni même dans l'ordonnance royale à laquelle l'adjudication définitive donna lieu.

Ce fait était ignoré de M. Barraud, qui du reste n'avait pas à s'en inquiéter ; il alla donc, quelque temps après l'ouverture du pont, réclamer les 1,500 francs de MM. Escaraguel ; les adjudicataires tergiversèrent d'abord, mais finirent par répondre qu'ils ne devaient rien. M. Barraud s'adressa alors à l'administration, et de là, le débat qui nous occupe aujourd'hui. Fatigué de n'obtenir aucune solution depuis plus de trois ans, M. Barraud menace d'intenter une action. Dans cet état de choses, votre commission m'a chargé de résumer ainsi le vote qu'elle vous propose :

1° Considérant que la justice de la réclamation du sieur Barraud a été admise par l'administration supérieure, ainsi que par l'administration départementale ;

2° Qu'il ne peut pas être passible de l'erreur qui a été commise par l'une ou par l'autre ; refuse à l'unanimité de donner à M. le préfet l'autorisation de défendre l'action qui pourrait être intentée par le sieur Barraud.

Le conseil serait disposé à autoriser la poursuite d'une action contre MM. Escaraguel, qui savaient parfaitement, par les affiches, qu'une somme de 1,500 francs, due à M. Barraud, devait faire partie du cahier des charges, si toutefois M. le préfet se croit en mesure de pouvoir les contraindre à payer. Mais le conseil ne peut pas s'associer à un acte qui aurait pour but de priver M. Barraud de la somme qui lui est justement due.

Un membre dit que, lorsque l'administration charge un ingénieur d'un travail quelconque, il est dû à ce fonctionnaire une indemnité, lorsque, surtout, on a profité des études et des travaux de ce dernier. Le sieur Barraud est dans cette position, il lui revient une indemnité, mais ce n'est pas au conseil général qu'il doit s'adresser, c'est à l'administration, sauf à celle-ci à débattre avec lui le chiffre de l'indemnité et à demander ensuite un crédit pour cela. S'agit-il d'une autorisation de plaider demandée par l'administration ? mais alors il faut attendre que le procès soit né, le conseil ne saurait accorder ou refuser, en ce cas, son autorisation sans être assuré de l'existence de la contestation.

Un membre ajoute que si M. le préfet demande au conseil général l'autorisation de plaider, ce magistrat doit au moins faire connaître les motifs de sa demande.

M. le préfet prend alors la parole : il dit que l'affaire, en ce moment soumise au conseil, est grave et plus que délicate. Ce magistrat expose les faits, il raconte comme quoi le cahier des charges ne contenait pas la clause par laquelle le soumissionnaire serait tenu de désintéresser M. Barraud. Cependant, dit M. le préfet, cette clause fut verbalement proclamée lors de l'adjudication, le sieur Escaraguel en a eu connaissance, c'est en sa présence que cette clause a été publiée dans la séance : les dernières affiches portaient la clause en toutes lettres ; ainsi, Escaraguel en a donc eu plusieurs fois connaissance.

M. Barraud s'est adressé à l'administration, celle-ci l'a renvoyé à Escaraguel et Escaraguel était prêt à payer ; un de ses associés devait s'entendre avec Barraud, l'administration regardait donc cette affaire comme terminée, lorsque Barraud renouvela bientôt ses réclamations.

C'est à partir de cet instant, dit M. le préfet, que le caractère du sieur Escaraguel se montra sous le plus fâcheux aspect. Escaraguel, qui sans doute ne voulait plus se souvenir de rien, Escaraguel déclara qu'il ne devait rien à Barraud, que le cahier des charges ne l'obligeait point à cette condition et que sa soumission n'avait été faite que selon le cahier des charges. Cependant, ajoute M. le préfet, Escaraguel avait bien lu l'affiche, et l'affiche qui contenait la clause, n'est elle pas un

supplément du cahier des charges, et Escaraguel ne pour
rait-il pas, en vertu de ce titre, être condamné à payer la
créance de Barraud. Il faut donc une autorisation de plaider,
et M. le préfet prie le conseil de l'en investir, afin de
forcer le sieur Escaraguel jusques dans les derniers et
déplorables retranchements de sa mauvaise foi.

Un membre dit qu'il existe ici deux questions : la première, celle de savoir si une indemnité est due, et la
seconde, qui est de savoir qui doit payer l'indemnité ?

Il est certain, dit l'honorable membre, qu'une somme
est due, soit 1500 francs, chiffre fixé par l'administration
supérieure et l'administration départementale; cette somme
revient au sieur Barraud, c'est incontestable ; mais, qui
doit payer cette dette ? L'adjudicataire, sans doute, n'a
pas ignoré l'existence de la clause qui l'obligeait au paiement de cette dette, puisqu'on assure que la clause était
insérée dans les affiches, et, qu'en outre, elle a été proclamée séance tenante, verbalement, et en présence du
sieur Escaraguel. Ainsi, en équité, en bonne foi,
Escaraguel est débiteur de cette somme, cela n'est pas
douteux ; mais, en droit, c'est autre chose ; Escaraguel a pris, par sa soumission, l'engagement de se
soumettre seulement aux conditions exprimées dans le
cahier des charges ; or, le cahier des charges, c'est le
contrat, c'est la loi des parties, et ce ne peut être sur
un autre terrain que celui-là que se doivent vider les
contestations qui surgissent entre l'administration et les
adjudicataires. Quand une affaire se consomme entre
particuliers, c'est l'acte notarié qui fait le titre ou le
contrat et la loi des parties, et, quand une affaire se
traite entre l'administration et des soumissionnaires, c'est
le cahier des charges, et ce titre là, seul, qui fait le

contrat, est la loi des parties. Or, le cahier des charges, par une omission déplorable, ne contient pas la clause en vertu de laquelle on voudrait contraindre Escaraguel; donc, ce dernier ne doit pas. On parle de l'affiche ! mais, qu'est-ce que l'affiche ? Rien, ou presque rien, en présence du cahier des charges ; c'est un ressort de publicité destiné à étendre la connaissance des affaires; mais l'affiche n'est pas le cahier des charges, elle ne s'y rattache même pas comme un supplément ou comme une émanation participant de la nature du cahier. Que reste-t-il donc à faire pour l'administration ? C'est de s'exécuter, c'est de payer, et le département doit lui donner des fonds pour cela, en lui donnant une sorte de blanc-seing pour couler à fonds cette malheureuse affaire.

Plusieurs membres du conseil prennent la parole pour reconnaître, tout en la déplorant, l'existence de cette dette, et M. le rapporteur résume la discussion.

M. le préfet fait observer, que le procès que le sieur Barraud veut intenter est déjà né et commencé, car il a déposé son mémoire préalable dont l'administration lui a donné acte.

Un membre demande si, dans le procès-verbal de l'adjudication, il n'a pas non plus été fait mention de la clause par laquelle l'adjudicataire serait tenu de payer la dette du sieur Barraud : M. le préfet répond qu'il a été dressé procès-verbal de non adjudication, que tout a été consommé par l'approbation d'une soumission spéciale, remise au ministre par Escaraguelle, et transmise par le préfet.

Un membre propose au conseil la résolution suivante :

« Il n'y a lieu d'autoriser M. le préfet à défendre à l'action du sieur Barraud ; ce magistrat est autorisé seulement à régler ce qui est dû à ce dernier. »

M. le préfet, en outre, est invité à agir auprès de M. le ministre pour obtenir une subvention qui aide le département à couvrir ce qui est dû à Barraud.

Cette rédaction, mise aux voix, est adoptée.

—————

Rien n'étant plus à l'ordre du jour, M. le président lève la séance et la renvoie à demain, midi.

# SÉANCE DU 17 SEPTEMBRE 1846.

## PRÉSIDENCE DE M. ALBERT.

A midi, les membres du conseil général étant au nombre voulu par la loi, M. le président ouvre la séance.

Sont présents :

MM. Albert, Chazaud, Plantevigne-Lastier, de la Tranchade, Hine, Hennessy, Tessière, Poitevin, Guillet-Planteroche, Faure-Saint-Romain, Memineau, Mathieu-Bodet, Richard, Lavallée, Esmein, Veyret, de Lafaye, Tillard, Mimaud, Filhol, Champvallier, Merveilleaud, Bourrut-Lenerie, Poineau, Devars, Bourreau-Gémon, *secrétaire.*

M. le préfet assiste à la séance.

Le procès-verbal de la séance de la veille est lu et adopté.

M. le président fait part à l'assemblée : 1° d'une lettre de M. de Casteras, relative à l'établissement d'une Société de Secours Mutuels à Angoulême. — Renvoi à la commission des finances;

2° D'une lettre de M. Desjadeaux, avocat à Angoulême, relative aux statuts d'une Société d'Assurances contre la grêle. — Renvoi de la lettre à la commission de l'Intérieur.

Le conseil municipal de Benest expose des réflexions relatives à la rareté des céréales dans l'intérêt des classes pauvres. — Renvoi à la commission de l'Intérieur.

M. le docteur Bigeon fait hommage au conseil d'un écrit sur la médecine physiologique.

---

M. Tesnière, membre de la commission des finances, a la parole pour un rapport.

## COMPTES DE 1845.

M. le préfet est absent de la séance pendant l'examen et la discussion de ces comptes.

L'honorable rapporteur parcourt les comptes, section par section, sous-chapitre par sous chapitre, article par article ; et les comptes sont adoptés par le conseil, sur la proposition de la commission, mais avec les observations et les résolutions qui suivent :

Sur le sous-chapitre relatif aux prisons, le conseil général, sur la proposition de la commission, invite M. le préfet à présenter à l'avenir un tableau moral, statistique du mouvement de la population de la prison d'Angoulême, comparée à la population des prisons des autres arrondissements. Quant au chiffre en lui-même de la dépense, pas de difficulté.

Sur le sous-chapitre xiv, le conseil émet le vœu que l'administration continue d'exercer une surveillance plus active sur les véritables ressources des individus qui se réputent indigents. Les abus les plus graves, pour les finances départementales, pourraient résulter de l'état actuel des choses.

Avant de passer à la récapitulation, la commission exprime le vœu que les mémoires des fournisseurs du mobilier et des ouvriers employés aux bâtiments de la préfecture, soient visés par M l'architecte. Le conseil s'associe à l'expression de ce vœu.

La commission désirerait encore qu'une colonne nouvelle, avec l'indication des documents nécessaires, ou tout au moins dans la colonne des observations, fut ajoutée au cadre du budget et des comptes, dans laquelle ont mettrait en regard des chiffres de l'année précédente, ceux de l'année courante.

Le conseil exprime le même désir.

Sur le sous-chapitre xxvi, de la quatrième section, la commission désirerait qu'on distribuât aux cantonniers *des mandats individuels* sur les caisses publiques, afin d'obvier à la position criante des cantonniers, qui attendant trop long-temps le paiement de leur salaire, se dégoûtent de ce service et se retirent. Le conseil s'associe aux désirs de la commission, et il reçoit avec plaisir, l'annonce qui a été faite, par l'administration à la commission, que désormais on aviserait au plus prompt paiement de tous les ouvriers employés sur les chemins de grande communication, au moyen des ressources disponibles des exercices expirés et reportables sur le subséquent exercice.

## COMPTES DE L'INSTRUCTION PRIMAIRE.

Ces comptes sont adoptés par le conseil sans réclamation.

M. Devars présente le compte du cadastre, qui est adopté sans réclamation.

———

M. Mimaud, membre de la commission des travaux publics, a la parole pour des rapports.

### RÉCLAMATION DES SIEURS BOISDON ET SIMON,

#### Concessionnaires des ponts de La Chapelle.

**Rapport du Préfet.**

Par une lettre du 11 septembre courant, les concessionnaires des ponts de La Chapelle, sur le chemin de grande communication numéro 18, exposent en résumé :

1° Que, d'après le cahier des charges de leur concession, ils ne devaient construire à leurs frais que les deux tiers de la chaussée comprise entre l'arche en maçonnerie sur le bras du moulin, et 34 mètres 56 centimètres au de-là du pont, en charpente, sur la Veine du Gourset ; l'autre tiers devant l'être par la commune de Marcillac-Lanville ;

2° Que la commune de Marcillac s'étant refusée de remplir cette condition, le conseil de préfecture rendit, le 2 novembre 1838, un arrêté par lequel , interpré-

tant l'ordonnance royale qui autorise l'établissement de
ce pont, il ordonne que, dans les trois jours de la no-
tification, la commune de Marcillac-Lanville devrait
commencer les travaux mis à sa charge, et qu'un plus
long retard donnerait lieu à une action en dommages
et intérêts de la part des concessionnaires;

3° Que la commune s'étant pourvue contre les dispositions de cet arrêté, une ordonnance rendue en
conseil d'Etat, le 13 juin 1845, a annulé ledit arrêté;

4° Que cet état de choses leur a occasionné des
dommages qu'ils estiment à la somme de quinze mille
francs;

5° Qu'ils sont, en conséquence, dans l'intention de former une action contre le département pour obtenir le
paiement de cette somme.

L'administration, comme on le voit, n'a pas eu le
temps d'instruire, depuis le 11 septembre, cette affaire
contentieuse et compliquée. Elle demande, dans l'état de
choses, que le conseil général l'autorise à défendre, le cas
échéant, à l'action que pourraient intenter lesdits sieurs
Boisdon et Simon.

### Rapport de la Commission.

Votre commission, à l'unanimité, vous propose de
passer à l'ordre du jour, l'autorisation demandée par M.
le préfet, ne pouvant être accordée que lorsque l'action sera formée et qu'il sera possible au conseil d'apprécier à la fois, les motifs sur lesquels elle repose,
et ceux que l'administration se propose de lui ap-
poser.

Un membre expose les faits dont le récit ne lui paraît pas complet dans le rapport de la commission; il explique comme quoi les adjudicataires, après avoir gagné leur procès devant le conseil de préfecture, l'ont perdu devant le conseil d'Etat, où ils devaient en effet le perdre, selon l'honorable membre, car la commune de Marcillac, qui n'avait pu être liée contre son consentement par l'administration départementale, dans le cahier des charges, la commune de Marcillac avait rempli des obligations auxquelles elle n'était pas tenue rigoureusement. Les adjudicataires des ponts avaient voulu réagir contre l'administration préfectorale, mais le conseil d'Etat a décidé que la chose n'était pas possible parce que le préfet n'avait pas été mis en cause devant le conseil de préfecture. L'honorable membre reconnaît cependant que les adjudicataires sont dignes d'intérêt et qu'il est certain que, par des circonstances malheureuses, ils ont fait des pertes considérables.

Un autre membre dit que, la question étant définitivement jugée maintenant entre les adjudicataires et la commune de Marcillac, par la décision du conseil d'état, ce n'est plus qu'à M. le préfet, représentant le département, que les concessionnaires ont à s'adresser désormais. Or, on ne saurait contester sérieusement aux concessionnaires leur droit à l'indemnité, car ils soutiennent que la commune de Marcillac ayant été chargée, par une clause spéciale du cahier des charges, de la confection et de l'entretien du tiers de la chaussée, il importe peu de savoir si cette commune a eu tort ou raison de se refuser à l'exécution de ce tiers de chaussée ; les adjudicataires disent à l'administration : le cahier des charges est notre contrat, c'est notre loi commune ; or, ce contrat porte qu'une tierce personne sera chargée de la confection du tiers de la levée. Eh bien ! nous avons contracté , sous la foi de cette clause, et aujourd'hui l'on nous en enlève le bénéfice. On nous a donc induit en erreur , le tiers de la chaussée, mise à la charge d'un autre, est dans un état tel, depuis long-temps, que les recettes du péage en sont devenues beaucoup moindres ; nous avons droit à une indemnité et nous la demandons Ce langage paraît vrai, sérieux et fondé , à l'honorable membre , et il pense que le conseil général doit , dès cet instant, autoriser M. le préfet à transiger et à composer avec les pétitionnaires, qui pourraient, peut-être , diminuer le chiffre de leur réclamation.

La commission propose l'ajournement de la réclamation des sieurs Boisdon et Simon ; cette résolution est adoptée par le conseil général.

---

Le même rapporteur continue :

## REVENDICATION D'IMMEUBLES PAR LA COMMUNE DE COGNAC.

### Rapport du Préfet.

Par une délibération du 28 juin dernier, le conseil municipal de la commune de Cognac revendique la propriété :

1° D'une chambre attenante à l'hôtel de la sous-préfecture et dont Messieurs les sous-préfets auraient joui , par tolérance, jusqu'à ce jour ;

2° D'une chambre derrière le greffe du tribunal civil ;

3° D'une autre chambre servant de vestiaire aux avocats ;

4° Enfin, d'un bûcher où se dépose le bois du tribunal.

Cette demande n'est accompagnée d'aucune pièce justificative des droits de la commune à la propriété des immeubles revendiqués.

Le conseil d'arrondissement de Cognac estime qu'il y a lieu de faire droit à cette réclamation si, toutefois, la commune peut établir sa propriété ; il exprime en même temps le vœu que, dans le cas où la commune justifierait de ses droits de propriété, le département fasse l'acquisition de ceux de ces locaux qui seraient reconnus nécessaires, soit au logement du sous-préfet, soit au service du tribunal civil et du greffe.

En l'absence de pièces justificatives l'administration ne peut faire aucune proposition à ce sujet.

Cette affaire sera présentée de nouveau au conseil général, dans sa première réunion, après une instruction complète.

### Rapport de la Commission.

Votre commission ne trouvant, dans les pièces de ce dossier, aucuns titres qui puissent étayer la demande de la commune de Cognac, ne peut que renvoyer cette affaire à l'administration, pour qu'elle en fasse faire l'instruction et se mettre à même de nous faire une proposition à la session prochaine.

Après des explications données par deux honorables membres, sur l'état des lieux réclamés par la commune de Cognac, les conclusions de la commission sont mises aux voix et adoptées.

---

Le même rapporteur :

## CHEMIN DE FER DE LIMOGES A ANGOULÊME.

### Rapport du Préfet.

L'administration et le commerce de la Haute-Vienne sollicitent, par l'organe de M. le préfet et de M. le Président du tribunal de commerce de Limoges, un vote du conseil général de la Charente en faveur d'une ligne de chemin de fer de Limoges à Angoulême.

Les études de cette ligne ont été confiées à M. l'ingénieur en chef Duvignaud, qui les pousse avec toute l'activité et le talent qu'on lui connaît. — Un crédit spécial de 3,000 fr., qui paraît suffisant pour les terminer, a été demandé à M. le Ministre.

Les avantages de cette nouvelle voie pour le commerce des départements de la Haute-Vienne, de la Charente, de la Charente-Inférieure et de la Gironde, sont trop évidents pour qu'on appuie ici sur son importance qui sera, sans doute, appréciée par le conseil général. L'administration s'associe au département de la Haute-Vienne pour solliciter, du conseil général, un vote énergique en faveur du chemin de fer d'Angoulême à Limoges.

### Rapport de la Commission.

Votre commission est unanime pour vous proposer un

vote favorable à l'établissement d'un chemin de fer entre Limoges et Angoulême ; elle reconnaît tout l'avantage que notre département retirerait de cette nouvelle voie de communication, mais elle pense que l'intérêt serait doublé, si ce chemin de fer pouvait être prolongé jusqu'à La Rochelle et devenait ainsi la tête d'un chemin de l'Ouest à l'Est, par Limoges, Clermont et les frontières de la Suisse, et pense, toutefois, que ce chemin doit être exécuté, non par l'Etat, mais par des compagnies particulières.

Les conclusions de la commission sont mises aux voix et adoptées.

————————

M. Hennessy, membre de la commission des travaux publics, a la parole pour un rapport :

## ROUTE DÉPARTEMENTALE N° 9, DE CONFOLENS A RUFFEC.

### Direction entre Condac et Ruffec et dans la traverse de cette ville.

#### Rapport du Préfet.

La route départementale numéro 9, de Confolens à Ruffec, est à peu près terminée entre Confolens et le pont de Condac.

Les directions étudiées de Condac à Ruffec, y compris la traverse de cette ville, ont soulevé de vives réclamations.

M. l'ingénieur en chef, dans son rapport ci-joint, estime que la première direction, étudiée par M. l'ingénieur Mouchelet, et indiquée sur le plan ci-joint par une double ligne rouge et une teinte rose, doit être maintenue.

Cette ligne, quoique un peu plus longue, est à la fois la plus économique et la plus avantageuse à la ville de Ruffec qu'elle traverse dans presque toute sa longueur.

Dans ce conflit d'intérêts privés, l'administration estime, avec M. l'ingénieur en chef dont elle appuie en conséquence les propositions, que la ligne rouge doit obtenir la préférence, et elle propose au conseil général d'émettre un avis en faveur de ce tracé.

### Rapport de la Commission.

La commission est d'avis que la meilleure direction à suivre pour le tracé de la route départementale numéro 9, entre Condac et Ruffec et dans la traverse de cette dernière ville, serait celui indiqué par la ligne bleue. — Il arrive au centre de la ville, et évite les difficultés que présente la ligne par la rue de Pontereau.

Votre commission est également d'avis que la nouvelle route départementale numéro 10, de Civray à Ruffec, vienne se rejoindre au tracé bleu par le tracé vert indiqué au plan, et se confondant ainsi avec le numéro 9 à son entrée et dans son parcours de la ville de Ruffec.

M. le préfet prend la parole et dit que chaque année la question qui se présente ici se représente, et d'études en études, la question s'éternise ; ne serait-il pas temps d'en finir en discutant à fond et d'une manière complète la matière, et dès lors ne serait-il pas convenable d'entendre M. l'ingénieur en chef?

Un membre observe que les ingénieurs ont déposé leurs rapports, exposé leurs opinions, que le conseil peut parfaitement comparer toutes les lignes rivales en connaissance de cause et que la présence de M. l'ingénieur, malgré tout le désir qu'aurait l'honorable membre de l'entendre, ne lui paraît pas nécessaire.

Un membre dit, qu'à raison de la connaissance qu'il a des lieux, il peut donner une opinion motivée sur la direction en question : que, membre du conseil d'arrondissement de Ruffec, il avait été appelé à voter sur cette question et que, tout d'abord, il avait adopté la ligne courbe comme beaucoup d'autres de ses collègues, mais, qu'étant ensuite descendu sur les lieux, il avait été étonné de son vote et de l'erreur dans laquelle il était tombé. L'honorable membre assure que l'adoption de la ligne courbe doit entraîner des dépenses considérables, beaucoup de maisons seront à abattre, il y en aura beaucoup d'enterrées par les remblais, tandis que, par la ligne droite, on aurait peu de maisons à sacrifier et peu de dépenses à faire. L'honorable membre appuie donc les conclusions de la commission.

Plusieurs membres, ayant, sur la proposition de M. le préfet, manifesté le désir d'entendre M. l'ingénieur en chef, l'honorable fonctionnaire est introduit dans le sein du conseil général, qui l'accueille avec des marques unanimes d'intérêt.

M. l'Ingénieur en chef, invité par M. le président à
développer les motifs de sa préférence pour la ligne
courbe, tracée en couleur rouge sur le plan, expose
que cette ligne offre une économie considérable, et
que le vœu de la population l'accompagne, tandis que,
si l'on adoptait le tracé de M. l'Ingénieur Oudry,
on aurait des déblais et des remblais excessifs, des éventualités fâcheuses d'éboulement et d'autres obstacles que
la nature accidentée du terrain fait facilement entrevoir;
il faudrait, pour ouvrir cette dernière ligne, couper des
maisons, traverser des cours, des enclos, bouleverser
des bâtiments, et l'on aurait à faire de dispendieux
terrassements; par la ligne tracée en rouge, au contraire, on rencontre toutes les conditions ordinaires des
bonnes routes, et si, seulement, l'assiette du chemin dans
la traverse du Pontereau est fort resserrée, eh bien ! le
département pourra, par des allocations successives et à
mesure que la situation de ses finances le lui permettra,
améliorer insensiblement cet état de choses. Sans doute,
ajoute M. l'Ingénieur, s'il ne se fut agi que de faire
une route de Condac à Ruffec, sans doute il eut été
plus convenable d'adopter la ligne orange, mais il faut
envisager la question d'un autre point de vue, il faut
relier les deux routes départementales numéro 9 et 10,
et, c'est dans ce but, que le tracé rouge a été étudié
et préparé.

Le membre du conseil, qui a pris une fois la parole,
observe qu'il se trouve des déblais et des remblais considérables sur les deux lignes en question, que si la
ligne droite devra couper des maisons, des enclos et
des cours, la ligne courbe, pour la réduction de ses
pentes, devra nécessairement encombrer plusieurs maisons

dont les issues seront enterrées complètement, et un très-grand nombre d'habitations, 150 peut-être, seront plus ou moins atteintes par les travaux exécutés sur la ligne préférée par M. l'Ingénieur en chef.

Un autre membre dit que le tracé par le Pontereau serait une véritable impasse ; que là, le terrain est tellement accidenté, et l'assiette du chemin si resserrée, que jamais il ne passe dans cette voie sans trembler pour les piétons. L'honorable membre descend de voiture, et fait conduire son cheval par la bride, dans la crainte de heurter sa voiture soit contre les maisons riveraines, soit contre les piétons, et, chose étrange, c'est que cette rue sera long-temps réduite à ces fâcheuses proportions, car les maisons de la rue des Petits-Bancs sont loin d'être dégradées par la vétusté. Ne vaut-il pas mieux, dit enfin l'honorable opinant, faire tout desuite les frais d'une belle route, dont le projet est la ligne droite du plan, que de faire une route sinueuse et serpentée pour arriver, en définitive, à une impasse, et pour ajourner des dépenses énormes qu'il faudrait faire si l'on voulait agrandir la rue des Petits-Bancs. L'honorable membre ajoute que, lorsque l'on a créé la route numéro 9, on n'a pas songé sans doute au Pontereau, dont les prétentions à l'obtention de la ligne sont malheureusement repoussées par toutes les données locales et par les exigences de l'intérêt général ; il ajoute qu'il est si peu nécessaire de conduire la route par le faubourg du Pontereau, qu'en plusieurs cas aujourd'hui, l'administration ne se préoccupe pas du tout de la nécessité de faire passer les routes dans l'intérieur des localités bâties, lorsque la ligne droite est ailleurs, que c'est ainsi que l'administration des ponts-et-chaus-

sées a agi dans la confection des routes stratégiques.
L'honorable membre termine en citant de nombreux
exemples de la sincérité de son observation.

Un autre membre dit qu'il ne faut pas attacher trop
de poids au prétendu vœu de l'autorité locale et à la
délibération du conseil municipal. L'honorable membre
développe, à ce sujet, des motifs qui tendraient à en atténuer la portée.

Un membre estime que, dans l'état de choses, il est
plus convenable et plus utile au département de faire,
sur-le-champ, un sacrifice pour obtenir une belle ligne,
que d'éterniser pendant un demi siècle peut être dans
les difficultés du sol et les pentes escarpées du Pontereau, les embarras du passage et les allocations successives du budget.

M. l'ingénieur en chef, après avoir répondu à toutes
les questions qui lui ont été adressées par les honorables membres du conseil, qui désiraient s'éclairer ;
après avoir fourni tous les éléments de discussion et
de décision, qu'il avait en son pouvoir sur cette question, reçoit, de M. le président, au nom de l'assemblée,
des remerciments sur l'empressement qu'il a mis à se
rendre à l'invitation qui lui a été faite ; M. l'ingénieur
se retire, salué par toute l'assemblée.

La discussion continue dans le sein du conseil pendant quelques instants, sur les mêmes errements et dans
le cercle d'arguments présentés déjà, et M. le président, résumant la discussion, se dispose à mettre aux
voix les conclusions de la commission.

Un membre croit que, dans l'état actuel de la discussion, et au point où toutes choses sont arrivées,

le conseil général doit décider d'abord la question de savoir si la route passera ou non par la rue du Pontereau. L'honorable membre propose au conseil de décider d'abord, qu'en aucun cas la route ne passera par le Pontereau. L'honorable membre ayant insisté pour que cette proposition soit mise aux voix, M. le président la présente en effet au vote de l'assemblée qui la repousse.

Un autre membre présente, pour amendement aux conclusions de la commission, l'adoption du tracé orange et d'une ligne de jonction, indiquée au crayon, qui relierait la route numéro 10 au numéro 9 et avant son entrée dans Ruffec et dans sa traverse.

L'amendement, mis aux voix, est rejeté.

Les conclusions de la commission, mises aux voix, sont adoptées.

---

M. Hennessy continue :

## ROUTE ROYALE N° 141 DE CLERMONT A SAINTES.

### Elargissement du pont de Cognac.

#### CESSION A L'ETAT D'UNE PARTIE DE LA PRISON DÉPARTEMENTALE.

**Rapport du Préfet.**

Les travaux d'élargissement du pont de Cognac, décidés par l'administration supérieure des ponts-et-chaussées, nécessitent l'abandon à l'État d'une partie de la prison départementale de Cognac.

M. le sous-secrétaire d'État des travaux publics, par sa lettre du 18 mai dernier, invite l'administration à s'entendre avec le conseil général pour obtenir cet abandon par voie amiable.

Il résulte du rapport de M. l'architecte du département que la tour qu'il faudrait céder pour cet élargissement ne peut être retranchée de la prison sans rendre cet édifice insuffisant pour le service auquel il est affecté. D'où il suit que ce ne serait pas seulement cette tour qu'il faudrait céder ; mais bien tout l'établissement qu'il faudrait abandonner pour en construire un autre ailleurs.

Dans cet état des choses l'administration prie le conseil général d'examiner la question sous les deux points de vue de l'abandon total ou partiel de l'établissement dont il s'agit et d'émettre un avis.

La commission estime qu'il n'y a pas lieu de céder à l'État la tour qui est placée à l'entrée du pont de Cognac, parce qu'il faudrait reconstruire à Cognac une prison dont la tour réclamée fait l'office. La commission propose au conseil général de refuser l'abandon de cet édifice.

Un membre combat les conclusions de la commission. Les travaux d'élargissement du pont, dit l'honorable membre, sont décidés par l'administration supérieure des ponts-et chaussées ; or, cette tour est justement placée en face du pont, si bien que son maintien gêne et embarrasse l'accomplissement des projets arrêtés par l'administration La tour devrait donc disparaître, elle devrait d'autant mieux être sacrifiée, que ce prétendu sacrifice n'en serait pas un en réalité, c'est un bâti-

ment sans forme et sans mérite architectural qui masque
la vue et l'entrée du pont, et c'est bien à tort que
l'on allègue, dans le rapport de la commission, que cette
tour précieuse fait l'office de la prison de Cognac ; c'est
une erreur, elle sert purement et simplement de lieu
de dépôt à quelques fagots de paille destinés aux prisonniers, elle ne fait pas partie même de la prison,
c'est une tour isolée à droite du pont, et dont la destruction est nécessaire à l'exécution des travaux d'élargissement arrêtés par les ponts-et chaussées. L'honorable
membre ajoute que la destruction de cette tour n'obli-
gerait point, ainsi qu'on l'a dit, à la réédification d'une
prison, seulement, la paille qui sert aux prisonniers
serait placée dans un autre lieu facile à trouver : en
vérité, dit en terminant l'orateur, si le conseil général
connaissait comme moi les lieux, il n'hésiterait, pas un
seul instant, à faire à l'état l'abandon réclamé.

M. le rapporteur répond que l'honorable préopinant
a soulevé dans le développement de son opinion, une
question grave, celle du tracé de la route royale et
de l'emplacement du pont, question immense, qu'il
n'avait pas jugé à propos d'aborder dans le rapport
qu'il a fait, mais qu'il abordera, s'il le faut, bien
qu'il faille y consacrer au moins six ou sept heures
d'attention, ce qui serait peu convenable, vu l'heure
avancée de la séance.

M. le préfet dit que, si le conseil général n'acceptait
pas la proposition de céder et d'abandonner la tour en
question, il faudrait, dans tous les cas, aviser à l'élargissement ou l'arrangement du pont de Cognac, qui est
réellement insuffisant.

Les conclusions de la commission, mises aux voix, sont adoptées.

--------

Le même rapporteur :

## PROJET D'UNE ROUTE ROYALE D'ANGOULÊME A NIORT.

### Rapport du Préfet.

L'administration met sous les yeux du conseil général les pièces des études de la route royale d'Angoulème à Niort, dont le classement a été demandé par le conseil général dans ses précédentes sessions.

Les directions réclamées par divers intérêts ont été examinées et discutées dans une conférence entre MM. les ingénieurs en chef des ponts-et chaussées des départements de la Charente, de la Charente-Inférieure et des Deux-Sèvres, qui ont unaniment reconnu que celle par St-Genis, Aigre et Brioude était à la fois la plus directe, la plus rationnelle et la plus économique. Cette direction est aussi celle réclamée par les conseils d'arrondissements d'Angoulême et de Ruffec et par les conseils municipaux d'Aigre et de Villejésus. — Toutefois, l'administration croit devoir laisser à la sagesse du conseil général, l'appréciation de celle qui doit obtenir la préférence dans l'intérêt du département.

Dans son rapport sur la situation du service des ponts-et-chaussées dans le département ( pag. 16 et suivantes ), M. l'ingénieur en chef, tout en reconnaissant l'importance de cette nouvelle communication, exprime la pensée

que, dans l'état des choses, le classement de cette direction, comme route départementale, serait le moyen
le plus certain et le plus prompt pour arriver à son
exécution. L'administration appelle l'attention du conseil
général sur cette partie du rapport de M. l'ingénieur
en chef, en le priant d'émettre un avis à cet égard.

### Rapport de la Commission.

La commission, attendu que le vœu du conseil général, exprimé dans ses précédentes sessions et par lequel
il demandait que des études fussent faites sur les chemins de grande communication n°ˢ 18, 19 et autres désignés pour cela, n'a pas été rempli ;

Attendu que la question étant, dès lors, toujours dans
les mêmes termes, il y a lieu de maintenir le *statu
quo* ;

Propose au conseil général de maintenir son vote des
sessions précédentes et par lequel il réclame des études
sur toutes les lignes proposées.

Les conclusions de la commission sont mises aux voix
et adoptées.

————————

M. Tillard, membre de la commission de l'intérieur,
a la parole pour des rapports.

## EAUX THERMALES.

### Rapport du Préfet.

Dans ses précédentes sessions, le conseil général a voté
une allocation de 1000 francs pour secours aux indigents
envoyés, chaque année, dans les établissements thermaux.

Le nombre des demandeurs augmente tous les ans. Toutefois, l'administration se borne à proposer la continuation du crédit de 1,000 francs affecté à ce secours.

Dix indigents ont participé, en 1846, à la distribution de ce fonds.

### Rapport de la Commission.

L'administration réclame l'affectation de 1,000 francs pour être accordés, à titre de secours, aux indigents envoyés, chaque année, dans les établissements thermaux.

Votre commission, Messieurs, me charge de vous proposer de voter cette somme, mais avec cette condition que, désormais, les certificats nécessaires pour obtenir un pareil secours, seraient délivrés par une commission composée de trois médecins.

Un membre proposerait l'établissement, au chef-lieu du département, d'une commission chargée de statuer sur les réclamations qui sont faites à cet égard ; on obvierait par là, probablement, aux nombreux abus qui se perpétuent dans l'état actuel des choses.

M. le préfet fait observer que l'institution d'une commission ne remédierait qu'imparfaitement aux abus possibles dont on a parlé, parcequ'il est des personnes, sans fortune, mais dont les sentiments délicats répugneraient à aller, devant une commission, étaler, avec les preuves de leur misère, la preuve de la réalité de leurs maladies. — M. le préfet estime qu'un médecin-inspecteur, chargé d'étudier ces maladies et qui ferait, à cet égard, des propositions à l'administration, serait, peut-être, le meilleur moyen d'arriver à la répression des abus, si abus il y a.

Les conclusions de la commission sont mises aux voix et adoptées.

## ALIÉNÉS.

### Rapport du Préfet.

Dans le cours de l'année 1845, il n'a été placé, dans l'asile d'Angoulême, que 25 aliénés. Ce nombre, inférieur aux placements constatés en 1844 et surtout en 1843, dissipe les appréhensions qu'avait fait naître l'augmentation successive qui s'était fait remarquer dans ces placements depuis la mise à exécution de la loi de 1838, jusqu'à 1843, où les entrées se sont élevées à 42. Les résultats des deux dernières années font présumer que ce chiffre de 42 présente le maximum des maladies mentales qui peuvent se déclarer annuellement dans le département, et dont une partie, seulement, est traitée à sa charge.

Voici, par établissement, le mouvement de tous les aliénés de la Charente, pendant l'année 1845.

*(Voir le tableau d'autre part.)*

8

| NOMS DES ASILES. | Restant au 31 décembre 1844 | Entrés pendant le cours de 1845. | Total des aliénés en 1845. | SORTIS | | | | Restant au 31 décembre 1845 | OBSERVATIONS. |
|---|---|---|---|---|---|---|---|---|---|
| | | | | par décès. | par guérison | par autres causes. | TOTAL. | | |
| Angoulême.. . ........ | 16 | 25 | 41 | 5 | 13 | 4 | 22 | 19 | * L'aliéné entré dans l'asile de Leyme s'était évadé en 1844, il a été réintégré en 1845 ; il n'y a donc eu en réalité, que 25 aliénés entrés à nouveau dans le cours de l'année 1845. |
| Leyme.... .... .... | 40 | 1* | 41 | 5 | 2 | » | 7 | 34 | |
| Limoges... ......... | 1 | » | 1 | 1 | » | » | 1 | » | |
| Maréville. . .... .... | 1 | » | 1 | » | » | » | » | 1 | |
| Totaux..... | 58 | 26 | 84 | 11 | 15 | 4 | 30 | 54 | |

La dépense des aliénés indigents s'est élevée à 14,948 f. 83 c. — Elle a été soldée comme suit :

1° Sur les fonds départementaux ·
{ Pour pension. . 12,730 f 77 c.
Pour transport
et frais de route. 205 f 97 c. } 12,956 f. 74 c.

2° Sur les fonds fournis par les communes. . . . . . . 1,465 f. 80 c.
3° Sur les fonds fournis par les aliénés ou leurs familles 526 f. 29 c.

TOTAL égal à la dépense. . . . . . . . . . . . . 14,948 f. 83 c.

Le compte de cette dépense a été approuvé Il constate un excédant libre, sur les fonds départementaux, de 4,406 fr. 26 c.

Le traité que l'administration a passé l'année dernière avec M. Jalenques, directeur de l'asile de Leyme, et dont le projet vous a été soumis à votre dernière session, a reçu l'approbation de M. le Ministre de l'Intérieur, sous la date du 7 juillet dernier. Suivant ce nouveau marché, la journée est portée à un franc pour toutes dépenses.

Messieurs les administrateurs de l'hospice d'Angoulême réclament aussi une augmentation sur le prix de la journée des aliénés qui sont traités dans leur établissement. Suivant leur délibération ci-jointe, ce prix serait élevé à un franc pour les aliénés placés d'office aux frais du département, et à 1 fr. 70 c. pour ceux qui sont placés volontairement par leurs familles et à leurs frais.

M. le médecin préposé, responsable de cet asile, consulté officieusement sur l'objet de cette demande, estime qu'une augmentation doit être accordée, tant dans l'intérêt de l'établissement, que dans celui des infortunés qui y sont admis, mais que le prix de la journée, pour les placements volontaires, serait assez élevé à 1 fr. 50 c.

L'administration partage cet avis. Elle propose, en conséquence, de fixer le prix de la journée des aliénés non indigents à 1 fr. 50 c., soit 540 francs par an ; et le prix de la journée des aliénés indigents à 1 fr. à condition que l'hospice se chargerait ( ainsi que l'établissement de Leyme ) , de fournir des vêtements convenables aux aliénés, surtout en hiver, et de supporter les frais de leur inhumation.

Les communes ont concouru, en 1845, à la dépense de leurs aliénés indigents dans le rapport fixé, suivant l'état qui vous a été soumis l'année dernière, et qui est reproduit ci-après :

*(Voir le tableau ci-contre.)*

| DÉSIGNATION DES COMMUNES PAR CLASSE. | PROPORTIONS DU CONCOURS des communes à la dépense | | PRODUIT par évaluation. |
|---|---|---|---|
| | de leurs aliénés in-digents | de leurs aliénés placés en exécution du 2e § de l'art. 25 de la loi du 30 juin 1838. | |
| 1re *Classe.* — Communes ayant 100,000 francs de revenu et au-dessus. . . | » f. 55 c. | » f. 50 c. | 500 f. » c. |
| 2e *Classe.* — Communes ayant 60,000 francs de revenu et au-dessus. . . | » 25 | » 37 | » » |
| 3e *Classe.* — Communes ayant 20,000 francs de revenu et au-dessus. . . . | » 20 | » 50 | 150 » |
| 4e *Classe.* — Communes ayant 10,000 francs de revenu et au-dessus. . . . . | » 17 | » 25 | 150 » |
| 5e *Classe* — Communes ayant 1,000 francs de revenu et au-dessus. . . . . . | » 14 | » 20 | 956 » |
| 6e *Classe.* — Communes ayant 500 francs de revenu et au-dessus. . . . . . . | » 10 | » 15 | 200 » |
| 7e *Classe.* — Communes ayant moins de 500 francs de revenu . . . . . . . . . | » » | » 05 | 50 » |
| De plus, il est réservé à l'autorité préfectorale de disposer de tout con-cours, sauf l'approbation ministérielle, les communes qui, par leur position financière, ne pourraient supporter cette dépense. | | | 2000 » |

Ce tarif n'ayant jusqu'à ce jour soulevé aucune réclamation de la part des communes, l'administration
propose de le maintenir pour l'année prochaine.

La dépense présumée pour 1847, calculée à raison
d'un franc par jour, sur 61 aliénés, nombre de ceux
actuellement traités dans nos asiles aux frais du département
et des communes, s'élève, y compris les frais de transport
et nourriture en route, et des aliénés traités dans l'asile
d'Angoulême, à 22,630 fr. Elle sera couverte au moyen des
ressources suivantes, savoir :

. 1° Fonds fournis par les familles........    800 f.  »
  2° Fonds fournis par les communes.....  2,000 f.  »
  3° Fonds fournis par le département....  19,830 f.  »
  _____
         SOMME égale.......  22,630 f.  »

L'administration propose au conseil général de voter
la somme de 19,830 fr., pour couvrir la partie de cette
dépense mise à la charge du département.

Elle lui propose aussi d'émettre son avis :

1° Sur l'augmentation du prix de journée réclamée
par la commission administrative de l'hospice d'Angoulême
pour le traitement des aliénés de toute classe dans son
établissement ;

2° Sur le concours des communes à la dépense de leurs
aliénés indigents.

**Rapport de la Commission.**

Votre commission vous propose, Messieurs, d'adopter
la proposition de l'administration, qui réclame : 1° l'allocation de 19,830 fr. pour subvenir aux dépenses oc-

casionnées par 61 aliénés , nombre de ceux actuellement traités dans nos asiles ;

2° de fixer à 1 fr. 50 c. le prix de la journée des aliénés non indigents , et à 1 fr. celle des aliénés indigents.

Les conclusions de la commission sont adoptées.

## CAISSES D'ÉPARGNES.

### Rapport du Préfet.

La situation des caisses d'épargnes de la Charente devient de plus en plus prospère. Les crédits de ces établissements s'élevaient au 31 décembre 1844 à 1,528, 713 fr. 58 c. L'augmentation qu'ils ont éprouvée en 1845 s'élève à 193,064 fr. 40 c. , ce qui les porte au 31 décembre 1845 à 1,721,777 fr. 98 c.

Dans le cours de cette dernière année 4626 déposants ont participé aux avantages que procurent ces établissements ; 64,890 fr. 28 c. leur ont été alloués à titre d'intérêts ; 883 ont demandé le remboursement intégral de leurs dépôts ; il leur a été versé, tant en principal qu'intérêts, 615,676 fr. 67 c.; il en restait, en conséquence, au 31 décembre, 3743 qui se trouvaient créanciers des caisses pour la somme ci-dessus de 1,721,777 fr. 98 c. La moyenne de leurs dépôts s'élève à 460 fr. On remarque, avec satisfaction, sur les états de situation des deux caisses, que les ouvriers et les domestiques ont une large part dans ces crédits. Le nombre de leurs dépôts s'élève à 1711 , et les sommes qui leur sont dues : 849,122 fr. 80 c. Parmi leurs crédits 385 dépassent

500 fr. ; 154 sont de 1,000 à 2,000 fr. , et 41 de 2,000 à 3,000 fr.

La caisse de Cognac possède des ressources qui suffisent à couvrir ses dépenses. Il n'en est pas ainsi de celle d'Angoulême; ses quatre succursales occasionnent un surcroît de dépense qu'elle ne peut couvrir, aussi ses directeurs sollicitent un secours. L'administration propose au conseil général de lui allouer, comme l'année dernière, 500 fr.

Les conclusions de l'administration sont proposées par la commission et sont adoptées.

Rien n'étant plus à l'ordre du jour, M. le président lève la séance, et la renvoie à demain, onze heures.

# SÉANCE DU 18 SEPTEMBRE 1846.

## PRÉSIDENCE DE M. ALBERT.

A midi, les membres du conseil étant au nombre voulu par la loi, M. le président ouvre la séance.

Sont présents à cette Séance :

MM. ALBERT, CHAZAUD, HINE, LASTIER, TESNIÈRE, DE LA TRANCHADE, HENNESSY, GUILLET-PLANTEROCHE, POITEVIN, FAURE-SAINT-ROMAIN, MEMINEAU, MATHIEU-BODET, RICHARD, LAVALLÉE, VEYRET, ESMEIN, MIMAUD, TILLARD, FILHOL, DEVARS, MERVEILLAUD, CHAMPVALLIER, LEMERIE, BOUNICEAU-GÉMON, *secrétaire*.

M. le préfet assiste à la séance.

Le procès-verbal de la séance de la veille est lu et adopté.

M. le président annonce que l'on fait hommage au conseil général d'une brochure sur les octrois et le dixième ; cette brochure est déposée sur le bureau du conseil.

M. le président donne , au conseil, communication d'une lettre par laquelle M. le président de la société d'Agriculture de la Charente invite MM. les membres du conseil général à assister au concours des charrues qui aura lieu dimanche prochain , 20 septembre. Le conseil regrette de ne pouvoir, à raison du grand nombre de ses travaux , se rendre à l'invitation qui lui est faite , il charge son secrétaire d'exprimer , à M. le président de la Société , ses regrets.

———————

M. Veyret , membre de la commission des travaux publics , a la parole pour un rapport.

## ROUTE DÉPARTEMENTALE N° 8, DE MANSLE A SÉREILHAC.

### Classement d'office d'une Lacune sur le Département de la Dordogne.

#### Rapport du Préfet.

L'instruction de cette affaire se poursuit dans les départements de la Charente , de la Dordogne et de la Haute-Vienne. Par une lettre du 24 août dernier, M. le Sous-Secrétaire d'Etat des Travaux Publics a ordonné une enquête dans les formes prescrites par l'ordonnance réglementaire du 7 septembre 1842. — L'administration va s'occuper de cette enquête à la suite de laquelle une commission se réunira à Périgueux , lieu désigné par M. le Sous-Secrétaire d'Etat des Travaux Publics. — Cette commission doit être composée de membres des conseils généraux des départements intéressés.

L'administration met sous les yeux du conseil général , pour avoir son avis sur les propositions qu'elle renferme, la lettre qu'elle vient de recevoir de M. le Sous-Secrétaire d'État des Travaux Publics relative à cet objet.

### Rapport de la Commission.

En réponse à la demande de l'administration , de faire classer, au rang des routes départementales de la Dordogne , la lacune existante sur le numéro 8 ;

Monsieur le Ministre ayant fait connaître que, quand bien même le conseil général de la Dordogne accéderait au vœu de l'administration , la position financière de ce département ne lui permettrait pas , de long-temps, de faire exécuter la lacune de cette partie de route formant le prolongement de celle de Mansle à Séreilhac. Qu'il serait plus avantageux , pour procurer aux départements de la Haute-Vienne et de la Charente la viabilité de cette voie de communication , de mettre à la charge de ces deux départements , la dépense à faire pour l'achèvement de cette lacune , que pour lors, le conseil général de la Dordogne ne pourrait plus se refuser au classement et resterait naturellement chargé de l'entretien de la nouvelle route.

Votre commission , Messieurs, vous propose , attendu que, si l'achèvement de cette partie de route peut être considéré comme utile à la Charente , elle n'est pas moins importante aux départements voisins , de demander que l'administration insiste à faire classer cette lacune au rang des routes départementales de la Dordogne dont l'exécution serait entièrement à la charge de ce dernier ;

mais, néanmoins retardée jusqu'à ce que ce département fût en mesure de le faire.

Les conclusions de la commission sont mises aux voix et adoptées.

———————

M. Hennessy, membre de la même commission, fait les rapports suivants :

## VŒUX DES CONSEILS D'ARRONDISSEMENT.

### Vicinalité

ARRONDISSEMENT D'ANGOULÊME.

**Rapport du Préfet.**

Le conseil d'arrondissement d'Angoulême a émis les vœux suivants dans sa dernière session :

1° Que le tarif des prestations soit maintenu ;

2° Que les piqueurs, employés par les maires, pour les travaux de la petite vicinalité, soient acceptés par les agents-voyers;

3° Qu'il soit passé outre à une réclamation des communes de St-Genis-d'Hiersac et de Douzat, tendant à un changement de direction du chemin de grande communication numéro 6, de Sauzé à Barbezieux, entre Hiersac et Échallat.

L'administration, nonobstant les observations de M. l'agent-voyer en chef, partage l'avis du conseil d'arrondissement sur le tarif des prestations qu'elle propose, en conséquence, de maintenir.

Sur les propositions du conseil d'arrondissement, en ce qui touche l'acceptation, par les agents-voyers, des piqueurs employés par les maires pour les travaux de petite vicinalité, l'administration fait observer que ce serait une nouvelle disposition à introduire dans le règlement du 20 mars 1837 (recueil n° 818) et à soumettre en conséquence à la sanction de la haute administration.

En ce qui concerne le changement de direction du chemin de grande communication numéro 6, entre Hiersac et Echallat, l'administration fait observer qu'elle n'est saisie d'aucune demande à ce sujet; mais que, dans tous les cas, elle se réfère à l'avis du conseil d'arrondissement et à celui de M. l'agent-voyer en chef qui estiment que cette demande ne peut être accueillie.

### Rapport de l'Agent-Voyer en chef.

| ÉTAT DES DÉLIBÉRATIONS. | AVIS DU VOYER EN CHEF. |
|---|---|
| 1° Le conseil demande le maintien du tarif des journées de prestation, arrêté pour les années précédentes. | Le voyer en chef, soussigné, fait observer que, d'après la demande du conseil d'arrondissement de Cognac, de voir augmenter l'évaluation des différentes journées dans cet arrondissement, il pense que si cette mesure était prise pour Cognac, elle devrait également être adoptée pour Angoulême; la majeure partie de cet arrondissement se trouvant à très-peu près dans les mêmes conditions que celui de Cognac. |

2° *Le conseil réitère ses vœux précédents, en demandant que les piqueurs placés sur les communes pour surveiller les prestations, soient choisis et mis à la disposition de MM. les maires, ces derniers étant obligés de les recevoir et de leur prêter tout leur concours.*

3° *Un membre ayant demandé que le chemin de grande communication n° 6, dans la partie comprise entre Hiersac et E-challat, abandonne le tracé adopté par l'administration pour se diriger sur le village de l'Habit, et par ce moyen prendre la direction de Douzat; le conseil après avoir pris l'avis de M. le voyer en chef, repousse la proposition qui avait été faite par les communes de St-Genis-d'Hiersac et Douzat.*

Le soussigné a toujours pensé que le service de la petite vicinalité ne pourra offrir tous les avantages que l'on est en droit d'attendre qu'autant que le pouvoir de MM. les maires, ordinairement trop faciles à l'égard de leurs administrés, sera limité par l'intervention des agents-voyers plus entendus en matière de travaux et aussi plus indépendants envers les prestataires.

Ainsi qu'il a eu l'honneur de l'exposer au conseil d'arrondissement le voyer en chef, soussigné, fait observer :

1° Que la dépense que nécessiterait la direction par Douzat, du chemin indiqué ci-contre, serait de beaucoup supérieure à celle prévue pour l'exécution du projet adopté, puisque le parcours serait plus long de 1,000 à 1,200 mètres ;

2° Qu'un chemin d'association, assurant un avantage à peu près égal à celui qui pourrait résulter du changement de direction, pourrait suppléer à ce dernier aussitôt que les communes intéressées auraient rédigé une demande en ce sens.

## ARRONDISSEMENT DE BARBEZIEUX.

### Rapport du Préfet.

Le conseil d'arrondissement de Barbezieux exprime les vœux suivants, dans les délibérations prises pendant sa dernière session, savoir :

1° Qu'il soit construit différents ponts sur les chemins de grande communication numéros 5, 12, 13, 16, 17, 22.

2° Que les chemins de grande communication numéro 13, de Jonzac à Aubeterre,

      14, de Montendre à Rochechouart,

      18, de St-Antoine à Aigre,

soient classés au rang des routes départementales.

Le classement de ce dernier chemin ( numéro 18 ) au rang des routes départementales, est aussi vivement sollicité par les membres du conseil municipal d'Aubeterre ;

3° Qu'une nouvelle allocation sur les fonds départementaux soit accordée au chemin de grande communication numéro 18, pour l'achèvement des travaux du Janvray ;

4° Enfin, que l'administration fasse surveiller plus activement les travaux de petite vicinalité sur les communes.

L'administration fait observer :

1° Que les vœux du conseil d'arrondissement, en ce qui

concerne l'établissement des ponts demandés, seront pris en considération par l'administration autant que le permettront les ressources dont elle peut disposer ;

2° En ce qui concerne le classement, au rang des routes départementales des chemins de grande communication numéros 13, 14 et 18; qu'en présence du principe, si formellement arrêté par le conseil général, de ne procéder à aucun classement nouveau avant l'achèvement des routes et des chemins déjà classés, elle n'a aucune proposition à faire;

3° En ce qui concerne une nouvelle allocation pour les travaux du Janvray, sur le chemin de grande communication numéro 18, que déjà cette ligne a reçu 12,000 fr. sur lesquels il reste encore à dépenser 1,454 fr. qui doivent suffire pour leur achèvement, si les communes intéressées donnent à l'administration le concours qu'elles lui avaient fait espérer lorsque cette direction a été décidée;

4° Enfin, en ce qui concerne la surveillance des travaux de petite vicinalité, qu'elle ne peut que rappeler à Messieurs les maires les dispositions des lois et règlements qui leur donnent tout pouvoir pour la surveillance et la direction des travaux dont il s'agit.

Rapport de l'Agent-Voyer en chef.

*Le conseil émet le vœu qu'il soit construit, le plus promptement possible, différents ponts, sur les chemins de grande communication numéros 5, 12, 13, 16, 17 et 22.*

Sans chercher à contester l'utilité bien reconnue des ponts dont le conseil d'arrondissement de Barbezieux réclame avec tant d'insistance la prompte exécution,

Le soussigné fait observer que, malgré l'exiguïté des ressources disponibles, jusqu'à ce jour, l'arrondissement de Barbezieux a vu s'exécuter, sur son territoire, bon nombre de ponts et ponceaux, faveur qui n'a pû être accordée à beaucoup d'autres localités ; cependant, les ressources à venir devant subir une augmentation sensible, les travaux signalés par le conseil d'arrondissement pourront tour-à-tour recevoir leur exécution en commençant par ceux dont le besoin se fait le plus rigoureusement sentir, notamment ceux de Pladuc sur le Né.

*Le même conseil réitère ses vœux déjà émis, les années précédentes, de voir classer, routes départementales;*

*1° Le chemin de grande communication n° 14 dans la traverse du canton de Baignes;*

*2° Le chemin n° 18 dans sa partie comprise entre Aubeterre et Montmoreau;*

*3° Le chemin n° 13 entre Chalais et Aubeterre.*

Le voyer en chef, soussigné,

Ne voit aucune nécessité à voir se réaliser les vœux du conseil d'arrondissement de Barbezieux, concernant les chemins de grande communication numéros 13, 14 et 18 ; ces chemins, tels qu'ils sont établis et entretenus, pouvant complètement satisfaire aux besoins présents et à venir des localités qu'ils sont appelés à desservir.

— 130 —

*Le conseil émet le vœu formel qu'une nouvelle allocation sur les fonds départementaux soit accordée au chemin de grande communication n° 18 pour le prompt achèvement des travaux dits du Janvray.*

En témoignant le désir de voir accorder une nouvelle allocation aux travaux du Janvray, sur le numéro 18, le conseil ignorait, sans doute, que l'allocation déjà accordée et dont il reste encore 1,454 fr. à dépenser pendant cet exercice, s'élève à 12,000 fr., faveur toute spéciale qui n'a point encore eu d'exemple dans le département ; le soussigné ne pense pas qu'il soit possible de continuer une allocation préjudiciable aux autres localités, et qui a pour effet d'atténuer les efforts des communes intéressées aux travaux du Janvray, qui, dès l'origine, par un élan spontané, semblaient devoir exécuter leurs travaux dans un court délai, sans aucun concours de la part de l'administration.

*Invitation faite à l'administration de faire surveiller, de plus en plus, par les agents-voyers ou par des piqueurs, les travaux qui s'exécutent sur les chemins purement vicinaux, ces travaux étant généralement mal exécutés.*

Il n'est malheureusement que trop vrai, que les travaux de petite vicinalité sont en souffrance partout où les agents-voyers ne dirigent pas les travaux d'une manière analogue à ceux des chemins de grande communication ; d'où il résulte une perte réelle dans les résultats qu'on pourrait obtenir, ce qui doit être attribué en général à l'insouciance de MM. les maires, ou à l'indulgence dont ils usent envers leurs administrés.

Le soussigné estime, qu'en cette circonstance, de nouvelles instructions adressées à MM les maires susceptibles de ces faiblesses, amèneraient infailliblement un meilleur état de choses.

ARRONDISSEMENT DE COGNAC.

### Rapport du Préfet.

Le conseil d'arrondissement de Cognac demande :

1° Une augmentation de salaire pour les cantonniers ;

2° Une surveillance plus efficace des piqueurs employés aux travaux de petite vicinalité ;

3° Que le produit des prestations rachetées en argent soit employé sur le territoire même de la commune qui le fe rait ;

4° Enfin, une augmentation dans le tarif d'évaluation des journées de prestation.

L'administration s'occupe de modifications à porter dans le service des cantonniers et les observations du conseil d'arrondissement de Cognac seront examinées avec soin dans ce travail.

La surveillance des piqueurs, employés aux travaux de petite vicinalité, étant exclusivement attribuée à l'autorité municipale, l'administration ne peut que rappeler à MM. les maires leurs droits et leurs devoirs à cet égard.

En ce qui concerne l'emploi du produit en argent des prestations rachetées sur le territoire même de la commune qui le fournit, l'administration fait observer qu'elle en agit ainsi toutes les fois que les circonstances le permettent, mais elle s'empresse aussi d'ajouter que les ressources de cette nature, de même que toutes celles créées pour la grande vicinalité, appartiennent à la ligne à laquelle elles sont afférentes et non à la com-

mune qui les fournit ; et qu'elle les emploie dans l'intérêt général de la ligne , qui est aussi évidemment celui
des communes , puisque les travaux tendent à les mettre en jouissance , le plus promptement possible , des
chemins de grande communication qui les intéressent.

Quant à une augmentation dans le tarif des prestations , l'arrondissement de Cognac fait , pour le prix
des journées , une exception dans le département qui
pourrait motiver cette augmentation. Toutefois, l'administration laisse à la sagesse du conseil général à apprécier ce vote et à prendre telle décision qu'il jugera
convenable.

### Rapport de l'Agent-Voyer en chef.

**EXTRAITS DES DÉLIBÉRATIONS.**

1° *Le conseil demande que les salaires des cantonniers soient portés de 30 fr. à 33 , 36 et 39, pour exciter leur émulation , et qu'il soit créé des chefs cantonniers , chargés d'un canton modèle de la surveillance des autres cantonniers, ainsi que de la direction des approvisionnements de matériaux;*

**AVIS DU VOYER EN CHEF.**

Le voyer en chef, faisant des propositions analogues , dans son rapport général de fin d'année , à M. le préfet, ne peut que se référer aux observations y mentionnées.

2° Il demande, en outre, que le prix des différentes journées de prestations, soit élevé, à l'effet de déterminer les prestataires à s'acquitter plutôt en nature qu'en argent.

Le voyer en chef, soussigné, a toujours pensé que l'évaluation des différentes journées de prestations devait subir une augmentation sensible dans l'arrondissement de Cognac, attendu que le prix de la journée de travail est plus élevé dans cet arrondissement que dans les autres, celui d'Angoulême, excepté. L'augmentation des salaires des cantonniers serait la conséquence naturelle de la nécessité de cette évaluation.

ARRONDISSEMENT DE CONFOLENS.

## GRANDE VICINALITÉ.

### Chemin de grande communication n° 29, de Rochechouart à Oradour-Fanais.

#### DIRECTION ENTRE LESTERPS ET BRILLAC.

##### Rapport du Préfet.

Deux directions se présentent pour la partie du chemin de grande communication, numéro 29, de Rochechouart à Oradour-Fanais, comprise entre Lesterps et Brillac, savoir :

Une par Labrousse, Lavallée Marchadenne, et la rue Férade;

L'autre par le Pont-Rouge et la Fule.

Le conseil d'arrondissement de Confolens, sur la

proposition de M. le sous-préfet, émet le vœu que la première de ces deux directions, c'est-à-dire celle par Labrousse et la rue Férade, soit adoptée, comme la plus courte et la plus économique.

On fait observer d'abord que la fixation de la direction des chemins de grande communication, entre les principaux points fixés par le conseil général, est exclusivement réservée à l'administration, à qui seule appartient de statuer.

En second lieu, que, du reste, l'absence de projets comparatifs la met dans l'impossibilité de pouvoir émettre un avis dès ce moment sur la question soulevée par le conseil d'arrondissement.

Quoiqu'il en soit, l'administration fera étudier avec soin les deux directions dont il s'agit et elle aura soin de concilier, autant que possible, dans la décision à intervenir, les intérêts généraux de la ligne et ceux des localités voisines avec une sage économie dans les travaux.

### Prestations de la petite vicinalité.

En ce qui concerne les prestations de la petite vicinalité, l'administration ne peut que rappeler à MM. les maires leurs droits et leurs devoirs.

## Rapport de l'Agent-Voyer en chef.

EXTRAITS DES DÉLIBÉRATIONS.

AVIS DU VOYER EN CHEF.

*Le conseil d'arrondissement de Confolens propose d'aviser au moyen d'utiliser, d'une manière plus fructueuse, la 3e journée de prestation en nature imposée au profit de la petite vicinalité, faisant observer que cette ressource étant presque toujours employée sous la direction de piqueurs ignorants, ne produit en général aucun résultat. Le conseil émet le vœu qu'il soit pris par l'administration telle mesure qu'il paraîtra convenable pour obvier à cet inconvénient, et qu'en mettant les agents-voyers de chaque localité à même de surveiller ces travaux ce serait d'un effet salutaire.*

Le voyer en chef, soussigné, reconnaît en effet que, non-seulement à Confolens, mais encore dans les autres arrondissements, les prestations en nature affectées à la petite vicinalité ne présentent pas les résultats sur lesquels on serait en droit de compter, si elles étaient dirigées et employées avec le même ordre qui préside à la rentrée de celles afférentes à la grande vicinalité ;

Le moyen indiqué par le conseil de Confolens est donc infaillible, efficace, et le seul qui puisse être mis en action avec assurance de succès, et les agents-voyers qui appliquent chaque jour avec de nouveaux avantages les prestations à la grande vicinalité, obtiendront certainement des résultats analogues sur la petite. — Du moment où MM. les maires, qui, par négligence ou par condescendance, en faveur de leurs administrés, s'occupent avec trop d'insouciance de ces travaux, se trouveraient assujettis aux mêmes principes que ceux qui règlent la marche suivie pour les travaux de grande vicinalité.

*Les études de la partie du chemin de grande communication n° 29 (sur les communes de Lesterps et Brillac) comprise entre le village de la Courrière et le bourg de Brillac, présentent deux directions, l'une par Labrousse, Lavallée de la Marchadenne et la rue Ferrade; l'autre par le Pont Rouge et la Fuie; le conseil, considérant que la 1re direction offre sur la seconde, un parcours en moins de 600 mètres, qu'un seul pont y sera nécessaire, tandis qu'il en faudra deux sur la 2e; que les pentes y seront plus douces, la 2e direction suivant un terrain très-accidenté; et qu'enfin les concessions de terrain paraissent devoir être faites gratuitement, émet le vœu que le chemin dont il s'agit passe par la rue Ferrade.*

Le dossier concernant cette affaire vient d'être communiqué au voyer en chef, pour avoir ses observations et son avis; un travail d'une plus grande importance a occupé jusqu'à ce jour cet agent, qui d'ailleurs présentera son rapport après la session du conseil général, et visite des lieux. — Et d'ailleurs la fixation de la direction d'un chemin de grande communication, pour ce qui est des points intermédiaires, appartient à l'autorité supérieure du département.

## ARRONDISSEMENT DE RUFFEC.

### Rapport du Préfet.

Le conseil d'arrondissement de Ruffec, dans sa dernière session, demande :

1° Le classement, au rang des routes départementales,

du chemin de grande communication numéro 1", de Matha à Fontafy;

2° L'exécution, par voie d'adjudication, des travaux de grande vicinalité ;

3° Le classement d'un nouveau chemin de grande communication d'Aigre à Aulnay;

Les conseils municipaux des communes d'Aigre, Barbezières et Ranville Breuillaud demandent également le classement de cette nouvelle ligne vicinale;

4° Le maintien du tarif de la journée de prestation.

Sur une réclamation des communes de Ranville-Breuillaud et Barbezières, le conseil d'arrondissement exprime aussi le vœu que les ressources d'une commune ne puissent être employées hors de son territoire.

En ce qui concerne l'exécution, par voie d'adjudication, des travaux de grande vicinalité, ce mode n'a pu être employé à défaut de fonds suffisants ; l'administration se propose de tenter ce mode aussitôt que les ressources affectées à ces travaux le permettront.

En ce qui concerne le classement du chemin de grande communication, numéro 1", au rang des routes départementales et celui d'un nouveau chemin de grande communication. L'administration n'a aucune proposition à faire, attendu le principe arrêté par le conseil général de ne faire aucun classement nouveau avant l'achèvement des lignes déjà classées. Du reste, le nouveau chemin, dont le classement est demandé, pourrait s'exécuter, comme chemin d'association, d'une manière toute aussi avantageuse pour les communes intéressées.

L'administration partage l'avis du conseil d'arrondissement en ce qui touche le tarif des prestations dont elle propose, en conséquence, le maintien.

Quant à la réclamation des communes de Ranville-Breuillaud et Barbezières, l'administration fait observer que les ressources créées pour la grande vicinalité ne sont pas affectées aux communes qui les fournissent, mais bien à la ligne pour laquelle elles ont été imposées ; qu'aucun terme de la loi n'oblige l'administration à faire consommer les prestations sur le territoire même de la commune qui les fournit ; qu'il suit évidemment de-là que l'administration a le droit de faire effectuer les prestations sur tel point de la ligne où elles sont jugées le plus utiles ; que, toutefois, l'administration n'use de ce droit qu'avec la plus grande réserve et lorsque les besoins du service l'exigent et que la position des communes le permet ; que, du reste, les communes dont il s'agit, avant de recourir au conseil d'arrondissement, s'étaient adressées à M. le ministre qui a rejeté leur réclamation comme mal fondée.

L'administration demande en conséquence qu'il soit passé outre sur cette réclamation qui, si elle était admise comme principe, porterait une atteinte grave à nos travaux de grande vicinalité.

## Rapport de l'Agent-Voyer en chef.

| EXTRAIT DES DÉLIBÉRATIONS. | AVIS DU VOYER EN CHEF. |
|---|---|

*Le conseil renouvelle ses vœux précédents de voir ériger, en route départementale, le chemin de grande communication n° 1er, basant sa proposition sur ce que ce chemin, traversant des cantons riches et populeux, favorise des échanges entre ces localités et qu'une gare allant être établie à Séhu, sur le bord de cette ligne de grande vicinalité, va encore augmenter son importance.*

Le voyer en chef, soussigné, ne voit aucune nécessité à voir se réaliser les vœux du conseil d'arrondissement de Ruffec, concernant le chemin de grande communication numéro 1er, de Matha à Fontafy ; ce chemin, tel qu'il est établi, pouvant amplement satisfaire aux besoins présents et à venir de la localité, quelque puisse devenir son importance.

*Le conseil émet aussi le vœu que les communes de l'arrondissement de Ruffec, demeurées en retard pour la confection des travaux de grande vicinalité qui les concernent, soient soulagées au moyen d'adjudications, tandis que celles qui ont achevé leurs travaux seraient dispensées de porter leurs prestations à des distances éloignées en les utilisant sur des points plus rapprochés, etc.*

Les ressources en argent, applicables à la confection des chemins de grande communication, n'ayant pu permettre jusqu'à ce jour, de faire des adjudications pour faciliter les communes en retard, pour les travaux de grande vicinalité qui les concernent,

Le voyer en chef, soussigné, a l'honneur de faire observer que ces ressources s'améliorant pour l'avenir, il proposera à M. le préfet, ainsi qu'il l'expose dans son rapport général de fin d'année, d'introduire dans le service actuel le mode des adjudications, mais

*A ce sujet, le même conseil exprime le vœu qu'il soit classé un nouveau chemin de grande communication, d'Aigre à Aulnay, demandé par les communes de Barbezières, Oradour et Ranville-Breuillaud, auxquelles se joint le département de la Charente-Inférieure.*

*Les communes précitées fondent leur demande sur l'utilité incontestable d'une telle ligne et par le désir qu'elles ont de porter sur un chemin qui les intéresse leurs prestations qui vont être sans emploi par suite du prochain achèvement du chemin de grande communication n° 1er.*

seulement pour ce qui est de la construction des chaussées d'empierrement et l'extraction des matériaux; sans, pour cela, pouvoir ni entendre dispenser les communes d'employer légalement leurs prestations aux travaux de terrassements et aux transports des matériaux.

Pour ce qui est du classement d'un nouveau chemin de grande communication d'Aigre à Aulnay, il est aujourd'hui admis comme principe, par le conseil général du département de la Charente, qu'aucune ligne nouvelle ne sera classée avant l'achèvement de celles maintenant reconnues et en cours d'exécution; le soussigné, ne peut donc rien proposer qui soit en opposition avec les principes consacrés par cette honorable assemblée.

---

**Rapport de la Commission.**

### ARRONDISSEMENT D'ANGOULÊME.

Messieurs,

Vous savez tout l'intérêt qui se rattache aux questions de vicinalité dans notre département; elles préoccupent, à juste titre, chaque année, MM. les membres des conseils d'arrondissements. — Leurs observations sont extraites des cinq procès-verbaux qui vous ont été lus à l'ouverture de votre session et font le sujet de cinq rapports qui vous sont soumis par l'administration. — Elles sont de deux natures : les premières touchent aux intérêts particuliers de chaque arrondissement; les autres ont un caractère plus général. Je viens vous prier d'accorder toute votre attention à l'analyse que je suis chargé d'en faire par votre commission des Travaux Publics. La plupart des questions se trouvent résolues dans les rapports de M. le préfet et de M. l'agent-voyer en chef; d'autres donneront lieu à quelques propositions que j'aurai l'honneur de vous soumettre.

1" question. — Réponse du préfet , approuvée.

2' question. — Réserve pour second sujet d'analyse.

3' question. — Réponse approuvée.

## ARRONDISSEMENT DE BARBEZIEUX.

1" question. — Réponse approuvée.

2' question. — Réponse approuvée.

3' question — Réponse approuvée.

4' question. — Réservée.

## ARRONDISSEMENT DE COGNAC.

1" Question. — Réponse approuvée avec prière qu'elle reçoive une prompte solution , car il devient urgent d'aviser aux moyens de procurer des cantonniers à cet arrondissement où la valeur des journées de travail est trop élevée pour que l'on puisse trouver des ouvriers convenables aux taux actuels.

2° Question. — Réservée.

3° Question. — Réponse approuvée.

4° Question. — M. le préfet soumet cette question à votre décision sans faire de proposition. — Votre commission reconnaît que l'arrondissement de Cognac se trouve dans une position exceptionnelle, qui est, cependant, partagée par une grande partie de l'arrondissement d'Angoulême, elle vous prie de renvoyer cette demande à la considération de M. le préfet, afin d'être mieux éclairés et de pouvoir y donner une solution l'année prochaine en toute connaissance de cause.

## ARRONDISSEMENT DE CONFOLENS.

1re question. — Réponse approuvée.

2° question. — Réservée.

## ARRONDISSEMENT DE RUFFEC.

1re question. — Réponse approuvée.

2° question. — Réponse approuvée.

3° question. — Réponse approuvée.

4° question. — Réponse approuvée.

Les questions réservées dans la première partie de ce rapport ont un caractère général qui nécessite quelques observations.

Votre commission approuve les réponses faites par M. le préfet ; mais elle vous propose d'engager l'administration à chercher un remède aux inconvénients qu'elles signalent et qui semblent provenir du conflit d'autorité qui s'élève souvent entre MM. les maires et MM. les agents-voyers. Votre commission pense qu'il y aurait lieu d'introduire, dans le règlement du 20 mars 1837 ( recueil n° 818) de nouvelles dispositions qui laisseraient plus de latitude et plus de moyens de contrainte à MM. les agents-voyers.

Ce serait probablement un moyen de satisfaire aux réclamations adressées par le conseil d'arrondissement de Confolens et d'assurer l'emploi plus fructueux des prestations sur les chemins de petite vicinalité.

Enfin , en ce qui concerne le classement de routes départementales et de chemins vicinaux de grande communication Le conseil général ne peut qu'exprimer de nouveau son regret de ne pouvoir pas , quant à présent, donner suite à ces demandes vu l'état des finances du département. Mais il conserve l'espoir bien fondé qu'à une époque moins éloignée qu'elle ne le semblait d'abord, le conseil général pourra entrer dans cette voie. Le vote de 1 c. 1|2 applicable aux travaux d'arts des chemins de grande communication , qui a été sanctionné par les chambres législatives , et l'extinction prochaine de la dette Phillippon, mettront à la disposition de l'administration une somme qui facilitera, chaque année, l'emploi des prestations en nature et même le système des adjudications, et laisse prévoir , enfin , l'achèvement de

nos 32 routes de grande communication. — Si , dans le
grand travail qui deviendra sans doute nécessaire pour
coordonner le réseau des routes royales et des chemins de fer , l'administration supérieure convertit
quelques-unes de nos routes départementales en routes
royales , cet allégement de charges nous permettra de
faire quelques nouveaux classements de routes. Jusque
là les moyens nous manquent pour entrer dans cette
voie. — Aussi , Messieurs , votre commission m'a-t-elle
chargé, en terminant ce rapport, de prier M. le préfet
de vouloir bien exposer , avec instance , à l'administration supérieure , la fâcheuse position où se trouve notre
département qui s'est déjà imposé tant de sacrifices et
de l'implorer d'ordonner des études dans le but de
convertir en routes royales celles de nos routes
départementales dont l'importance lui semblera mériter
ce nouveau classement.

M. le préfet fait observer que l'administration s'occupe activement de la petite vicinalité , et que les chemins d'association ont pris un grand développement dans
l'arrondissement de Confolens surtout.

Cet arrondissement n'en avait aucun il y a quelques
années et aujourd'hui il en compte 38,000 mètres au
moins.

Un membre observe que cet arrondissement est aussi
celui de tous qui s'impose pour cela le plus de sacrifices.

Les conclusions de la commission sont mises aux voix
et adoptées.

M. Hennessy continue ses rapports :

## TRAVAUX D'ART SUR LES CHEMINS.

### Rapport du Préfet.

ÉTAT *indiquant les projets complets, présentés par les Agents-Voyers supérieurs d'arrondissement , pour construction de ponts , ponceaux et aqueducs à mettre en adjudication et dont l'établissement aura lieu , en 1847 ; sur le produit de l'impôt du centime 1/2 autorisé par les chambres, en 1846, sur la proposition du Conseil général , en sa session de 1845 , et dont la dépense est ci-après indiquée :*

*(Voir le tableau d'autre part.)*

| ARRONDISSEMENTS. | Nos des chemins de grande communication. | Analyse des projets. | Montant partiel de la dépense. | Total par arrondissem<sup>t</sup>. | Observations. |
|---|---|---|---|---|---|
| Confolens. . . . . . | 29 | Pont sur le Goire au Masbiennassi, commune de Saulgon. . . . . . | 8300 f. | | La dépense totale peut être portée à 11,000 fr., attendu qu'il faudra établir un ponceau de 3 mètres d'ouverture au point X ( voir le plan ) , tant pour laisser les eaux du Goire suivre leurs différents cours que pour donner à leur volume total les débouchés suffisants |
| | | Ponceau sur les Etangs à la Combarlie, sur la même commune que ci-dessus. . . . . . | | 12800 fr. | |
| | | | 4500 f. | | |
| Barbezieux et Cognac. | 12 | Levée de Pladut , avec construction de ponts et aqueduc . . . . . . . . | 23030 f | | |
| Barbezieux. . . . . . | 23 | Pont de l'Arse , sur les communes de Nonac et Pérignac. . . . . | 5000 f. | 19515 fr. | |
| | 13 | Le pont du Lary sur les communes de Boisbreteau et Touvérac. . . . | 2700 f. | | |
| Cognac. . . . . . . . | 11 | Pont de Mérignac. | 3406 f. | 15221 fr. | |
| Angoulême. . . . . | 5 | Pont Brousset , sur le Né en la com<sup>e</sup> de Péreuil. | 19370 f | 19370 fr. | |
| | | | | 66906 fr. | |
| | | A ajouter pour le ponceau du Masbiennassi, chemin n° 29 ( Confolens ). . . | | 2700 fr. | |
| | | Montant total. . . . | | 69606 fr. | ci. . . . . 69606 f. |

Report.......... 69,606 fr

A ajouter les sommes destinées, en 1847, aux travaux d'art déjà adjugés et en cours d'exécution, soit pour les ponts, Giraud, Chez-Coiffard et St.-Séverin (sur les numéros 5, 15 et 23, Barbezieux) de Feuillade et La Chapelle (sur les numéros 4 et 18, Angoulême) de Mesnac (sur le numéro 21, Cognac) de Lassaigne (sur le numéro 16, Confolens) de Montjean, Valence, St.-Ciers et Bayers) sur les numéros 6, 10, 11 et 27, Ruffec), ci... ... ..... .. 24,318 fr.

Montant total de la dépense à faire en 1847, pour les travaux d'art, si ceux dont il vient d'être question étaient tous entrepris, ce que les fonds qui leur sont destinés ne permettent pas de réaliser en une seule campagne, ci........ 93,924 fr.

Il reste donc à décider si ce montant sera dépensé en deux années ou quels sont ceux des travaux, indiqués au présent état, qu'il faudrait retrancher pour le montant au moins de la moitié des 69,606 fr. Dans ce dernier cas, on aurait à pourvoir, en 1847, à une dépense de 59,124 fr., pour travaux d'art, ce que les ressources de 1847 permettraient de réaliser.

### Rapport de la Commission.

La commission adopte le travail proposé par M. l'agent-voyer en chef, s'élevant (avec l'addition des travaux à faire dans l'arrondissement de Ruffec, évalués à 5,052 f. 87 c. à la somme de :

74,658 fr. 87 c. pour travaux neufs à adjuger, il faut y joindre :

24,318 fr. » c. pour travaux adjugés et en cours d'exécution.

Total. 98,976 fr. 87 c.

Ce chiffre, dépassant de beaucoup les sommes mises,

pour cette année, à la disposition de l'administration par
le produit du 1|2 centime, votre commission croit devoir
vous prévenir que ce vote absorbera vos ressources de
cette nature pendant deux années mais vous engage d'y
donner votre assentiment, vu que des adjudications de
travaux d'art, comme ceux proposés, ne peuvent pas
être scindées.

Le conseil approuve les vues de l'administration, et
si l'arrondissement de Ruffec paraît avoir une part minime dans la répartition, c'est que les avant-projets
se sont fait attendre, ils sont arrivés tardivement de cet
arrondissement et seront joints aux autres.

### Chemin n° 22.

M. le rapporteur donne au conseil communication d'une
pétition adressée par des communes contre le tracé de ce
chemin, et ayant pour but d'obtenir une enquête, la commission propose le renvoi à l'administration.

M. le préfet observe que le conseil général n'a pas
à s'immiscer dans la question du tracé des points intermédiaires des lignes vicinales, que ceci rentre dans
les attributions de l'administration, que s'il y a des oppo-
sitions au tracé de l'administration, c'est par toutes
autres voies que celles du conseil général que les opposants doivent agir.

Un membre répond que le conseil général pourrait
avoir ici quelque chose à faire, mais que c'est là une
question de principe qu'il n'est pas nécessaire de discuter en ce moment.

Un autre membre expose les faits de l'affaire en ce
moment soumise au conseil, fait ressortir tous les dé-

tails de la question et voit avec peine que les oppo-
sitions actuelles auront pour but de priver deux cantons
importants d'une communication nécessaire.

Le conseil adopte les conclusions de la commission,
c'est-à-dire, le renvoi à l'administration, selon le vœu
même de l'administration.

———

M. Lemerie a la parole au nom de la commission de
l'Intérieur :

## SALLES D'ASILE.

### Rapport du Préfet.

L'année dernière, à l'époque de la session du conseil
général, il existait dans le département neufs salles d'asile,
savoir :

| | |
|---|---|
| A Angoulême............................ | 3 |
| Barbezieux.............................. | 1 |
| Cognac................................. | 1 |
| Châteauneuf............................ | 1 |
| Champagne-Mouton...................... | 1 |
| St.-Claud.............................. | 1 |
| Aigre.................................. | 1 |
| Total............ | 9 |

Cette année le département en compte deux
de plus ; Nersac et Nanteuil.............. 2

Total au 14 septembre 1846...... 11

M. le ministre de l'instruction publique, par une lettre du 14 janvier dernier, en témoignant sa satisfaction sur cet état des choses, engage l'administration à exciter les communes pour la création de nouvelles salles d'asile.

Des secours ont été accordés sur les fonds de 1845, savoir :

| | |
|---|---|
| A celle de Barbezieux.................... 200 f. » |
| Champagne-Mouton............ 200 f. » |
| St.-Claud. .................... 100 f. » |
| Nanteuil...................... 100 f. » |
| Total............. 600 f. » |

Quelques communes se sont adressées à M. le ministre pour obtenir des secours ; une seule, celle de Nersac, a obtenu une allocation de 300 fr.; les autres sont encore sans réponse.

L'administration continue ses efforts pour multiplier dans le département ces utiles établissements, mais le défaut de ressources, pour aider les communes dans l'accomplissement de cette œuvre philanthropique, est souvent un obstacle à la réalisation de ses vues.

L'administration propose donc, pour atteindre le vœu exprimé par le conseil général dans sa dernière session, de porter au budget de 1847, une allocation de 1,500 f. qui serait destinée soit à secourir les salles d'asile existantes qui justifieraient de l'insuffisance de leurs ressources, soit à aider les communes à en créer de nouvelles.

Le conseil d'arrondissement de Confolens demande un secours pour lui venir en aide dans la formation de la salle d'asile du chef-lieu pour laquelle la commune a dépensé, y est il dit, une somme de 4,000 fr. — Cette salle d'asile n'est point organisée, ou du moins il n'a point été fait de proposition à l'administration pour la nomination des dames inspectrices. Tel est le motif pour lequel elle ne figure pas dans la désignation ci-dessus des salles d'asile organisées.

### Rapport de la Commission.

Salles d'asile ! Ces mots émeuvent vos cœurs, en appelant votre attention sur tout le bien que peuvent produire ces établissements nouveaux et si populaires.

Vous avez sous les yeux, Messieurs, les opinions de M. François Delessert, membre de la chambre des députés.

Vous avez apprécié sans doute, comme la commission, toutes les excellentes pensées que signale ce rapport.

Un membre dit que les salles d'asile, en général, devraient être instituées selon le vœu des instructions ministérielles, sans empiéter sur le domaine de l'instruction primaire ; qu'il devrait y avoir une séparation marquée à ce sujet. L'honorable membre n'est pas, dit-il, l'adversaire des salles d'asile, mais il voudrait qu'elles fussent contenues dans les bornes légales ; il est des établissements qui ne sont pas des salles d'asile, mais qui sont tenus par des personnes laïques et qui rendent des services à l'enfance, et pourtant ces établissements ne reçoivent aucune subvention ; les religieuses de la salle d'asile de Champagne-Mouton sont-elles investies de leurs lettres d'obédience ? C'est ce dont il est permis de douter ; mais qu'il serait pourtant à propos de vérifier.

Il est répondu que la salle d'asile de Champagne rend au pays les plus grands services, qu'elle ajoute à ses devoirs, si nobles et si généreux, le don de la soupe aux enfants pauvres qu'elle reçoit. Les religieuses tiennent école en même temps et font un bien immense à la contrée. L'honorable membre voudrait, s'il est possible, en voir de semblables dans toutes les commu nes du département pour le bonheur des masses.

Un autre membre observe qu'il ne faut pas localiser les observations et la discussion actuelle à une ou deux salles d'asile, que celle d'Aigre qu'on a paru vouloir censurer rend les plus grands services, non pas seule- ment aux enfants de la ville, mais à ceux de la cam- pagne voisine qu'elle reçoit dans son sein.

M. le préfet s'étonne de ce que l'on ait voulu consi- dérer ici, sous des couleurs fâcheuses, une institution aussi bien dirigée que la salle d'asile d'Aigre, que là tout est arrangé selon le vœu des instructions ministérielles. La salle d'asile d'Aigre est une des mieux tenues du département et l'on sait d'ailleurs que d'intérêt elle doit inspirer à tous ; on sait les efforts qui ont été tentés pour atteindre ce noble but, par des âmes pieuses et animées du désir de soulager l'indigence et la pau- vreté, et qui, dans l'ardeur d'un zèle trop rare de nos jours, ont su braver les dégoûts et surmonter toutes les sollicitudes d'une quête à domicile dans une région éloi- gnée. Quant au caractère prétendu équivoque des reli- gieuses de Champagne, c'est ici une question qui rentre dans le domaine épiscopal, et qui ne doit en rien occuper le conseil.

Les conclusions de la commission sont adoptées.

Le même rapporteur :

# L'UNION GÉNÉRALE, SOCIÉTÉ FÉDÉRATIVE DE SECOURS MUTUELS CONTRE LA GRÊLE.

### Rapport du Préfet.

Messieurs ,

L'Union Générale, société fédérative de secours mutuels contre la grêle m'a adressé une demande, tendant à obtenir du conseil général un avis favorable sous le rapport de son utilité à l'agriculture.

Je soumets cette demande au conseil général avec les divers documents dont elle est appuyée.

Le conseil donne acte de cette communication.

---

# SERVICE DES MINES ET MINIÈRES DU DÉPARTEMENT.

### Rapport du Préfet.

Le conseil général, dans sa dernière session, a alloué au garde-mines des deux Charentes, une gratification de 300 fr., à la condition qu'il serait chargé, par l'administration, d'un travail spécial sur les tourbières, minières et carrières du département.

L'administration met sous les yeux du conseil général

le rapport de cet agent à la suite duquel se trouve le travail demandé.

Le garde-mines continue à justifier dans ce travail de son aptitude pour les fonctions qui lui sont confiées et de connaissances étendues sur la géologie et la législation qui s'y applique.

L'administration appelle la bienveillance du conseil général sur cet employé.

La commission propose une subvention, sauf le renvoi à la commission des finances.

Le conseil vote le renvoi à la commission des finances purement et simplement pour apprécier le mérite de la demande.

## CARTE GÉOLOGIQUE.

### Rapport du Préfet.

L'administration a le regret d'annoncer que la santé de M. l'ingénieur en chef des mines ne lui a pas encore permis de continuer, en 1845, les travaux de la carte géologique du département.

Cet ingénieur, en exprimant le regret de ne pouvoir terminer cette carte, informe l'administration, par sa lettre ci-jointe du 2 courant, qu'il prend le parti d'en référer à l'administration supérieure, afin qu'elle avise au moyen nécessaire pour que ce travail ne demeure pas plus long-temps en souffrance.

M. le sous-secrétaire d'Etat des travaux publics vient

en effet d'informer l'administration qu'il allait désigner un autre ingénieur pour remplacer M. Marot dans ce travail.

L'administration propose, en conséquence, de maintenir au budget, pour la continuation de ce travail, les sommes qui y sont déjà affectées.

La commission fait observer qu'il n'existe aucune allocation portée au budget pour cela.

M. le préfet annonce que le ministre enverra un ingénieur pour cela, et il est répondu par un membre que ce n'est pas alors le département qui paiera.

Les conclusions de la commission qui tendait à proposer une allocation sont rejetées.

## CONGRÈS AGRICOLE DE L'OUEST.

M. le rapporteur donne communication d'une lettre du président de la direction de l'association agricole de l'Ouest, ayant pour but d'obtenir un secours du conseil général. La commission propose de voter 1,000 francs.

Les conclusions de la commission sont combattues par un membre qui estime que, dans l'état des finances du département, et attendu la dureté du temps que nous aurons à traverser, il y a lieu de refuser l'allocation ou tout au moins de la réduire le plus possible, il propose le chiffre de 100 fr. qui est repoussé.

Les conclusions de la commission sont adoptées.

M. Poineau, membre de la commission de l'intérieur, a la parole :

## SOCIÉTÉ D'AGRICULTURE.

**Rapport du Préfet.**

Messieurs,

La société d'agriculture du département poursuit avec activité les perfectionnements et les améliorations qu'elle a entrepris et qu'elle propage par la publicité qui est donnée à ses travaux et ses recherches. Les bulletins de cette société que je joins ici et qui vous sont d'ailleurs a-dressés, en vous donnant une juste idée des services qu'elle rend, me dispenseront de dérouler sous vos yeux les résultats bien connus qu'elle obtient.

Par le procès-verbal de sa séance du 15 mai dernier, cette institution réclame une allocation extraordinaire de 1,000 fr. pour faire face aux dépenses qui résulteront de la tenue, à Angoulême, du congrès du centre de l'Ouest, réunion qui attirera, il est à croire, au chef-lieu du département, un grand nombre d'agronomes des différentes localités qu'embrasse, dans sa circonscription, l'association formée entre les cinq départements de la Charente, de la Charente-Inférieure, des Deux-Sèvres, de la Vienne et de la Vendée.

J'appuie vivement cette demande, en priant le conseil général de voter la somme de 1,600 fr. que j'ai portée au budget de 1847.

### Rapport de la Commission.

La commission adopte favorablement cette demande.
Les conclusions de la commission sont adoptées.

---

Le même rapporteur :

## COMICES AGRICOLES.

### Rapport du Préfet.

Les comices agricoles ont continué, dans l'année qui vient de s'écouler, à s'occuper du but pour lequel ils ont été créés. Quelques-unes de ces institutions, mais en petit nombre, n'ont pas fonctionné aussi régulièrement qu'elles l'avaient fait précédemment; d'autres, au contraire, qui, depuis assez long-temps étaient restées dans l'inaction se sont remises à l'œuvre et ont suivi la voie des améliorations et du progrès.

Les subventions accordées sur les fonds de l'Etat aux comices agricoles l'ont été avec désignation d'emploi, elles sont destinées à récompenser la culture et l'extension des prairies naturelles et artificielles, spécialité vers laquelle M. le ministre de l'agriculture et du commerce a semblé, dès l'année dernière, vouloir diriger les encouragements dont il dispose.

Les résumés fournis par ces associations vous donneront, sur leurs travaux, des détails que je ne puis énu-

mérer ici , et vous convaincront en même temps qu'elles ont pu , à l'aide des fonds votés par le conseil
général , distribuer des primes pour l'introduction des
instruments aratoires , pour l'amélioration des races et
pour le perfectionnement de toutes les autres branches
de l'agriculture.

Le conseil d'arrondissement de Ruffec, reconnaissant
l'utilité des comices agricoles , a , dans sa dernière session , renouvelé le vœu qu'il a plusieurs fois exprimé,
du maintien de ces institutions.

Je vous propose , Messieurs, de maintenir l'allocation
des années précédentes.

### Rapport de la Commission.

La commission propose de réduire à moitié cette allocation.

Un membre regarde comme incapable, de faire le bien,
l'institution des comices ; ces assemblées ont trop peu
de ressources , leurs primes sont dérisoires , elles sont
trop minimes , elles ne peuvent pas être un stimulant
ou un encouragement. L'honorable membre croit que
le meilleur moyen d'extirper la routine et les préjugés
en agriculture serait de traiter avec un propriétaire par
chaque arrondissement, et tout en lui garantissant le revenu qu'il retire de son bien, lui montrer en prenant
cession de sa terre, qu'on peut lui faire rendre le double ou le triple.

M. le préfet déclare qu'il ne défend pas tous les co-

mices, mais ceux qui fonctionnent et il en est encore
quelques uns qui produisent des résultats. M. le préfet
donne des renseignements statistiques sur les comices et
prouve que les 3,000 fr. qu'on leur consacrait produi-
saient 1,900 fr. d'intérêt, car ces 1,900 f. sont donnés par
le gouvernement.

Un membre répond que les comices sont un rouage
inutile et dispendieux qu'il faut supprimer ; tout le bienfait
des comices se réduit, selon l'honorable membre,
à louer un local où l'on dépose des instruments aratoires que chacun va tour-à-tour emprunter, et raporte
ensuite en état de dégradation.

Un autre membre déclare qu'il ne comprend pas trop
l'économie qui nous fait dépenser 3,000 f. pour avoir
1,900 fr.

Un autre membre déclare que nul n'a pris plus de
peine que lui pour créer un comice, l'organiser et le
soutenir, mais ses efforts ont été inutiles, et il reconnaît, en son âme et conscience, l'inutilité de ces institutions.

M. le préfet dit qu'il faut attendre encore, que le
gouvernement a 200,000 fr. de plus à distribuer cette
année en faveur de l'agriculture, et, ne fut-ce que pour
avoir part à cette somme, il serait bien de maintenir
des institutions qui, en partie, produisent du bien, sauf
à étudier de nouveaux projets d'organisation pour les
associations agricoles du département.

Un membre désirerait être fixé sur le montant des
souscriptions particulières, car si elles ont diminué, dit
l'honorable membre, c'est que les comices font peu
de choses et baissent dans la conviction des populations.

Un autre membre dit que si les comices n'avaient d'autre but que de populariser les nouveaux modes de charrues et d'instruments aratoires, il n'insisterait pas pour le maintien de cette institution, mais ont-ils produit d'autres biens ? si l'on parle de tous ; l'honorable membre l'ignore, mais il en est qui ont produit de bons résultats. Ainsi, l'on a vu, grâce à cette institution, un sol ingrat, des colons endettés, une routine récalcitrante et des préjugés déplorables en fait de culture, se transformer et produire ce résultat : qu'un hectare de terre a pu produire une valeur de 600 fr. en récoltes. Et quand, par des primes, minimes à la vérité, mais justement distribuées, on encourage à la fidélité les domestiques dans un temps où l'on a tant de mobilité à déplorer sous ce rapport, ne serait-ce donc pas là une bonne chose ? Et la race chevaline améliorée dans des stations où jamais l'on n'avait songé à ce genre d'industrie, n'est-ce donc pas là un résultat avantageux au point de vue des intérêts généraux et politiques de notre armée. L'agriculture, moins heureuse en cela que le commerce et l'industrie, n'a pas de représentants spéciaux ou d'organes dans la région des grands pouvoirs de l'Etat, elle n'est protégée par personne et c'est dans cet état d'isolement et d'abandon que l'on irait lui donner le coup de massue dans notre pays par la suppression des comices ! En vérité, dit l'honorable membre, jamais moment ne fut plus mal choisi, jamais économie n'aurait été plus fatale !

Un autre membre demande pourquoi, entre les comices, les uns obtiennent, les autres n'obtiennent pas part aux subventions, bien que les bordereaux envoyés par l'administration aient été remplis et renvoyés.

M. le préfet répond que cela vient sans doute de ce que l'on ne fournit pas les pièces dans les détails voulus.

La somme de 5,000 fr. dont 2,000 fr. pour les élèves à l'école pratique d'agriculture, est mise aux voix et rejetée.

Le chiffre de 3,500 fr. est adopté.

---

Le même rapporteur :

## ENFANTS-TROUVÉS.

### Rapport du Préfet.

Le nombre des enfants-trouvés s'élevait au 31 décembre 1844 à .......................... 1,067

Il en est entré pendant le cours de 1845.. 221

Il en est sorti : { par décès............. 91 }
{ par leur âge........... 56 } 163
{ retirés par leurs parents 16 }

Différence en plus à ajouter............ 58 cl.    58

Total des enfants au 31 décembre 1845........    1125

La dépense a été réglée ainsi qu'il suit :

Pension des enfants placés à la campagne. 62,836 f. 88c
Traitement de l'inspecteur............ 2,000 f.  »
Frais divers...................... 3,549 f. 07c

Total............ 68,385 f. 95c

Cette dépense a été soldée de la manière suivante :

1° Sur les fonds départementaux...... 53,725 f. 95 c
2° Sur le contingent des communes..... 13,660 f.  »
3° Sur le produit des amendes correctionnelles...................... 1,000 f.  »

Total égal à la dépense...... 68,385 f. 95 c.

Le compte ainsi établi a été approuvé par M. le ministre de l'intérieur, il constate sur les fonds départementaux, un excédant libre de 914 fr. 05 c.

Chaque année, les chiffres de la population et de la dépense des enfants trouvés suivent constamment une marche ascentionnelle. L'année 1845, ainsi que celles qui l'ont précédée, a produit son augmentation, cependant le nombre des expositions est à peu près stationnaire ; et on ne doit attribuer cette augmentation dans le chiffre de la population, qu'aux mesures prises par l'administration pour la conservation des enfants, et à la diminution dans la mortalité qui en est la conséquence.

Toutefois, l'administration pour réduire autant que possible cette dépense, et le nombre des expositions a fait fermer le tour pendant le jour, et l'a fait surveiller pendant la nuit ; elle a aussi fait distribuer des secours aux filles-mères indigentes, qui, à ces conditions, consentent à élever leurs enfants ; enfin, elle a employé le zèle et l'activité de M. l'inspecteur, à la recherche des mères, pour les engager à garder ou à reprendre leurs enfants.

Par sa lettre du 26 décembre dernier, M. le ministre de l'intérieur propose la fermeture complète du tour. Avant de prendre cette mesure, l'administration a dû pressentir l'opinion des administrateurs de l'hospice, qu'elle a trouvés unanimement opposés à son application dans le département ; mais il y a lieu de penser qu'ils verraient avec satisfaction, le tour remplacé par un bureau d'admission où les enfants seraient reçus.

L'administration demande au conseil général un avis

favorable au remplacement du tour par un bureau d'admission.

Pour compléter son système de surveillance, elle a rendu, avec l'assentiment de M. le ministre, un arrêté sur la police des maisons d'accouchement. Cet arrêté, dont une copie conforme est ci-jointe, est, en ce moment, soumis à la sanction de la haute administration.

Le service de santé, créé l'année dernière en faveur des enfants-trouvés, a produit de bons effets ; plusieurs enfants malades ont été soignés avec zèle et désintéressement, et désormais ces malheureux ne seront plus exposés à périr faute de secours de la médecine. Cette mesure est une de celles qui contribuent puissamment à leur conservation, et par conséquent à l'augmentation de la population.

M. l'inspecteur continue son service avec le zèle et l'intelligence qu'on lui connaît déjà. Son active surveillance a amené une grande amélioration dans l'administration des établissements de bienfaisance, qui se fait aujourd'hui avec ordre et régularité et dans la situation des enfants-trouvés, dont plusieurs ont été déplacés parce qu'ils ne trouvaient pas, chez leurs gardiens, les soins et les bons exemples qu'on est en droit d'exiger.

. Les enfants placés dans les cantons d'Angoulême, Blanzac, Hiersac, Larochefoucauld, Lavalette, Montbron, St.-Amant, Chalais, Montmoreau, Mansles, St.-Claud et Montemboeuf, ont été visités dans le cours de la présente année ; le nombre de ces enfants s'élève à 571, c'est-à-dire, à plus de la moitié de ceux existant actuellement. Les états de visite, et le rapport de M. l'inspecleur témoignent de leur bonne santé et de leur bonne tenue, ainsi que des soins que prend l'administration pour améliorer autant que possible leur position.

Suivant les prévisions de l'administration, la dépense de ce service, calculée sur un nombre présumé de 1,200 enfants, paraît devoir s'élever, en 1847, à la somme de 75,600 fr., y compris le traitement de l'inspecteur, et les frais des médicaments fournis par MM. les médecins-surveillants.

Cette dépense serait couverte au moyen des ressources suivantes :

1° Fonds départementaux............... 59,280 f. »

2° Produit présumé des amendes et confiscations.................................... 1,500 f. »

3° Concours des communes............. 14,820 f. »

Total égal........ 75,600 f. »

L'administration propose au conseil général de voter la somme de 59,280 fr. mise à la charge du département.

### Rapport de la Commission.

Sur la première question, votre commission, après un long et conscieux examen des pièces et des divers documents qui lui ont été soumis, a été d'avis qu'il y avait lieu d'adopter la proposition de l'administration, à la charge par elle de modifier le règlement projeté pour le bureau d'admission, et notamment en ce qu'il s'applique à l'admission provisoire des enfants que l'on pourrait rendre à leurs mères après un mois, ce qui serait matériellement de toute impossibilité. Après ce laps de temps, le lait de la mère serait épuisé et par conséquent il y aurait impossibilité physique, pour elle, de s'en charger.

Je dois vous dire tout d'abord que votre commission a été dirigée dans sa détermination bien plus par le côté moral de la question que par l'économie que pourra apporter au budget départemental une semblable mesure.

Cette question est assurément l'une des plus graves de cette session et aussi de l'économie sociale.

La fermeture immédiate du tour serait un acte totalement opposé aux idées qui dominent notre époque, une mesure que nous repousserions tous, si elle était exécutée d'une manière absolue. Votre commission est toute disposée à reconnaître la nécessité de l'existence d'un asile dont la destinée est de recueillir les orphelins que délaissent la misère, la honte et la débauche.

La première objection qui se présente, tout naturellement, à la pensée, lorsqu'il s'agit de la fermeture des tours, est l'augmentation inévitable des infanticides ; cependant M. Ramacle, l'un des publicistes les plus distingués, chargé par M. le ministre de l'intérieur d'un travail sur cette matière, a été conduit à conclure ( *ce sont ses propres expressions* ) :

« Que dans 52 départements où les tours ont été
supprimés, le nombre des infanticides n'a pas augmenté
et qu'il a pris, au contraire, un léger accroissement
dans ceux où les tours supprimés ont été rétablis. »

Votre commission n'accueille qu'avec une extrême réserve ces résultats statisques ; cependant ils émanent
d'une source qui ne peut lui inspirer que confiance et
sécurité.

Selon que cela est établi en tête de ce rapport, le
côté moral est en première ligne, la base fondamen-
tale de la détermination de votre commission dans ses
conclusions ; n'est-il pas, en effet, de la plus haute
importance pour ces jeunes enfants qui sont le fruit de
ces misères humaines, que l'on veille à la conservation
de leur état-civil ? Qu'on leur évite la honte et l'infamie
de devenir l'objet de spéculations humaines, d'être je-
tés comme un hors-d'œuvre à la merci de tout ce que
la société a de plus impur ou de plus impropre, à leur
procurer les premiers besoins de la vie, et qu'enfin, on
leur conserve une famille, une mère qui sera toujours
meilleure pour eux que ne pourraient l'être merce-
naires les plus dévoués.

Votre commission adopte favorablement la seconde
proposition de M. le préfet, tendant à l'allocation des
59,260 fr. demandés pour 1847.

Un membre combat les conclusions de la commission.
Au ministère de l'intérieur, dit l'honorable membre,
comme en certains départements, c'est d'une question
d'argent qu'il s'agit en cela, on a créé tant de nouveaux besoins qu'il faut de l'argent et pour cela on
tentera des économies sur les services les plus sacrés
au point de vue de la charité et de l'humanité. L'ho-

norable membre déclare qu'il ne veut pas traiter la question au fonds, il veut seulement déclarer au conseil que la commission administrative des hospices, compétente en cette matière, s'est refusée à la suppression du tour, et s'opposera à la création d'un bureau d'admission ; l'honorable membre assure qu'il n'est aucun des membres de la commission administrative qui ne se retire devant le système de M. le préfet, s'il pouvait être adopté, et l'honorable membre qui a l'honneur d'appartenir à cette commission, serait le premier à résigner ses fonctions, ne voulant pas s'associer à des actes blessants pour l'humanité.

M. le préfet regarde la question comme très-importante ; on ne saurait trop s'appesantir sur elle ; chaque année, dit ce magistrat, la dépense des enfants-trouvés augmente et le chiffre est énorme pour le département. Les statistiques sur la mortalité sont là pour attester que l'augmentation se soutiendra.

La suppression du tour d'Angoulême serait un acte de bonne administration. Qu'opposera-t-on à cette mesure ?

Le nombre des infanticides ! Mais, l'expérience a prouvé le contraire ; ils n'ont pas augmenté dans les départements privés de tours ; le déplacement était inhumain. La recherche des mères est impossible partout et toujours. Le mode du bureau d'admission assure le secret ; car un seul préposé, l'économe ou tout autre, recevra l'enfant ; et puis, n'est-ce donc pas un résultat immense au point de vue moral, que de rendre des enfants à leurs mères. — Le maintien du tour encourage le libertinage ; et, d'ailleurs, ne semblerait-il pas, à entendre certain membre du conseil,

que ce système a pris naissance dans la pure imagination de l'administration ; mais , en 1836 et 1838 ,
le conseil général l'avait adopté. M. le préfet donne
ici lecture des délibérations antérieures du conseil.

Un membre dit que la question qui s'agite ici est
très grave , et qu'elle a divisé les meilleurs esprits dans
le sein des chambres législatives ; et que , pour prendre une résolution en cette matière, il faut y voir
clairement la vérité ; car il ne s'agit de rien moins que
de la vie de certaines personnes ; que , dès lors, il
faut étudier la question, que si , par exemple , on
eût , dès l'an dernier, fait pressentir au conseil général que cette matière serait , cette année, soumise à
ses délibérations, il comprendrait qu'on la discutât en
ce moment ; mais , traiter , pour ainsi dire , *ex
abrupto*, une affaire aussi délicate et aussi ardue que
celle-là, ce serait , selon l'honorable membre , exposer sa conscience et sa responsabilité morale.

Mais, au fonds, est-ce que le projet d'un bureau
d'admission est exécutable ? lorsque le tour sera supprimé, les enfants seront laissés sur le pavé plutôt que
portés dans un lieu où il faudra avouer et faire
consacrer sur le papier sa turpitude. Une fille n'ira
pas, en effet, devant un préposé, et n'ira pas chercher le certificat dont vous la forcerez à se munir.
Ce serait porter les filles à l'infanticide que de les
forcer ainsi à dévoiler leur faiblesse ou leur déshon-
neur.

L'administration ne paraît pas être sûre d'elle-même,
quand elle veut ainsi substituer un bureau d'admission
au tour ; et l'honorable membre ajoute que ce que
l'on propose semble contraire à la loi et à tout ce

qui se passe; car, on dit à la mère : gardez votre
enfant, on ne peut pas lui ouvrir un lieu de dépôt,
la loi oblige à poursuivre la fille qui accouche chez
une sage-femme. Mais, la question financière n'est-
elle pas plus compromise encore que la question d'humanité par la création du bureau d'admission? Avec
le débordement actuel des mœurs, les filles crain-
dront-elles d'aller retirer leurs enfants, ne leur don-
nera-t-on pas, au contraire, une sorte de prime au
moyen des subventions qu'on leur accordera en ce
cas ?

Mais, à quoi bon discuter ici ce système : le moment ne semble-t-il pas venu où l'on sentira enfin la
nécessité de mettre à la charge de l'État, une nature
de dépense qui paraît, en effet, générale et non
départementale. Que deviendront ces enfants ? Le gouvernement ne devrait-il pas s'en préoccuper, les utiliser
dans l'intérêt de sa marine et de ses colonies agricoles?
N'est-il pas évident que cette pensée d'avenir sera
méditée par l'État? C'est à cela qu'il faut l'inviter
par l'expression des vœux; il faut dire au gouvernement : vous voulez donc chasser des hospices ces êtres
malheureux ; et que deviendront-ils, si vous n'y pre-
nez garde ? Des vagabonds, d'abord, des criminels,
peut-être, ensuite ! mais vous leur tendrez la main,
au contraire, pour les diriger dans les voies de l'u-
tile et du bien.

L'honorable membre pense donc qu'il est prudent
d'attendre, on étudiera la question dans le recueille-
ment; on s'environnera de renseignements, et, pendant ce temps-là même, d'autres voix demanderont
que le gouvernement prenne enfin à sa charge une

affaire qui rentre si naturellement dans le cadre de ses attributions. Il termine en proposant d'appeler l'attention du gouvernement sur cette question.

M. le préfet répond que cette question est suffisamment mûrie et suffisamment étudiée, qu'elle l'a été ailleurs, si elle ne l'a pas été dans le conseil général de la Charente; que sur les départements, 71 ont approuvé la suppression et la réduction des tours, 11 contre, et 3 se sont abstenus. En Angleterre, où tous les tours sont supprimés, à peine y a-t-il un infanticide sur un million d'habitants, tandis qu'en Irlande, où il y a des tours, les infanticides sont fréquents. Cette question n'est pas assez étudiée, dit M. le préfet ! mais n'avons-nous pas vu un homme d'une haute intelligence s'environner de toutes les données, tous les documents, tous les éléments possibles de discussion en cette matière ; ne l'avons-nous pas vu, après avoir si hautement attaqué le système de la suppression des tours, ne l'avons-nous pas vu, après avoir eu les mains pleines de documents, se résoudre au silence ? N'est-ce pas là la reconnaissance évidente de l'erreur dans laquelle il était ?

Un membre répond à M. le préfet, que si l'on a des statistiques plus ou moins exactes d'infanticides, on n'en a pas pour les avortements, dont, pourtant, le grand nombre n'est pas contestable. Que parle-t-on de l'Angleterre ? Mais elle a une organisation spéciale, et sa prostitution. L'honorable membre s'autorise ici de ses observations, dans un pays lointain, pour établir que rien au monde n'est aussi funeste aux mœurs et au mariage que le fait patent et autorisé des filles-mères.

Enfin, un autre membre déclare que pour voter sur

une question si vaste, si délicate, il faut avoir étudié ses éléments, et que sa conviction n'est pas suffisamment éclairée par les discussions qui viennent de s'établir dans le sein de l'assemblée.

M. le président pose la question résultant du rapport de la commission :

*C'est le remplacement du tour d'Angoulême par un bureau d'admission.*

Cette proposition mise aux voix est rejetée.

L'honorable membre, qui le premier, a répondu à M. le préfet, propse de faire suivre le vote du conseil de la résolution suivante :

En repoussant la suppression du tour et son remplacement par un bureau d'admission, le conseil général exprime le vœu que le gouvernement place à la charge du budget de l'État le service des enfants trouvés et les dépenses qui y sont afférentes; que des mesures législatives soient réalisées dans le but d'assurer aux enfants-trouvés des soins, une éducation, un état, un avenir et une direction, réclamés par les intérêts réunis de la morale et de la société, et de placer enfin les enfants-trouvés sous le patronage du gouvernement.

Cette résolution mise aux voix est adoptée.

L'allocation destinée au service des enfants-trouvés est ensuite mise aux voix et adoptée.

## RACE BOVINE.

### Rapport du Préfet.

Messieurs,

Chaque année le conseil général vote une somme de 600 fr. pour encouragement à la race bovine.

L'allocation, mise à la disposition de l'administration pour l'année 1846, a été distribuée en primes de 85 fr. chacune dans des concours, qui ont eu lieu dans les localités ci-après désignées, savoir :

1° à Angoulême, le 15 août ;

2° à Confolens, le 20 août ;

3° à Montembœuf, le 27 août ;

4° à Chabanais, le 5 septembre ;

5° à Larochefoucauld, le 11 septembre ;

6° à St. Amant-de-Boixe, le 13 septembre.

Il vous sera d'ailleurs facile, Messieurs, d'apprécier, par l'examen des procès-verbaux ci joints, la répartition de la subvention affectée à cette branche si importante du commerce d'une partie du département.

Vous maintiendrez, je n'en doute pas, au budget de 1847, la somme que j'y fais figurer en faveur de la race bovine qu'il est essentiel de ne pas laisser dépérir.

Les conclusions de l'administration sont adoptées.

———————

## RACE CHEVALINE.

Rapport du Préfet.

Messieurs,

Le nombre de stations, qui n'était l'année dernière que de sept, a été porté à huit en 1846, et le nombre d'étalons qu'on y a placé a été élevé à 21. — 1004 juments ont été présentées, ce qui fait, une moyenne de 48 saillies par étalon, et conséquemment une augmentation de 151 sur le nombre total de celles de 1845, qui était de 853.

Suivant le vœu émis par le conseil général, dans sa dernière session, les primes qui seront distribuées cette année, ont été graduées et sont plus élevées que précédemment. Pour satisfaire également à un désir exprimé par cette assemblée, il a été introduit, dans l'arrêté pris pour règlementer les concours, une disposition qui donne la faculté aux jurys de ne pas distribuer les primes si les animaux présentés n'en sont pas dignes. Le jury du concours d'Angoulême a même usé de cette faculté dès le 15 septembre 1845, en ne décernant pas la totalité des primes mises à sa disposition; la somme restée libre, en cette circonstance, a été, avec mon assentiment, distribuée aux propriétaires des plus belles juments saillies par des étalons royaux de la station du Poirier ( arrondissement de Confolens ), qui venait d'être récemment créée.

M. le ministre de l'agriculture et du commerce, par une dépêche du 29 juin dernier, en exprimant son regret de ne pouvoir accorder sur les fonds de l'Etat aucune subvention pour être ajoutée au 2,000 fr. votés par le conseil général, a annoncé qu'il avait fait prendre soigneusement note de la demande formée par l'administration, ayant pour but d'obtenir qu'il soit établi dans le département un plus grand nombre de stations, ou envoyé, pour la monte, un plus grand nombre d'étalons. La réalisation de cette promesse ne pourra que puissamment contribuer à l'amélioration de la race chevaline.

Les procès-verbaux des concours de l'année dernière, que je joins ici, vous permettront d'apprécier l'emploi de la somme mise à la disposition de l'administration, et vous détermineront, je n'en doute pas, à voter pareil encouragement pour 1847.

Vous apprécierez aussi, Messieurs, si la situation des ressources du département peut vous permettre de réaliser le vœu émis par le conseil d'arrondissement d'Angoulême, relatif à l'achat et au placement à l'école d'agriculture, de cinq ou six juments de formes.

Un membre demande si c'est à la propagation ou à l'amélioration de la race que l'administration accorde des primes ? L'honorable membre estime que les primes devraient être accordées à la propagation des chevaux propres à la remonte seulement.

Un autre membre fait observer que l'exigence d'un certificat d'origine pour les chevaux, telle que l'administration le pratique dans ses règlements, est une chose fâcheuse. Car le canton que l'honorable membre représente, le canton d'Illersac, et une partie de l'arrondissement de Cognac, vont chercher au loin les jeunes poulains qu'ils élèvent, et lorsque le moment est venu de concourir, les propriétaires qui n'ont pas pu, lors de l'achat de leurs poulains, se procurer un certificat d'origine, ne peuvent pas non plus, à cette époque, s'en pourvoir. Eh! pourtant ces chevaux servent à la remonte, car elle puise près de 200 chevaux par an dans cette contrée. L'honorable membre verrait donc avec plaisir, qu'à l'avenir, le certificat d'origine ne fut plus exigé dans les règlements administratifs.

Les conclusions de l'administration sont adoptées.

————

MM. Ritz et Gallenou, de l'arrondissement de Barbezieux, demandent des modifications à l'arrêté de M. le préfet sur la chasse, et proposent une exception (pour le filet appelé pante), contre les oiseaux granivores, moineaux, alouettes, etc.

Les pétitions sont renvoyées à l'administration.

————

M. Bodet, membre de la commission de l'intérieur, fait les rapports suivants :

## INSTITUTION ROYALE DES SOURDS-MUETS.

**Rapport du Préfet.**

Messieurs,

Chaque année, le conseil général alloue une somme de 2,000 fr. pour entretien, à l'institution royale de Bordeaux, des sourds-muets appartenant à la Charente.

Cette somme sert à payer la pension de quatre de ces infortunés. L'Etat a pris à sa charge tout ou portion de la pension de trois élèves originaires du département.

Vous maintiendrez, j'en suis persuadé, la somme de 2,000 fr. que j'ai inscrite au budget de 1846, pour venir en aide à une classe si digne d'intérêt.

### Rapport de la Commission.

Le conseil général vote habituellement une somme de deux mille francs pour entretenir plusieurs sourds-muets du département de la Charente, à l'école royale des sourds-muets de Bordeaux, et leur donner le moyen d'acquérir cette bienfaisante instruction, qui corrige, autant qu'il est possible, les funestes effets de l'infirmité dont il sont affligés.

M. le préfet a inscrit au budget de l'année prochaine la même somme de 2,000 fr., destinée au paiement de la pension de quatre élèves sourds-muets.

L'Etat a pris aussi à sa charge, en tout ou en partie, la pension de trois autres élèves Charentais ; en sorte qu'en ce moment, grâce à la libéralité de l'Etat et du département, sept jeunes gens de notre localité, jouissent des bienfaits de l'instruction spéciale donnée à ces infortunés.

La commission de l'intérieur vous propose, Messieurs, de voter, pour la destination dont il s'agit, l'allocation de la somme de 2,000 fr. qui vous est demandée par l'administration.

Les conclusions de la commission sont adoptées.

## ÉCOLE PRATIQUE D'AGRICULTURE.

**Rapport du Préfet.**

Messieurs,

L'école d'agriculture a continué depuis la dernière
session du conseil général à se maintenir au grand complet de vingt élèves. Plusieurs demandes de places ont
même été faites sans qu'il ait été possible de les accueillir.

Huit élèves qui avaient achevé leurs deux années d'é-
tudes ont été diplômés, le 23 décembre dernier, après
avoir subi un examen en présence de la commission
d'inspection ; six de ces jeunes gens ont obtenu des diplômes du 2° degré, et les deux autres des diplômes du
3° degré. Ces élèves ont été immédiatement remplacés.

Les succès qu'obtient cet établissement sont attestés
non-seulement par les primes que la société d'agriculture du département lui a distribué dans ses concours,
mais encore par les cinq prix et la médaille que le
congrès du Centre de l'Ouest lui a décerné, dans sa
dernière réunion, qui a eu lieu à Poitiers, au mois de
mai dernier. Vous jugerez, d'ailleurs, Messieurs, cette
école dans tous ses détails, par le rapport que je mets
sous vos yeux.

Les leçons d'agronomie que le directeur de cet établissement donne aux séminaristes et aux élèves de l'é-
cole normale ont eu lieu cette année comme précédem-

vent. Plusieurs instituteurs sont venus assister à ce cours, et, quelques-uns de ces Messieurs, ont déjà commencé à donner des notions élémentaires d'agriculture à leurs élèves.

L'école d'agriculture répond trop bien au but de son institution pour que vous ne mainteniez pas à votre budget les sommes qui y sont inscrites.

### Rapport de la Commission.

M. le préfet a porté au budget de 1847 une somme de 5000 fr. destinée à concourir à l'entretien de 20 élèves à l'école pratique du Petit-Rochefort, et dont il vous demande l'allocation, cette demande a soulevé quelques questions dont le rapporteur de votre commission doit vous faire connaître les solutions.

La majorité de la commission a pensé que le conseil général devait accorder l'allocation demandée, si, en réalité, cet établissement a obtenu les résultats qu'on devait espérer. Sans doute, notre école pratique impose des sacrifices à l'Etat et au département, mais toutes les écoles d'agriculture ont cet inconvénient; la nôtre est une de celles qui reçoivent le moins et une de celles qui ont le mieux réussi.

L'école pratique d'agriculture a deux buts distincts : premièrement, d'enseigner les principes de la science agricole théoriquement et pratiquement; deuxièmement, de former des élèves pour répandre et appliquer autant que possible dans les campagnes, les bonnes méthodes.

Les rapports de la commission de surveillance attestent que ces deux buts ont été atteints. On y emploie avec avantage des instruments perfectionnés ; les assolements sont excellents ; on y élève avec succès des bestiaux des meilleures races, des taureaux de la race schwitz, des béliers des races *Naz* et des porcs *Hampshire*. Les bâtiments de la ferme ont subi de grandes améliorations.

Les élèves formés à l'école n'ont peut être pas rendu jusqu'à présent, à l'agriculture Charentaise, tous les services possibles. Cela tient à plusieurs causes indépendantes de cet établissement, à la grande division de la propriété dans plusieurs de nos arrondissements, et aux préjugés de la majeure partie des grands propriétaires qui pourraient utiliser les connaissances de ces jeunes gens en les employant comme régisseurs ou maîtres-domestiques, et qui ne les appellent pas chez eux préférant leurs vieilles pratiques si préjudiciables aux progrès de l'agriculture. Le plus grand nombre des élèves de cette école sont cependant placés dans le département soit dans des fermes à titre de domestiques, soit dans leurs familles. Mais, d'ailleurs, quelque soit la contrée où ils se fixent, ils deviennent de précieux instruments de production et rendent de sérieux services à l'agriculture française. Nous faisons chaque année des sacrifices pour entretenir des élèves à l'école des arts et métiers dans l'intérêt de l'industrie générale, car les élèves de cette école vont souvent offrir leurs services à des industriels des autres départements. Ce que nous faisons pour l'industrie, pourquoi ne le ferions-nous pas pour l'agriculture ? pourquoi ne pas la traiter avec les mêmes faveurs ?

L'école d'agriculture pratique ayant atteint le double

but qu'elle s'était proposée , ayant obtenu les résultats
qu'on en avait espéré , votre commission a pensé qu'il
y avait lieu de lui accorder l'allocation de 5000 fr., qui
vous est demandée.

Un membre combat les conclusions de la commission;
il dit qu'il ne connaît pas personnellement les lieux ,
mais qu'il sait par une sorte de notoriété publique et
par quelques membres du conseil qui connaissent parfaitement la localité , que rien n'est moins propre que
la propriété du Petit-Rochefort, à l'établissement d'une
école pratique d'agriculture. Les terres n'ont pas 15
centimètres de profondeur dans la plus grande partie
de la propriété , c'est même une véritable dérision , de
la part des élèves eux-mêmes qui s'en moquent, rien
d'utile ne peut sortir de là. — Mais indépendamment de
la nature appauvrie du sol, les élèves reçoivent une
éducation incomplète , il n'y a pas de vignobles dans
la propriété ou bien peu du moins. Les frais de la
pension sont trop élevés; des hommes destinés à devenir des maîtres-valets paient une pension de 500 fr.,
semblable à celle de nos meilleurs collèges de province,
en vérité c'est dérisoire; eh! comment veut-on qu'après
avoir été bien nourris et bien soignés à l'école pratique,
les élèves puissent ensuite se résoudre à la nourriture
grossière des domestiques de la campagne? Ce n'est
point là , bien qu'on en ait dit, le but que l'on s'est
proposé! sont-ce donc des régisseurs que l'on a voulu
ou que l'on veut faire! mais on n'en a plus besoin
dans un département où la propriété est si divisée et où
les grandes fermes sont si rares. L'honorable membre
déclare qu'il a demandé souvent une réforme ou une
suppression ou tout au moins un changement de local,

M. le préfet, dit-il, doit avoir des renseignements à donner sur ce point.

M. le préfet répond que l'honorable préopinant est dans l'erreur sur l'état de la propriété du Petit-Rochefort. C'est un sol fertile et profond en beaucoup d'endroits, il y a même une vallée des plus fécondes. La vigne n'y est pas rare, c'est un local parfait; il n'y a pas une autre école en France où les élèves se maintiennent aussi constamment au complet que dans celle-ci, sur vingt élèves cinq sont devenus militaires par la loi, sept autres sont placés dans des familles de cultivateurs, les autres enfin sont rentrés chez eux, ceux qui sont placés ne le sont pas comme régisseurs, mais comme valets ou maîtres valets à 200, 220 et 300 fr. de gages. Du reste, avec les 5000 fr. votés par le département, on obtient du gouvernement 5000 fr., et le vote du conseil général n'est donc pas sans avantages. M. le préfet manifeste ici vivement la surprise de voir chaque année l'école pratique d'agriculture remise en discussion, et cela sans fondement et sans aucune espèce de motif sérieux et raisonnable.

Il est répondu par un membre que l'optimisme de l'administration sur ce point n'est pas une opinion bien générale. L'honorable membre déclare qu'il a vu et visité la propriété du Petit-Rochefort, et il a rencontré quelques bons instruments aratoires, mais qui labouraient sur le rocher; les élèves étaient les premiers à en rire. Les bâtiments tombaient en ruine et on n'y trouva ni un brin de foin ni un brin de paille, et l'honorable membre ajoute que s'il eut eu un métayer qui aurait ainsi tenu sa ferme, il l'eut renvoyé sur-le-champ. Enfin, l'école d'agriculture n'est pas plus mal placée au

Petit-Rochefort que ne l'était l'école de marine à Angoulême, l'ironie publique et privée fait sa pâture de
ces erreurs.

M. le préfet répond que les bâtiments ont été depuis
arrangés, réparés et construits à neuf, mais qu'il faut
convenir que l'on donne bien peu au propriétaire du
Petit-Rochefort pour que l'on puisse exiger un grand luxe
de bâtiments.

Un autre membre déclare qu'il s'est assuré de l'exactitude de ce que le premier opinant a dit de l'école
pratique d'agriculture ; qu'en effet, il a vu dans sa contrée, un des élèves sortis de cette école et qui procla-
me que c'est vraiment une chose pitoyable que cet établissement.

M. le rapporteur obtient la parole et dit que ce serait chose grave que de supprimer l'enseignement agricole
dans un département ; que l'école pratique est connue
sous les plus beaux rapports par les travaux d'inspection constatés par MM. de Montleau, de la Tranchade
et Gellibert. Le rapport écrit de ces messieurs est là
qui fait foi des beaux résultats obtenus... Le sol ! mais
M. Gellibert a comparé les produits du Petit-Rochefort
aux produits des propriétés voisines et l'avantage marqué
a été pour l'école pratique ; cette comparaison est donc
toute favorable. L'élévation du prix de la pension des
élèves ! mais mon dieu, ce n'est pas un prix de pension, c'est d'ailleurs le prix le moins élevé que les
écoles d'agriculture en France reçoivent : l'orgueil des
élèves n'en est point surexcité, car ils sont modestes, ils
vont en sortant de là se placer dans les fermes à 200,
250 et 300 fr. de gages. Les bâtiments ! mais ils ont
été réparés et reconstruits à neuf. — Il n'y avait pas de

foin, pas de paille! l'honorable préopinant a fait sa visite à l'établissement au mois de mai, à une époque où
tout le monde sait, et au Petit-Rochefort surtout, que
l'on nourrit au vert les bestiaux ; mais si l'on tient à
l'école plus de bestiaux qu'il n'en faut pour la culture
de la propriété ( ce qui est une bonne chose ) , il n'est
pas étonnant que le propriétaire ait été momentanément
privé de fourrage , à cette époque avancée de l'année;
ainsi l'école pratique d'agriculture se recommande par
elle même au conseil général.

Un autre membre déclare qu'il est inutile de s'étendre sur cette matière en raisonnements, c'est le fait
qu'il faut voir , la tenue de l'école et l'inaptitude de son
sol au but qu'elle devrait atteindre.

Les conclusions de la commission sont mises aux voix
et adoptées.

————

M. Hennessy donne lecture d'une lettre de M. le
ministre de l'intérieur , et d'un rapport du préfet sur
la réunion de la commune de Château-Bernard à celle
de St-Martin, et de 26 groupes de celle de St-Martin
à Cognac , ces deux pièces sont ainsi conçues :

LETTRE MINISTÉRIELLE.

« Paris , le 9 septembre 1846.

« Monsieur le Préfet ,

« Vous m'avez adressé, en janvier 1845, les pièces relatives à deux projets ayant pour but : l'un de réunir

la commune de Château-Bernard, à celle de St-Martin ; l'autre d'établir une nouvelle délimitation entre les communes de St-Martin, de Cognac et de Crouin ; les deux projets, qui au premier abord semblent distincts, ont entre eux de tels rapports qu'ils se complètent l'un l'autre et ne peuvent plus être séparés.

« Si vous aviez proposé seulement de réunir en une seule les deux communes de Château-Bernard et de St-Martin, telles qu'elles se trouvent actuellement, il n'y aurait aucune difficulté ; mais vous proposez de réunir Château-Bernard à St-Martin moins 26 groupes d'habitations appartenant à cette dernière commune. Vous devez comprendre, Monsieur le Préfet, que si une loi intervenait conformément à vos propositions, elle aurait pour effet de préjuger, sans examen, la question de savoir si les 26 groupes d'habitations dont il s'agit devront ou non être détachés de St-Martin, et en supposant que lors de l'examen du projet de réunion de ces 26 groupes à Cognac, on reconnut qu'ils doivent au contraire dépendre naturellement de St-Martin, on serait obligé de faire une nouvelle loi pour rendre à la commune de St-Martin ses anciennes limites du côté de Cognac ; de sorte que le territoire compris entre la nouvelle et l'ancienne limite ne dépendrait provisoirement d'aucune commune. Pour éviter ces inconvénients, il me paraît indispensable de soumettre les deux projets à un examen simultané, afin qu'ils puissent être compris dans la même décision. La partie du projet de délimitation qui est relative à Crouin, peut seule être l'objet d'une décision séparée.

« Je vous engage, Monsieur le Préfet, à réunir en un seul les deux projets tendant, 1° à la réunion de Châ-

teau-Bernard et St-Martin ; 2° à la délimitation de St-
Martin et de Cognac ; Vous y joindrez ou n'y joindrez
pas selon que vous le jugerez convenable le projet de délimitation de Crouin et de Cognac qui ne me paraît avoir
qu'un rapport très-éloigné avec les deux autres projets.

« J'ai eu l'honneur de vous renvoyer, par lettre du 12
février 1845, les pièces relatives au projet de délimitation entre St-Martin , Crouin et Cognac ; je vous renvoie
ci-jointes celles relatives à la réunion de Château-Bernard à St-Martin ; vous devrez trouver dans ces pièces
les éléments d'un dossier qui satisfasse aux observations
qui précèdent , ainsi qu'aux prescriptions de la loi du
18 juillet 1837 et des circulaires émanées de mon ministère, les 30 avril 1838 , 1er octobre 1839 et 14 février
1843.

« Les pièces que je vous renvoie auraient pu suffire
pour préparer un projet de réunion de Château-Bernard
à St-Martin et de délimitation entre St-Martin et Cognac,
si les terrains à distraire de St-Martin ne se trouvaient
pas également compris dans le projet où il s'agit de
Crouin ; si, d'ailleurs, le plan permettait d'apprécier
quelle est la situation de ces terrains par rapport au
territoire de la commune de Cognac ; si, enfin , le tableau statistique contenait tous les renseignements nécessaires. Vous devez comprendre , Monsieur le Préfet,
qu'il importe de réunir tous les éléments d'appréciation en
ayant soin d'éviter toute confusion.

« Recevez, Monsieur le préfet , l'assurance de ma considération la plus distinguée.

« *Le Ministre de l'Intérieur.*

« Pour le Ministre et par autorisation

« *Le Sous-Secrétaire d'Etat ,*

« Signé A. PASSY. »

### Rapport du Préfet.

Dans sa session de 1844 (séance du 31 août) , le conseil général , adoptant les propositions de l'administration , vota la réunion de 26 groupes de la commune de St.-Martin à celle de Cognac, et la réunion de celle de Château-Bernard à St-Martin.

Les propositions de l'administration étaient ainsi motivées :

« 1° la réunion à Cognac de 26 groupes de parcelles désignées à détacher de St.-Martin.

« 2° la réunion de Château-Bernard en entier au reste de St-Martin sous la dénomination de : *St. Martin-Château-Bernard.*

L'administration , conformément à ses propositions , a fait deux dossiers de ces affaires qui ont été soumises à la sanction de la haute administration, le 15 janvier 1845.

Par sa lettre ci-jointe du 9 courant , M. le ministre de l'intérieur fait observer que ces deux affaires , qui n'en font qu'une par le fait, n'auraient pas dû être scindées ; il engage l'administration à les réunir en un seul projet pour en faire l'objet d'une proposition unique.

L'instruction de ces deux projets est complète. Il ne s'agit , pour se conformer à la lettre de M. le ministre que d'en réunir les dossiers et porter aux tableaux statistiques, qui en font partie , les modifications qui sont la conséquence de cette réunion; mais il paraît aussi nécessaire, pour donner à cette instruction toute la régularité possible, que les propositions de l'administration et le vote du conseil général soient rectifiés dans ce sens ; en conséquence, l'administration popose au conseil général d'émettre *un avis favorable sur le projet de réunion de la commune de Château Bernard à celle de St-Martin, qui prendrait le nom de St.-Martin-Château-Bernard, et de réunion à la commune de Cognac de 26 parcelles désignées à détacher de la commune de St-Martin.*

Ce vote, comme on le voit, est le même au fonds et quand au résultat, que celui de 1844, toute la différence est dans la résolution qui a pour but de n'en faire qu'une seule affaire au lieu de deux.

Quant à la réunion de six parcelles de la commune de Crouin à la commune de Cognac, mentionnée dans la lettre précitée de M. le ministre, elle sera traitée séparément, l'administration n'a, en conséquence, aucune proposition à faire à ce sujet.

La commission propose et le conseil adopte les conclusions du rapport du préfet.

Rien n'étant plus à l'ordre du jour, la séance est levée et renvoyée à demain matin huit heures.

# SÉANCE DU 19 SEPTEMBRE 1846.

## PRÉSIDENCE DE M. ALBERT.

A huit heures du matin, les membres du conseil étant au nombre voulu par la loi, M. le président ouvre la séance.

Sont présents :

MM. ALBERT, CHAZAUD, LASTIER, DE LA TRANCHADE, HINE, TESSIÈRE, HENNESSY, GUILLET-PLANTEROCHE, DEVARS, POITEVIN, FAURE-SAINT-ROMAIN, MEMINEAU, BODET, RICHARD, LAVALLÉE, VEYRET, POINEAU, DE LAFAYE, ESMEIN, MIMAUD, FILHOL, MERVEILLAUD, CHAMPVALLIER, LEMERIE, BOUNICEAU-GÉMON, *secrétaire.*

M. le préfet assiste à la séance.

Le procès-verbal de la veille est lu et adopté.

# BUDGET DÉPARTEMENTAL DE 1847.

M. de la Tranchade, membre de la commission des finances, fait le rapport suivant :

## Rapport de la Commission.

Messieurs ,

Votre commission des finances m'a chargé de vous présenter le budget qu'elle vous propose d'adopter pour 1847.

Je regrette beaucoup que vous ne puissez entendre M. de Tryon-Montalembert qui fut, pendant tant d'années, l'habile rapporteur de votre commission des finances. Comptant sur toute votre indulgence, j'ai accepté le travail qu'elle m'a confié.

Votre commission a examiné avec le plus grand soin tous les articles du budget, et déjà vous-mêmes, dans vos précédentes délibérations, vous en avez approuvé un certain nombre.

## PREMIÈRE SECTION.—Dépenses ordinaires.

SOUS-CHAPITRE 1er.—*Travaux ordinaires des bâtiments.*

Art. 1er. -- Réparations à la caserne de gendarmerie

d'Angoulême...... .................. ..........  306 f. »

Art. 2. — Réparations à la caserne de
gendarmerie de Larochefoucauld.........;  194 f. »

Art. 3. — Réparations à la caserne de gendarmerie de Lavalette ... ................  165 f. »

Art. 4. — Réparations à la caserne de gendarmerie de Blanzac... ................ ..  322 f »

Art. 5. — Réparations à la caserne de gendarmerie de Confolens............; .......  304 f. »

Art. 6. — Réparations à la caserne de gendarmerie de Barbezieux...............  333 f. »

Art. 7. — Réparations à la caserne de gendarmerie de Ruffec.................. ..  658 f. »

Art. 8. — Réparations à la caserne de gendarmerie d'Algre.... .... .............  206 f. »

Art. 9. — Réparations à la caserne de gendarmerie de Cognac................ .........  335 f. »

Art. 10. — Réparations à la caserne de gendarmerie de Jarnac.. .................... ..  240 f. »

La commission fait observer au conseil général que si la dépense nécessitée pour le
logement des gendarmes et du trésorier doit
être au compte du épartement, il n'en est pas
ainsi de celles faites pour le logement des officiers de cette arme, et qu'il est juste de demander au ministre de la guerre le remboursement des frais d'appropriation des loge-
ments qu'ils occupent dans les casernes. Le

*A reporter.* ..........  2,963 f. »

*Report....* ......... 2,963 f. »

conseil avait déjà fait cette observation à l'administration en 1844.

Art. 11. — Réparations d'urgence à la sous-préfecture de Cognac..... .............. 212 f. »

Art. 12 — Entretien des couvertures des bâtiments départementaux.............. .. .... 1,186 f. 33

Art. 13. — Entretien du dépôt des minutes des anciens notaires d'Angoumois.......... 30 f. »

La commission appelle de nouveau l'attention de l'administration sur les minutes renfermées dans ce dépôt. Elle la prie de veiller à leur conservation, et elle croit qu'il serait bien que l'administration supérieure prît des mesures pour y faire déposer un grand nombre des minutes d'anciens notaires, qui sont répandues dans les campagnes et dont la conservation au dépôt pourra être utile.

Art. 14. — Entretien de l'hôtel et des bureaux de la préfecture.............. .......... 2,000 f. »

Art. 15. — Entretien des sous-préfectures. 500 f. »

Art. 16 — Entretien des tribunaux. ...... 1,400 f. »

La commission recommande à l'administration une réclamation du tribunal de Barbezieux, qui contient plusieurs natures de dépenses à diviser par spécialité.

Art. 17. — Entretien des prisons........ 1,600 f. »

Art. 18. — Entretien des casernes de gendarmerie........ ................ ......... 2,500 f. »

Art. 19. — Traitement de l'architecte. ... 2,000 f. »

Total du sous-chapitre 1er.. 14,391 f. 33

SOUS-CHAPITRE II. — *Contributions.*

( Néant. )

SOUS-CHAPITRE III. — *Loyers des hôtels de préfecture et de sous-préfectures.*

Art. 1er. — Loyer de l'hôtel de la préfecture...................................... » »

Art. 2. — Loyer de la sous-préfecture de Confolens............................... 800 f. »

Total du sous-chapitre 3... 800 f. »

SOUS-CHAPITRE IV. — *Mobiliers de la préfecture et des bureaux des sous-préfectures.*

Art. 1er. — Allocation pour renouvellement de divers objets dépendants du mobilier de l'hôtel de la préfecture.................... 200 f. »

Art. 2. — Entretien ordinaire de ce mobilier................................... 2,000 f. »

Art. 3. — Achat de mobilier pour les bureaux des sous-préfectures.............. » »

Art. 4. — Entretien du mobilier de ces bureaux............................... 120 f. »

Art. 5. — Frais de vente de mobilier de la préfecture ( par prévision. )........... 50 f. »

Total du sous-chapitre 4.... 2,370 f. »

SOUS-CHAPITRE V. — *Casernement de la gendarmerie.*

Art. 1ᵉʳ. — Eclairage des casernes et remplacement des drapeaux placés sur les bâtiments ........    150 f.  »

Art. 2. — Loyers et frais de baux des casernes qui n'appartiennent pas au département, au nombre de 12... ...........    8,445 f.  »

Art. 3. — Indemnités de literie aux gendarmes extraits de la ligne ou admis dans les six mois de leur congé............    700 f.  »

Total du sous-chapitre 5.....    9,295 f.  »

SOUS-CHAPITRE VI. — *Prisons départementales.*

Art. 1ᵉʳ. — Administration...............    11,454 f.  »

Art. 2. — Régime économique.........    32,843 f.  57

Art. 3. — Dépenses diverses............    150 f.  »

Art. 4. — Dépenses des chambres ou dépôt de sûreté.......................    1,950 f.  »

L'administration est priée d'étudier dans quelles localités il serait utile d'établir de nouveaux dépôts de sûreté, et de faire, dès l'an prochain, des propositions au conseil général.

Art. 5. — Dépenses communes aux diverses prisons du département............    960 f.  »

Total du sous-chapitre 6....    47,557 f.  57

SOUS-CHAPITRE VII. — *Cours d'assises et tribunaux*

Art. 1". — Eclairage des bâtiments et réparations loca-tives............................................... » »

Art. 2. — Loyers et frais de baux de bâtiments qui n'appartiennent pas au département................................................ 400 f. »

Art. 3. — Frais d'entretien du mobilier de la cour d'assises et des tribunaux ( non compris le greffe et ses accessoires )...... 1,050 f. »

Art. 4. — Achat ou renouvellement de mo-bilier............................................ » »

L'administration avait proposé à cet ar-ticle, sur la demande de M. le président du tribunal civil d'Angoulême, une somme de 600 fr. pour renouveler quelques meu-bles hors de service, la commission ajourne cette proposition, parce que la demande a besoin d'être régularisée.

Art. 5. — Frais de vente de mobilier hors de service.......................................... » »

Art. 6. — Menues dépenses et frais du parquet de la cour d'assises et des tribunaux. 6,610 f. »

Art. 7. — Menues dépenses des justices de paix............................................. 1,675 f. »

Un membre observe que le traitement des juges de paix ayant été augmenté, il est

*A reporter* ........ 9,735 f. »

*Report.......* 9,735 f. »

Inutile de maintenir l'allocation que jusque
là on leur avait attribuée dans le budget départemental.

Mais il est répondu que l'allocation est
destinée au service du prétoire de la justice
de paix plutôt qu'au juge de paix lui-même.

Total du sous-chapitre 7..... 9,735 f. »

SOUS-CHAPITRE VIII. — *Corps-de-garde de la préfecture.*

. Art. unique. — Chauffage et éclairage ( circulaire du 17
décembre 1814 ).......................... 450 f. »

Total du sous-chapitre 8.... 450 f. »

SOUS-CHAPITRE IX. — *Entretien des routes départementales.*

La longueur totale des routes départementales , classées par décrets ou ordonnances royales, est
de :                                278,248 mètres.

La longueur des mêmes routes arrivées à l'état d'entretien, au 31 décembre 1845, était de ... 242,505 m.

Il en a été construit, dans la campagne
de 1846, en routes neuves............... 2,000 m.

La longueur des routes départementales qui seront
arrivées à l'état d'entretien , au 1er janvier 1847, sera
de. ............................... 244,505 m.

Il est proposé pour l'entretien de cette longueur de routes, en 1847, y compris la somme portée pour réserve et celle allouée au sous-chapitre xvii 112,657 f. »

Ce qui fait ressortir le taux de l'entretien par mètre courant à 46 centimes.

Il est de plus nécessaire, pour maintenir la viabilité sur quelques parties de routes non terminées, mais qui sont cependant fréquentées, d'y affecter une somme de. 1,000 f. »

Partant, le crédit total nécessaire à l'entretien des routes départementales en 1847, sera de..................... 113,657 f. »

Si l'on extrait de cette somme, comme ne pouvant être inscrite au sous-chapitre ix, et qui dès lors sera portée au sous-chapitre xvii, celle de........... 28,840 f. 99

Reste à inscrire audit sous-chapitre ix. 84,816 f. 01

Laquelle doit être répartie, d'après l'avis de la commission, de la manière suivante :

Art. 1er. — Route n° 1er d'Angoulême à Larochechalais. 28,900 f. »

Art. 2. — Route n° 2 de Cognac à Barbezieux. 10,059 f. »

L'entretien de cette route est de 13,900 f.,

*A reporter*..... 38,959 f. »

*Report.* . . . . . . 38,959 f. »

le complément figure au sous-chapitre
XVII.

Art. 3. — Route n° 3 , de Cognac à St.-
Jean-d'Angély . . . . . . . . . . . . . . . . . . . . . . .     4,300 f. »

Art. 4. — Route n° 4, de Barbezieux au
port Maubert . . . . . . . . . . . . . . . . . . . . .     2,700 f. »

Art. 5. — Route n° 5 , de Ruffec à Jar-
nac . . . . . . . . . . . . . . . . . . . . . . . . . . . . .     »        »

(Voir au sous-chapitre XVII , art. 2. )

Art. 6. — Route n° 6 , de Cognac à
Pons . . . . . . . . . . . . . . . . . . . . . . . . . . . .     2,500 f. »

Art. 7. — Route n° 7 , de Barbezieux à
Chalais . . . . . . . . . . . . . . . . . . . . . . . . . .     15,500 f. »

Art. 8. — Route n° 8 , de Mansle à Sé-
rellhac . . . . . . . . . . . . . . . . . . . . . . . . . .     5,200 f. »

Art. 9. — Route n° 9 , de Confolens à
Ruffec . . . . . . . . . . . . . . . . . . . . . . . . . .     7,600 f. »

Art. 10. — Route de Poitiers à Ruffec par
Civray . . . . . . . . . . . . . . . . . . . . . . . . . . .     1,000 f. »

Art. 11. — Entretien de quelques parties
de routes terminées ou non terminées , mais
très-fréquentées . . . . . . . . . . . . . . . . . . .     1,000 f. »

Art. 12. { 1° Traitement de quatre con-
ducteurs . . . . . . . . . . . . . . . . . . . . . . .     4,800 f. »
2° Frais d'impressions , loyers
de terrains , frais d'experti-
ses, etc . . . . . . . . . . . . . . . . . .     1,289 f. 41

Art. 13. — Indemnités proportionnelles à
accorder aux ingénieurs des ponts et chaus-
sées . . . . . . . . . . . . . . . . . . . . . . . . . . . .     1,967 f. 60

Total du sous-chapitre 9 . . . .     84,816 f. 01

La commission fait observer que les routes départementales sont abîmées, surtout aux abords des chemins de fer, par les charrettes qui y transportent des fardeaux énormes. Elle prie l'administration de faire exécuter sévèrement les règlements sur la voirie. Rien n'est plus facile pour les matériaux parce qu'ils peuvent se cuber facilement.

M. le préfet répond que les règlements sont exécutés; que, s'il y a des chargements excessifs dans ce pays, c'est que l'on transporte beaucoup de ces gros blocs de pierres de taille destinés aux constructions, lesquels blocs ne sont pas divisés, bien que pourtant ils soient divisibles, car il n'en est pas de ces blocs, comme des blocs de fer et de marbre. Ces observations ont été faites à M. le ministre qui ne les a pas encore prises en considération, mais qui les pèsera certainement dans sa sagesse et leur donnera suite.

M. le président fait remarquer qu'il est pourtant un grand nombre de blocs de pierres de taille dont la division n'est pas possible, dans l'intérêt des constructions industrielles et des travaux d'art, et pour les besoins des édifices publics, et qu'il serait convenable de faire une exception dans ces divers cas.

SOUS-CHAPITRE X. — *Enfants-trouvés ou abandonnés et orphelins pauvres.*

ART. 1er. — On évalue ces dépenses d'après un nombre de 1,200 enfants, et à raison du prix moyen de 63 f., calculé, savoir :

1° Pour mois de nourrices et pensions, indemnités

et autres dépenses du service intérieur , à la somme de.............................. 73,600 f. »

2° Pour traitement de l'inspecteur du service des enfants-trouvés............. 2,000 f. »

3° A compte sur les layettes ( vote spécial du conseil )...................... 600 f. »

Total. ....... 76,200 f. »

A déduire comme produits étrangers au présent budget , et qui ne doivent pas figurer dans les recettes de la première section :

1° Le produit présumé des amendes et confiscations affecté à cette dépense.......... 1,500 f.

2° La portion des revenus des hospices spécialement affectée à la même destination......... »

3° Ce que le conseil général propose de mettre, d'après la loi , à la charge des communes , déduction faite des ressources prévues aux n°° 1°°, et 2.............. 14,820 f.   }  16,320 f. »

4° Ce que le conseil général juge convenable de laisser à la charge des centimes facultatifs................. »

Reste à la charge du budget départemental. 59,880 f. »

La commission propose d'allouer, pour à compte sur les layettes, mises au compte du département, la somme de 600 fr. , supprimée au sous-chapitre 7 pour le mobilier des tribunaux.

Elle regarde que la dépense des enfants-trouvés ou abandonnés et orphelins pauvres est d'utilité publique. Elle désirerait que l'administration et la dépense de ces enfants fussent prises par l'Etat.

### SOUS-CHAPITRE XI. — *Aliénés.*

Art. 1<sup>er</sup> on évalue la dépense des aliénés *à la charge du département* ( qu'ils soient placés dans le département ou dans un département voisin ) d'après un nombre moyen de 61 aliénés des deux sexes, et à raison de 365 fr. pour la pension annuelle de chaque aliéné, à une somme totale, pour l'année 1847,
de............................................. 22,265 f. »

A déduire comme produits étrangers au présent budget, et qui ne doivent pas figurer dans les recettes de la première section :

1° Ce que les aliénés ou leurs familles peuvent fournir à l'aide de leurs propres ressources......................... 800 f.

2° Le produit des indemnités à fournir par les hospices ( art. 28 de la loi du 30 juin 1838 et circulaire du 5 août 1839). »  2,800 f. »

3° Ce que le conseil général juge convenable de laisser à la charge des centimes facultatifs...................... »

4° Le produit présumé du concours des communes du domicile des aliénés........... 2,000 f.

Reste à la charge de le 1<sup>re</sup> section. 19,465 f. »

*A reporter.........* 19,465 f. »

Report...... 19,465 f. »

Art. 2. — Frais de transport et de nourriture en route des aliénés indigents qui
appartiennent au département ( par aperçu )..... ...........................  365 f. »

Total du sous-chapitre xi. ...  19,830 f. »

SOUS-CHAPITRE XII. — *Impressions.*

Art. 1er. — Frais d'impression et de publication des
listes électorales et du jury, et des tableaux de rectification, ainsi que des frais de règlement (lorsqu'il y a
lieu ) des mémoires de l'imprimeur......  4,000 f. »

Art. 2. — Frais d'impression des budgets
et des comptes des recettes et des dépenses départementales...................  1,000 f. »

Total du sous-chapitre 12....  5,000 f. »

SOUS-CHAPITRE XIII. — *Archives du département.*

Art. 1er. — Appointements du conservateur des archives............................  1,000 f. »

Art. 2. — Dépouillement extraordinaire
des archives....................  150 f. »

Art. 3. Frais de vente de papiers de rebut ( par prévision )..............  50 f. »

Total du sous-chapitre 13....  1,200 f. »

SOUS-CHAPITRE XIV. — *Frais de translation de routes et autres dépenses réunies en un seul chapitre.*

Art. 1er. Frais de translation et de nourriture en route de détenus d'une prison à une autre, ou d'une prison départementale à celle du chef-lieu de la cour royale, etc...... .................... 150 f.

Frais de translation de condamnés âgés de moins de 16 ans, etc.... 100 f.

Frais de conduite pour la lecture de leurs lettres de grâce de détenus dans les prisons départementales etc................................ 50 f.

Frais de translation de détenus aux travaux forcés, etc........... »

Secours de route de 15 c. par 5 kilomètres, et au besoin, frais de transport pour les forçats et autres condamnés libérés............. 400 f.

Total de l'article 1er..... 700 f. ci. 700 f. »

Art. 2.—Secours de route de 15 c. par kilomètre, et au besoin, frais de transport pour les voyageurs indigents. ......... . 2,000 f. »

Art. 3. — Frais de tenue des collèges et assemblées convoquées pour nommer les membres de la chambre des députés, des conseils généraux et des conseils d'arrondissements.. ................ ...... ... 500 f. »

A reporter...... 3200 f. »

*Report......*       3200 f. »

Art. 4. — Portion à la charge du département dans les frais de confection des tables décennales de l'état-civil..........     »      »

Art. 5. — Mesures contre les épidémies...................................     200 f. »

Art. 6. — Mesures contre les épizooties....................................     500 f. »

Art. 7. — Primes fixées par les règlements pour la destruction des animaux nuisibles..............................     300 f. »

Total du sous-chapitre 14...     4,200 f. »

SOUS-CHAPITRE XV. — *Dettes départementales ordinaires, complément des dépenses appartenant aux exercices 1845 et antérieurs.*

Art. 1er. Frais de tournées de l'architecte du département pour 1845........................     60 f. »

Art. 2. — Solde de l'indemnité acquise à M. l'ingénieur en chef pour direction des routes départementales en 1845. ........     2 f. 71

Art. 3. — Réparations d'urgence à la prison de Cognac. ......................     269 f. »

Total du sous-chapitre 15....     331 f. 71

Récapitulation de la première section.

*Dépenses ordinaires.*

Sous-chap. i. Travaux ordinaires des bâtiments................ 14,891 f. 33

— ii. Contributions........... » »

— iii. Loyers de l'hôtel de la
préfecture et des sous-préfectures............... 800 f. »

— iv. Mobiliers de la préfecture
et des bureaux des sous-
préfectures........... 2,370 f. »

— v. Casernement de la gendarmerie................ 9,295 f. »

— vi. Prisons départementales. 47,357 f. 55

— vii. Cours et tribunaux.... 9,735 f. »

— viii Corps-de-garde de la
préfecture.......... 450 f. »

— ix. Entretien des routes départementales.......... 84,816 f. 01

— x. Enfants-trouvés ou abandonnés et orphelins pau-
vres................ 59,880 f. »

— xi. Aliénés............ 19,830 f. »

— xii. Impressions......... 5,000 f. »

— xiii. Archives du département. 1,200 f. »

— xiv. Frais de translation de
route, et autres...... 4,200 f. »

— xv. Dettes ordinaires...... 531 f. 71

Total général des dépenses ordinaires.. 259,656 f. 62

RECETTES DE LA PREMIÈRE SECTION.

*Fonds libres de 1845, restés sans Affectation, conformément au Compte-Rendu pour cet Exercice, ( circulaire du 30 mai 1846 ).*

Art. 1". — Sur les centimes ordinaires et les fonds communs.............................. 10,605 f. 15

Art. 2. Sur les produits éventuels ordinaires........................................ 10 f. 56

RECETTES DE 1847.

Produit de 10 centimes additionnels ordinaires ( chapitre 37 du budget du ministère de l'intérieur, art. 1". ).......... 214,174 f. 30

Part du département dans le premier fonds commun ( même chapitre et même article )............................. 30,000 f. »

La commission croit que le conseil général ferait bien d'adresser de nouvelles réclamations pour une nouvelle répartition du fonds commun. Elle renouvelle la demande faite en 1844.

*Produits éventuels ordinaires de 1847 (Chap. 37 du budget du Ministère de l'intérieur, art. 2. )*

Art. 1" — Produit des expéditions d'anciennes pièces ou d'actes de la préfecture,

*A reporter......* 254,790 f. 01

Report..... 254,790 f. 01

déposées aux archives..... 26 f. 25 c

Art. 2. — Revenus particuliers de la prison d'Angoulême. . ·................. 1,000 f. »

Art. 3. — Remboursement d'avances faites par le département pour les tables décennales de l'état-civil..... 240 f. 36 c

Art. 4. — Remboursement d'avances faites par le département à l'Etat pour entretien de condamnés à plus d'un an............ 3,600 f. »

4,866 f. 61 c cl. 4,866 f. 61

Total général des recettes ordinaires. . 259,656 f. 62

*Balance.*

Total général des dépenses ordinaires. 259,656 f. 62

Total général des recettes ordinaires.. 259,656 f. 62

» »

**DEUXIÈME SECTION. — Dépenses facultatives.**

SOUS-CHAPITRE XVI. — *Travaux neufs des bâtiments, constructions ou grosses réparations, acquisitions, échanges, dépossessions, etc.*

Art. 1ᵉʳ. — Construction d'une sous-préfecture et d'un palais de justice à Ruffec.

Montant du projet approuvé...................... 99,745 f. 07

L'adjudication passée, le 24 mars 1846, moyennant un rabais de 17 p. 0|0, a réduit la dépense à.......... 82,788 f. 81

Il a été alloué à compte aux budgets de 1845 et 1846... 20,787 f. »

Reste à créditer... 62,001 f. 81

Sur lequel l'administration et la commission proposent.... ................. 14,000 f. »

La commission invite l'administration à prendre sur ce crédit, pour ces constructions, une somme de 600 fr. pour faire le traitement d'un surveillant des travaux de la sous-préfecture et du palais de justice de Ruffec.

Art. 2. Acquisition d'un terrain pour isoler la prison de Barbezieux ( solde )......... 50 f. »

Art. 3. — Assurance des bâtiments départementaux contre les risques d'incendie.... 260 f. »

Total du sous-chapitre 16.... 14,310 f. »

SOUS-CHAPITRE XVII. — *Travaux des routes départe-mentales et des Ouvrages d'Art qui en font partie.*

Art. 1". — Route n° 2, de Cognac à Barbezieux ( complément d'entretien )...................... 3,841 f. »

Art. 2 — Route n° 5, de Ruffec à Jarnac ( entretien )...................... 25,000 f. »

Art. 3. — Route n° 1. d'Angoulême à Larochechalais. .................... 400 f. »

Art. 4. — Route n° 5, de Ruffec à Jarnac...................... 1,968 f. 60

Art. 5. — Route n° 7, de Barbezieux à Chalais...................... 400 f. »

Art. 6. — Route n° 8, de Mansle à Sérellhac...................... » »

Art. 7. — Route n° 9, de Confolens à Ruffec...................... 2,222 f. »

Art. 8. — Route n° 10, de Poitiers à Ruffec par Civray...................... 300 f. »

Art. 9. Réserve pour dépenses diverses, destinée :
1° Aux frais d'impression, loyers de bâtiments ou de terrains, secours à des ouvriers blessés,...................... 2,316 f. »
2° Aux frais de levée de plans, d'expertises, de recherches de matériaux, etc............... 1,000 f. »

*A reporter......* 37,447 fr. 60

*Report.....* 37,447 f. 60

Art. 10. — Indemnités proportionnelles à accorder aux ingénieurs............... 311 f. 33

Art. 11. —Indemnités extraordinaires pour les conducteurs et frais de déplacement.. 1,400 f. »

Total du sous-chapitre 17..... 39,188 f. 93

SOUS-CHAPITRE XVIII. — *Subventions aux communes.*

Art. 1<sup>er</sup>. — Subventions aux communes pour les caisses d'épargnes............................ 500 f. »

Art. 2. — Subventions pour travaux et réparations d'églises et de presbytères, savoir :

Commune de Brigueuil, réédification de l'église................. 400 f. »

Commune de Bonneuil.... 200 f. »

Communes d'Aignes et Puy-péroux, réparations au pres-bytère.................. 250 f. »

Commune de St.-Sornin, réparations du presbytère. 250 f. »

Commune de Magnac-Laval-lette, réparations de l'égli-se.................. 200 f »

Commune de Pranzac, ré-parations de l'église........ 250 f. »

Commune de Bayers, ré-parations de l'église........ 200 f. »

Commune de Cellefrouin, réparations de l'église..... 250 f. «

2,000 f. » cl. 2,000 f. »

Total du sous-chapitre 18..... 2,500 f. »

14

Sous-Chapitre xix. — *Encouragements et secours.*

Art. 1<sup>er</sup>. — Encouragement pour l'annuaire départemental........  ...........  ....  ....  ..  300 f. »

Art. 2. — Secours à d'anciens employés de la préfecture, savoir : Mme veuve Couillebaud, dont le mari comptait 26 ans de services.......................... ...  200 f. »

M. Félix, expéditionnaire, comptant 21 ans de services.................. ...  100 f. »

M. Navarre, expéditionnaire, comptant 16 ans de services................... ..  200 f. »

Art. 3. — Indemnités aux employés de la préfecture pour travaux extraordinaires pendant la session du conseil général...  500 f. »

Un membre assure que l'allocation ne profite pas à ceux à qui elle devrait parvenir; que la distribution s'en opère de manière à ce que quelques employés s'en plaignent.

M. le préfet répond que ceux qui se plaignent ne doivent pas participer à l'allocation, et que la distribution s'en fait conformément aux intentions du conseil.

Un membre observe que l'allocation n'est destinée qu'à ceux des employés qui prennent une part directe aux travaux extraor-

*A reporter.* ......... 1,600 f. »

*Report....* ........ 1,600 f. »

dinaires du conseil et dans le sein du conseil. C'est un vote spécial et déterminé. L'administration l'exécutera.

Art. 4. — Subvention à la caisse de retraite de ces employés................... 1,000 f. »

M. Hine expose une demande de M. Abadie, architecte du département, par laquelle ce fonctionnaire désirerait faire partie de la caisse de retraite des employés de la préfecture. M. Abadie ayant refusé de se soumettre aux conditions imposées aux autres employés pour leur admission à cette caisse, sa demande n'est pas adoptée par le conseil général.

Art. 5. — Société d'agriculture.. ...... 1,600 f. »

Art. 6. — Encouragements à l'agriculture....

- Chaire d'enseignement à l'école. 100 f
- Ferme-modèle ou école pratique, 5,000 f.
- Comices agricoles 3,500 f.
- Primes pour l'élève des taureaux. ....... 600 f.

Total imputable sur les centimes facultatifs par suite d'insuffisance de produits spéciaux........... 9,200 f. ci..9,200 f. »

Art. 7. — Entretien d'élèves aux écoles

*A reporter....* 13,400 f. »

. *Report*........ 13,400 f. »

vétérinaires d'Alfort , de Lyon ou de Toulouse ................................ 1,080 f. »

Art. 8. — Encouragement pour l'élève
et la production des chevaux.......... 2,000 f. »

Art. 9. — Dépenses du cours d'accouchement.............................. 2,000 f. »

Art. 10. Traitement du professeur de ce
cours............................ 600 f. »

Art. 11. — Indemnités pour la propagation ou la conservation de la vaccine... 4,300 f. »

Art. 12.—Secours à la Société Maternelle
et autres établissements charitables...... 1,000 f. »

Art. 13. — Entretien d'élèves aux écoles
des arts et métiers d'Angers ou à l'école
centrale des arts et manufactures........ 1,800 f. »

La commission vous propose le vote de
800 fr. pour concourir à entretenir à l'é-
cole centrale des arts et manufactures le
jeune Genevière, d'après la prise en considération votée dans la séance du 15 de
ce mois.

Art. 14. — Entretien de bourses dans le
collège royal d'Angoulême ( ordonnance
royale du 9 août 1843 ).............. 2,250 f. »

Art. 15. — Secours aux malades indigents
traités dans les établissements thermaux.. 1,000 f. »

Art. 16. -- Secours pour le traitement

*A reporter....* 29,430 f. »

|  | *Report*...... | 29,430 f. » |
|---|---|---|
| des indigents attaqués de maladies syphili- tiques ou pshoriques................. | | 1,500 f. » |
| Art. 17. — Entretien de sourds-muets dans l'institution royale de Bordeaux.... | | 2,000 f. » |
| Art. 18. — Conservation des monuments historiques ; recherches de monuments an- tiques.......................... | | 1,000 f. » |
| Art. 19. — Subvention à la colonie agri- cole de St.-Antoine............... | | 300 f. » |
| Art. 20. — Secours aux hospices qui reçoivent les malades indigents des commu- nes pauvres.................... | | 2,000 f. » |
| Art. 21. — Subvention à la colonie agri- cole de Mettray................. | | 300 f. » |
| Art. 21. ( bis ). — Encouragemens pour la publication de la statistique monumentale de la Charente.................. | | 300 f. » |

Un membre demande qu'une somme de 300 f. soit allouée, à titre d'encouragement, à l'auteur de la statistique monumentale de la Charente, car M. l'abbé Michon a fait un travail remarquable et ne s'est pas borné là, car il a fait l'office gratuit d'in- specteur de nos monuments et à ces der- niers titres, il doit recevoir du conseil général l'encouragement qu'on lui a jus- qu'alors accordé...................

|  | *A reporter*...... | 36,830 f. » |
|---|---|---|

Report......  36,830 f. »

Le conseil général vote l'allocation de
300 f.

Art. 22. — Secours à l'établissement des
dames de La Croix de St.-Ausonne d'An-
goulême.......... ... ...... ...... ........ .....     300 f. »

Art. 23. — Encouragement à la société
archéologique d'Angoulême. ........... .....     500 f. »

Un membre dit que dans les temps difficiles pour les classes pauvres, comme
ceux que nous aurons peut-être à traverser,
il serait bien que le conseil général rédui-
sit de beaucoup, s'il ne les supprimait pas
tout-à-fait, les allocations destinées à l'encouragement des arts.

Il est répondu à l'honorable membre que
sa proposition est tardive, car le conseil
général vient de voter les allocations dont
on demanderait la suppression.

Total du sous-chapitre 19..   37,630 f. »

SOUS-CHAPITRE XX. — *Cultes.*

Art. 1". — Subvention à la caisse de secours du diocèse.. ....... ......... ...... ..... ..... ........     1,000 f. »

Total du sous-chapitre 20..   1,000 f. »

SOUS-CHAPITRE XXI. — *Secours pour remédier à la mendicité.*

Art 1ᵉʳ. — Secours au dépôt de mendicité établi provisoirement à Angoulême...... ........    1,000 f. »

Art. 2. — Secours effectifs en aliments,
en cas d'extrême misère ou de disette lo-
cale.................................... .......    7,200 f. »

La commission voyant l'élévation du prix
des grains, et craignant que les besoins
de la classe malheureuse ne soient plus
considérables cet hiver que les années précédentes, propose d'augmenter ce secours
de la somme de 1,200 fr. , ce qui le porte
à 7,200 f.

Total du sous-chapitre 21...    8,200 f. »

SOUS CHAPITRE XXII. — *Dépenses diverses.*

Art. 1ᵉʳ — Frais de publication des délibérations du
conseil général ou procès-verbaux de ses
séances............................ ...........    1,000 f. »

Art. 2. — Impression d'extraits de rôles
nécessaires à la préparation et à la confection des listes électorales...........    200 f. »

Art. 3. — Achat d'ouvrages d'administration pour la préfecture et les sous-pré-
fectures................... ........ ...........    300 f. »

*A reporter*........    1,500 f. »

Report...... 1,500 f »

Art. 4.—Gratifications pour belles actions. 400f. »

Art. 5. { Produit des droits d'inspection des pharmacies, des boutiques et magasins des droguistes et épiciers herboristes.... 760 f. Insuffisance de ces droits........ ... 700 f.

1,460 f. ci. 1,460 f. »

La commission propose de réduire à 700 fr. la somme de 1,500 fr. demandée par l'administration pour ce service qui ne souffrira nullement, selon elle, de cette réduction. Elle trouvera par l'économie de 800 fr. à répondre au désir exprimé par le conseil général pour avoir un élève à l'école centrale des arts et manufactures.

Art. 6. — Frais d'illumination des édifices départementaux les jours de fêtes publiques....................... .. ... 450 f. »

Art. 7. — Frais d'expertises et de vérification des voitures publiques......... 200 f. »

Art. 8. — Réserve pour dépenses imprévues............. .. ......... .... 158 f. 75

Total du sous-chapitre 22.... 4,168 f. 75

Sous-Chapitre XXIII. — *Dettes départementales pour dépenses autres que les Dépenses ordinaires.*

Art. 1er — Solde de l'indemnité due à l'ingénieur en

chef pour direction des routes départementales en
1843................................... 123 f. 69

Art. 2. — Solde des frais du cours d'accouchement pour 1845..................... 300 f. »

Art. 3. — Solde des frais d'admission
en 1845, dans les hospices d'Angoulème
et de Montbron de malades indigents de
communes pauvres...................... 550 f. 12

Art. 4. — Solde des frais d'admission,
en 1845, dans l'hospice d'Angoulème de
malades indigents attaqués de syphilis et
de gale............................... 500 f. »

Art. 5. — Frais d'insertion dans un journal de Poitiers d'avis relatifs à l'adjudication de l'emprunt et de travaux de routes.................................... 61 f. 25

Total du sous-chapitre 23..... 1,535 f. 06

### Récapitulation de la deuxième section.

*Dépenses facultatives.*

SOUS-CHAP. XVI. — Edifices départementaux..................... 11,310 f. »

— XVII. — Routes départementales................... 39,188 f. 93

— XVIII. — Subventions aux communes............... 2,500 f. »

— XIX. — Encouragements et secours................. 37,630 f. »

— XX. — Cultes............... 1,000 f. »

*A reporter.....* 91,628 f. 93

|  |  |  |  |
|---|---|---|---|
| | *Report.* . . . . . | 94,628 f. 93 |
| — | XXI. — Mendicité . . . . . . . . | 8,200 f. » |
| — | XXII. — Dépenses diverses . . . | 4,468 f. 75 |
| — | XXIII. — Dettes départementales extraordinaires . . . . . | 1,535 f. 06 |

Total . . . . . . . . 108,532 f. 74

## RECETTES DE LA DEUXIÈME SECTION.

*Fonds libres de* 1845, *restés sans Affectation, conformément au Compte de cet Exercice.*

Art. 1er. — Sur les centimes facultatifs
de 1845 . . . . . . . . . . . . . . . . . . . . . . . . . . . . . . . . . . . . 16 f. 59

Art. 2. — Sur produits des propriétés,
etc . . . . . . . . . . . . . . . . . . . . . . . . . . . . . . . . . . . . » »

Art. 3. — { Sur contingents communaux,
etc . . . . . . . . . . . . . . . . . . » »
Sur produits spéciaux afférents à des dépenses de la
2e section . . . . . . . . . . . . . » »

### RECETTES DE 1847.

Art. 1er. — Produit des centimes facultatifs . . . . . . . . . . . . . . . . . . . . . . . . . . . . . . 107,087 f. 15

Art. 2. — Produit annuel ou loyers des
terrains et locaux libres, etc . . . . . . . . . . » »

Art. 3. — ubvention de la commune
de Nanteuil pour la route départementale
n° 9, de Confolens à Ruffec . . . . . . . . . . 669 f. »

Art. 4. — Produit des rétributions payées
par les pharmaciens, épiciers, droguistes
et herboristes . . . . . . . . . . . . . . . . . . . . . . . . . 760 f. »

Total général des recettes . . . 108,532 f. 74

*Balance.*

Total général des dépenses de la 2ᵉ section. 108,532 f. 74

Total général des recettes............ 108,532 f. 74

*Demandes du Conseil Général sur le second fonds commun pour les Travaux d'art dans les condi- tions de l'article 17 de la    'u 10 mai 1838.*

### Sous Chai ⸱e XVI.

Art. 1ᵉʳ. -- Construction d'une sous-préfecture et d'un palais de justice à Ruffec............ 10,000 f. »

### Sous-Chapitre XVII.

Art. 3. — Route nᵒ 1. d'Angoulême à Larochechalais ; construction d'un pont sur La Tude........................ 16,000 f. »

Art. 4. — Route nᵒ 5, de Ruffec à Jar- nac ; réparations au pont d'Aigre....... 1,000 f. »

Art. 5. — Route nᵒ 7, de Barbezieux à Chalais; pont sur la Viveronne et travaux d'art aux abords de Chalais................ 4,000 f. »

Art. 7. — Route nᵒ 9, de Confolens à Ruffec; ponts d'Alloue et de Champagne- Mouton ............ ............ 12,000 f. »

Art. 8. — Route nᵒ 10, de Poitiers à Ruffec par Civray; pont à l'Isle sur la Charente.............. ............. 12,000 f. »

Total des secours demandés..... 55,000 f. »

## TROISIÈME SECTION. — Dépenses extraordinaires.

### SOUS-CHAPITRE XXIV.

#### § 1er. — *Edifices.*

( Néant. )

§ 2. — *Construction et Achèvement de routes départementales. Dépenses imputables sur les 4 c. 1|2 extraordinaires dont l'imposition a été autorisée par la loi du 5 juin 1846, pendant les années 1847, 1848, 1849, 1850 et 1851.*

*Emploi d'une partie de cette imposition en 1847.*

La commission a cru devoir faire quelques changements dans les allocations portées par l'administration pour les cinq routes départementales numéros 1, 7, 8, 9 et 10. Le crédit total des allocations a été augmenté de 2,000 fr. retranchés aux articles 6 et 8 du même sous-chapitre pour les raisons qui vont vous être dites.

Art. 1er. — Travaux de la route départementale n° 1, d'Angoulême à Larochechalais. ....  26,721 f. 38

Art. 2. — Travaux de la route départementale n° 7, de Barbezieux a Chalais..  1,000 f. »

Art. 3. — Travaux de la route départementale n° 8, de Mansle à Sérellhac. ...  10,000 f. »

*A reporter.*. ...  37,721 f. 38

Report..... 37,721 f. 38

Art. 4. — Travaux de la route départementale n° 9, de Confolens à Ruffec.... 7,678 f. »

Un membre observe qu'il serait urgent que l'administration porta son attention sur la traverse de la route n° 9, de Condac à Ruffec; l'honorable membre sait bien que jusque là l'administration n'a pas pu y porter de fonds en suffisante quantité; mais il prie M. le préfet de prendre note de son observation, afin qu'à l'avenir on s'occupe de la confection de cette partie de route, qui deviendrait inutile si l'on laissait longtemps subsister l'état actuel des choses entre Condac et Ruffec.

Art. 5. — Travaux de la route départementale n° 10, de Poitiers à Ruffec par Civray........................... 8,000 f. »

Art. 6. — Réserve à voter distinctement pour dépenses diverses, destinées au paiement :

1° Des salaires de piqueurs, spécialement attachés aux routes départementales, des frais d'impression, secours à des ouvriers blessés........................... 1,300 f. »

2° des frais d'expertises, de recherches de matériaux, etc.................... 110 f. 59

La commission est unanime pour refuser la création d'un nouveau conducteur;

A reporter...... 55,139 f. 97

Il lui paraît extraordinaire de demander l'augmentation du personnel pour les travaux des routes départementales, quand elle voit que la longueur totale de ces routes est de 278,000 mètres ; qu'avec le personnel actuel l'administration en a déjà fait terminer et mettre à l'entretien 219,000 mètres et qu'enfin il n'en reste plus à exécuter que 29,000 mètres.

Le crédit de l'article 6, § 2, a paru à votre commission devoir être augmenté de 110 f. 59 c. comme paraissant insuffisant.

Art. 7. — Indemnités proportionnelles aux ingénieurs... ........................    514 f. »

Art. 8. — Indemnités extraordinaires aux conducteurs........... ..., ...........    »         »

La somme de 1,000 fr. demandée pour cet objet a été rejetée par la commission. Elle pense que les traitements alloués suffisent, et l'administration doit punir les agents qui ne remplissent pas leurs devoirs.

Total du paragraphe 2.....   55,653 f. 97

### § 3. — *Construction et achèvement des chemins de grande communication.*

*Dépenses imputables sur le 1 c. 1|2 extraordinaire dont l'imposition a été autorisée par la loi du 5 juin 1846 pendant les années 1847, 1848, 1849, 1850 et 1851.*

Art. 1er. Subvention pour travaux des chemins vicinaux
de grande communication................ 37,957 f. 92

Total du paragraphe 3..... 37,957 f. 92

### § 4. — *Service de l'emprunt départemental.*

| | | |
|---|---|---|
| Loi du 4 juin 1834. | Art. 1er. — Intérêt de l'emprunt... | 29,925 f. » |
| | Art. 2. — Remboursement..... | 71,296 f. 12 |
| Loi du 5 juin 1846. | Art. 2. — Remboursement....... | 63,703 f. 88 |

Total du paragraphe 4...... 164,925 f. »

### Récapitulation.

§ 1er. — Néant.
§ 2. Loi du 5 juin 1846............... 55,629 f. 67
§ 3. Loi du 5 juin 1846............... 37,957 f. 92
§ 4. { Loi du 4 juin 1834. 101,226 f. 04 } 164,925 f. »
{ Loi du 5 juin 1846. 63,698 f. 96 }

Total du sous-chapitre 24. 258,512 f. 59

## SOUS-CHAPITRE XXV. — *Emprunt.*

Art 4<sup>er</sup>. — Travaux de la route départementale n° 8, de Mansle à Sérelihac............... 24 30

Cette somme provient de l'emprunt contracté en vertu de la loi du 4 juin 1834, elle avait été mandatée en 1839, au profit de la femme Blanchard, Marguerite, pour indemnité d'un terrain cédé à cette route ; mais elle n'a pas été acquittée, malgré les divers avis donnés à cette créancière du département.

Total du sous-chapitre 25..... 24 f. 30

### Récapitulation de la troisième section.

*Dépenses extraordinaires.*

SOUS-CHAP. XXIV. — Impositions extraordinaires............ 258,512 f. 59

— XXV. — Emprunt départemental............ 24 f. 30

Total de la 3<sup>e</sup> section......... 258,536 f. 89

### RECETTES.

*Fonds libres de 1845 restés sans Affectation, con-*
*formément au Compte-Rendu pour cet Exercice.*

Art. 1". — Sur les centimes extraordinaires............................ 5,459 f. 79

Art. 2. — Sur fonds d'emprunt....... 21 f. 30

### RECETTES DE 1847.

Art. 1". — Produit des centimes extraordinaires......................... 253,052 f. 80

Art. 2. Portion d'emprunt réalisable en
1847................................ » »

Total des recettes affectées aux dépenses
de la 3ᵉ section...................... 258,536 f. 89

### Balance.

Total des dépenses extraordinaires.... 258,536 f. 89
Total des recettes.................... 258,536 f. 89

» »

## QUATRIÈME SECTION.

*Dépenses des chemins vicinaux.*

SOUS-CHAPITRE XXVI.

*Imposition spéciale de 5 centimes votés par le conseil général, en vertu de la loi du 21 mai 1836, pour les travaux des chemins vicinaux en 1847.*

Art. 1". — Subvention pour travaux à répartir par le préfet, eu égard aux ressources, aux sacrifices et aux besoins des communes... ............   93,961 f. 56

Un membre propose de voter la somme de 4,000 fr. à prendre sur cette allocation à l'effet de rémunérer les travaux extraordinaires des conducteurs.

Un autre membre combat cette proposition en faisant remarquer que, lorsque le conseil général avait des travaux de chemins considérables à faire, il ne dépensait, pour le service des agents-voyers, qu'une somme de 18,000 fr., tandisque aujourd'hui qu'une très-grande partie des travaux sont exécutés, que les travaux annuels sont moins considérables et que les ressources du département le sont moins aussi qu'elles ne l'étaient, aujourd'hui l'allocation consacrée au service des agents-voyers est doublée et portée à près de

_____

*A reporter.....*   93,961 f. 56

— 227 —

36,000 fr. L'honorable membre s'oppose
donc à toute augmentation d'allocation pour
ce service et vote contre la proposition
d'une somme de 1,000 fr. destinée aux
conducteurs.

Un autre membre répond que l'augmentation des allocations du service des agents-
voyers s'explique naturellement par le
fait que, lorsque l'allocation était moins
forte, le conseil général faisait exécuter
par le mode des entrepreneurs et des adjudications, tandisque depuis on a employé
le mode de régie, qui a exigé un personnel plus nombreux. D'un autre côté, dit
un autre membre, les conducteurs, au profit
desquels on propose la somme de 1,000 fr.,
sont appelés souvent à s'occuper de la petite vicinalité, service qui, chaque jour,
devient de plus en plus important et in-
téressant.

M. le président met aux voix l'allocation de 1,000 f. destinée à rémunérer les
conducteurs des travaux extraordinaires auxquels ils se livreront.

Le conseil général vote l'allocation.

Immédiatement après ce vote, M. Hennessy, rapporteur de la commission des
travaux publics, donne au conseil commu-

nication de la proposition suivante :

La commission des travaux publics a remarqué dans le rapport du voyer en chef, que cet agent propose l'entretien des lignes de grande vicinalité, la réorganisation des agents chargés de la main-d'œuvre de ces entretiens.

Il paraît démontré qu'avec 136 cantonniers on obtiendrait, surveillés qu'ils fussent à chaque instant de la journée par des chefs, le même résultat, quant à l'entretien des parties terminées, que si l'on employait 204 cantonniers, suivant le mode actuel.

Enfin, il résulterait de cette réorganisation: 1° une économie, dès la première année, de 6,000 f., économie qui augmenterait jusqu'à 10,000 f. à l'époque où il faudrait entretenir la totalité du parcours de nos lignes de grande vicinalité ;

2° Que les chefs cantonniers, auxquels il serait conféré, par la loi, le droit de verbaliser contre les contraventions de toute nature qui se commettraient sur ces lignes, et pour cela il suffirait qu'ils fussent dénommés agents-voyers cantonniers chefs ;

3° Que ces chefs cantonniers seraient chargés, non-seulement du recouvrement des prestations en nature pour ce qui est de l'entretien, mais aussi de diriger les cantonniers sous leurs ordres dans le même but;

4° Le secours des chefs-cantonniers et même des cantonniers, pour ce qui est du recouvrement des prestations en nature, pourrait devenir utile à certaine localité au sujet de l'emploi des prestations en nature. Quant aux travaux neufs, ces agents tiendraient lieu de piqueurs pendant les deux mois de vacances.

Le conseil général adopte la proposition et la renvoie à l'administration.

|  |  |  |
|---|---|---|
| Art. 2. { | Traitement des agents-voyers | 33,400 f. » |
|  | Frais de bureau de l'agent-voyer en chef ........... | 500 f. » |

Art. 3. — Réserve pour frais d'impression et dépenses diverses............... 900 f. »

Total du sous-chapitre 26.... 128,761 f. 56

## SOUS-CHAPITRE XXVII.

*Contingents communaux, souscriptions particulières et prestations converties en argent pour travaux de chemins vicinaux de grande communication.*

Fonds de subvention à répartir par le préfet, par ligne vicinale, selon les ressources qui y sont affectées............................ 109,683 f. »

Total du sous-chapitre 27.... 109,683 f. »

Récapitulation de la quatrième section.

*Dépenses spéciales.*

Sous Chap. xxvi. — Travaux des chemins vicinaux sur centimes spéciaux... 128,761 f. 56

—    xxvii — Travaux des chemins vicinaux de grande communication sur contingents communaux et souscriptions particulières........ 109,683 f. »

Total de la 4ᵉ section...... 238,444 f. 56

### RECETTES.

*Fonds libres sans Affectation, conformément au Compte-Rendu pour cet Exercice.*

Art. 1ᵉʳ. — Sur centimes spéciaux pour chemins vicinaux............................. 2,235 f. 16

Art. 2. — Sur les ordonnances expédiées sur contingents communaux et souscriptions particulières........................ »    »

### RECETTES DE 1847.

Art. 1ᵉʳ. — Produit des 5 centimes spéciaux........................... 126,526 f. 40

Art. 2. — Contingents communaux et souscriptions particulières propres à l'exercice 1847....................... 109,683 »

Total des recettes affectées aux dépenses de la 4ᵉ section................. 238,444 f. 36

*Balance.*

Total des dépenses spéciales... .... 238,444 f. 56
Total des recettes................ 238,444 f. 56

————————————
»        »

Récapitulation des quatre sections.

*Dépenses.*

| | | | |
|---|---|---|---|
| SECT. 1ʳ. — Dépenses ordinaires...... | | | 259,656 f. 62 |
| — 2. — Dépenses facultatives...... | | | 108,532 f. 74 |
| — 3. | Dépenses extraordinaires. | Imposition (loi du 5 juin 1834 § 2)... | 55,629 f. 67 |
| | | Imposition (loi du 5 juin 1846 § 3).. | 37,957 f. 92 |
| | | Emprunt (lois des 4 juin 1834, 5 juin 1846 § 4)....... | 164,949 f. 30 |
| — 4. | Travaux des chemins vicinaux. | Sur les centimes spéciaux............ | 128,761 f. 56 |
| | | Sur les contingents communaux et souscriptions particulières. .............. | 109,683 f. » |

Total général des dépenses.... 865,170 f. 81

RECETTES.

| | | |
|---|---|---|
| SECT. 1ʳ. | Fonds libres de 1845...... | 10,615 f. 74 |
| | Produit de 10 c. ordinaires de 1847................. | 214,174 f. 30 |
| | Part dans le premier fonds commun de 1847........ | 30,000 f. » |
| | Produits éventuels ordinaires de 1847. ............... | 4,866 f. 61 |

*A reporter...... 259,656 f. 62*

Report..... 259,656 f. 62

|            | | |
|---|---|---|
| | Fonds libres de 1845......... | 46 f. 59 |
| | Produit des 5 c. facultatifs de 1847....................... | 107,087 f. 15 |
| SECT. 2. | Subventions communales et de particuliers pour travaux de routes, bâtimens, produits spéciaux et autres recettes propres à la 2ᵉ section pour 1847 | 1,429 f. » |
| | Fonds libres de 1845......... | 5,484 f. 09 |
| | Produit de l'imposition extraordinaire (loi du 4 juin 1834). | 101,221 f. 12 |
| — 3. | Produit de l'imposition extraordinaire (loi du 5 juin 1846). | 113,873 f. 76 |
| | Produit de l'imposition extraordinaire (loi du 5 juin 1846). | 37,957 f. 92 |
| | Fonds libres de 1845......... | 2,235 f. 16 |
| | Produit de 5 c. spéciaux pour chemins vicinaux en 1847 ... | 126,526 f. 40 |
| — 4. | Contingents communaux et souscriptions particulières pour chemins vicinaux en 1847. ... | 109,683 f. » |

Total général des recettes.... 865,170 f. 81

*Balance des quatre sections.*

Total général des dépenses... 865,170 f. 81

Total général des recettes..... 865,170 f. 81

» »

Toutes les délibérations sur les services susceptibles de donner lieu à des allocations étant épuisées, le conseil général a adopté les conclusions de la commission et a voté le budget, section par section, sous-chapitre par sous-chapitre, article par article;

Et par suite a décidé, en vertu des pouvoirs que lui donnent diverses lois et notamment celle du 3 juillet dernier,

Que le département serait imposé, en 1847, 1° cinq centimes sur les contributions foncière, personnelle et mobilière pour couvrir les dépenses facultatives;

2° Quatre centimes sur les quatre contributions directes, en vertu de la loi du 4 juin 1834, pour amortissement de l'emprunt contracté par suite de cette même loi;

3° Quatre centimes et demi sur les quatre contributions, en vertu de la loi du 5 juin 1846, pour concourir audit amortissement et pour achèvement des routes départementales actuellement classées;

4° Enfin, un centime et demi sur lesdites contributions pour travaux d'art des chemins vicinaux de grande communication.

———

M. de la Tranchade continue :

## EXÉCUTION DE LA LOI DU 5 JUIN 1846.

### Rapport du Préfet.

Messieurs,

La loi du 5 juin 1846, qui établit une imposition extraordinaire de quatre centimes et demi sur toutes les contributions directes, dispose, dans son article 3, que le montant de cette taxe sera réglé entre les divers services qui y sont énoncés, par une ordonnance royale, sur la proposition du conseil général. J'ai l'honneur, en conséquence, de vous inviter à faire la répartition de ce produit, qui s'élève à.... 113,873f. 76 pour 1847, de la manière qui suit :

1° Complément de l'annuité remboursable, en 1847, de l'emprunt contracté en vertu de la loi du 4 juin 1834, soixante-trois mille sept cent trois fr. 88 c. 63,703f. 88

2°, Travaux neufs des routes départementales.

cinquante mille cent soixante neuf fr. 88 c. 50,169f. 88

Somme égale..... 113,873 f. 76

La commission s'associe à la proposition de l'administration, qui est adoptée par le conseil général.

---

M. Devars fait le rapport du budget du cadastre.

## CADASTRE.

### Rapport du Préfet.

Les travaux de l'arpentage ont été portés, pendant la campagne de 1846, dans neufs communes, six du canton de Mansle et trois du canton de Barbezieux, celles du canton de Mansle sont : St-Ingeau, Cellefrouin, St-Amant-de-Bonnieure, Ste Colombe, Latache et Ventouse ; dès lors les travaux graphiques sont terminés dans ce canton. Les communes du canton de Barbezieux, soumises à la même opération, sont celles de Barbezieux, Montchaude et St-Hilaire.

Les expertises cadastrales devront être faites, suivant le budget de l'année courante dans treize communes du canton de Mansle, savoir : Aunac, Bayers, Chenon, Chenommet, St Clers, Fontenille, St-Front, Juillé, Lichères, Lonnes, Mouton, Moutonneau et Valence.

Les travaux nombreux, qui ont pesés, cette année, sur les agents de la direction et les longues pluies du printemps ont entravé les opérations pendant la première campagne; aussi, les expertises n'ont-elles été entreprises et terminées que dans les communes de Fontenille et Lonnes.

Il reste donc pour la seconde campagne onze communes à expertiser, elles le seront d'ici au 1er janvier prochain, M. le directeur m'en donne l'assurance.

Messieurs, après vous avoir exposé la situation des travaux, je vais vous indiquer mes prévisions pour le budget de 1847.

Dans la circonstance actuelle et avec les dispositions favorables de l'administration supérieure, touchant la conservation du cadastre dont le projet de loi vous a été communiqué pour avoir vos observations ; de plus, d'après les dispositions de la circ. de M. le ministre des finances, du 7 juillet dernier, portant que le crédit alloué dans le budget de l'Etat, pour 1847, à titre de fonds commun, a été réduit de nouveau et que les secours sur ce fonds seront nécessairement fort restreints, je crois devoir vous proposer de réduire votre vote de l'année dernière, c'est-à-dire d'accorder, 1 c. 7|10 au lieu de 2 c. Le produit de cette taxe sera suffisant pour assurer l'achèvement des travaux en cours d'exécution, car il ne doit pas en être entrepris de nouveaux, et pour continuer l'opération de la sous-répartition foncière.

Le budget sera divisé en trois parties :

1°. Expertises et confection des pièces cadastrales;

2°. Mutations ;

3°. Sous-répartition foncière.

Voici comment je vous le propose :

### RECETTES.

| | |
|---|---|
| Excédant du budget de 1845......... | 205 f. 57 |
| Produit de 1 c. 7|10. .............. | 30,878 f. 93 |
| Fonds commun (par prévision)........ | 10,000 f. » |
| Total des ressources........ | 41,084 f. 50 |

### DÉPENSES.

| | |
|---|---|
| Solde des travaux d'art entrepris en 1846. | 13,927 f. 83 |
| Solde des expertises exécutées en 1846. | 500 f. » |
| Expertises et matrices cadastrales à faire en 1847............................ | 8,000 f. » |
| Mutations cadastrales............... | 8,000 f. » |
| Sous-répartition foncière............. | 10,656 f. 67 |
| Montant des dépenses..... | 41,084 f. 50 |

### Balance.

| | |
|---|---|
| Recettes............................ | 41,084 f. 50 |
| Dépenses........................... | 41,084 f. 50 |

La commission conclut au vote des deux centimes ordinairement votés pour ce service.

Un membre demande pourquoi la commission propose au conseil le vote de 2 centimes lorsque l'administration ne demande qu'un centime 7|10.

Il est répondu que l'administration avait cru devoir emprunter sur le service du cadastre 3|10 de centime pour le budget de l'instruction primaire. Mais la commission a pensé que le cadastre n'était pas trop doté des deux centimes, et elle a mieux aimé proposer pour le budget de l'instruction primaire le vote d'un impôt de 3|10 de c.

Les conclusions de la commission sont adoptées ; les deux centimes du cadastre sont votés.

———————

M. Hine fait un rapport sur le budget de l'instruction primaire.

## BUDGET DE L'INSTRUCTION PRIMAIRE.

### Rapport du Préfet.

Messieurs ,

La loi du 28 juin 1833 a classé les dépenses de l'instruction primaire en dépenses ordinaires et extraordinaires , qui font partie des dépenses départementales, d'après la loi du 10 mai 1838.

Lorsque les communes ne trouvent pas dans leurs revenus et dans le produit des trois centimes qu'elles sont autorisées à voter, les ressources nécessaires pour faire face à ces dépenses, le département et l'Etat sont obligés de suppléer à leur insuffisance. Ils doivent de plus faire face aux frais de l'école normale primaire, à ceux des comités d'arrondissement, de la commission d'examen, à ceux de la caisse d'épargnes, enfin, aux diverses subventions que nécessite l'instruction primaire et ses progrès.

La totalité de la dépense de ce service pour 1847, à la charge du département et de l'Etat, s'élèverait, si toutes les communes étaient pourvues d'instituteurs, savoir :

| | |
|---|---|
| Complément à allouer aux communes.. | 48,300 f. 50 |
| Dépenses de l'école normale primaire . | 17,573 f. 25 |
| Frais de bureaux des comités......... | 1,000 f. » |
| Subventions diverses et dépenses extra-ordinaires....... ....... ............... | 7,594 f. 16 |
| Total.............. | 74,467 f. 91 |

Les deux centimes à voter pour 1847 forment...... ....... ....... · ....... 50,614 f. 56

Il y aurait à réclamer à l'Etat où à l'impôt extra-ordinaire...... ....... ....... ....... .. 23,853 f. 35

Le budget de 1847 que j'ai l'honneur de vous présenter ne s'élève point au chiffre ci-dessus de 74,467 fr. 91 c., par le motif que beaucoup de communes sont encore privées des moyens d'instruction.

Il se compose de la manière suivante :

1· Complément des dépenses ordinaires des écoles primaires communales........ 31,500 f. »

Chiffre à peu près égal à la dépense de 1845 ,

2· Dépenses ordinaires de l'école normale...... ...... 17,573 f. 25

3· Menues dépenses et frais d'impressions de la caisse d'é-pargnes , des comités d'arrondissement et de la commission d'examen , de la commission d'instruction primaire, achat de livres et de mobilier pour l'école normale..... 1,441 f. 31

Total des dépenses ordinaires. 50,614 f. 56 ct. 50,614 f. 56

*Dépenses extraordinaires.*

1· Subvention aux communes pour acquisition , construction et réparations de maisons d'école.............. 1,000 f. »

2· Indemnités aux instituteurs pour fréquenter le cours fait pour eux à l'école normale... 900 f. »

3· Allocation pour les cours normaux destinés aux élèves institutrices..... .......... 3,300 f. »

4· Encouragement à l'instruction des filles.............. 800 f. »

*A reporter.* 6,000 50,614 f. 56

Report....... 6,000    50,614 f. 56

5° Subvention pour l'établissement et l'entretien de salles
d'asile................... .... 1,500 f. »

6° Subvention aux communes
pauvres pour leur donner les
moyens de fournir gratuitement
des livres d'école aux élèves
indigents...... ......... .... 92 f. 16

7,592 f. 16 ci. 7,592 f. 16

Total général des dépenses......... 58,206 f. 72

Les recettes ne s'élèvent qu'au produit
des deux centimes ordinaires, ci......... 50,614 f. 56

Il y a à pourvoir à un excédant de dé-
pense de............ .... ............... 7,592 f. 16

Cet excédant représentant les dépenses extraordinaires pour lesquelles nous ne pouvons pas espérer les secours de l'Etat,

J'ai l'honneur de vous proposer, pour y faire face, le vote extraordinaire de 3|10 de centimes, représentant cet excédant, soit 7,592 fr. 16 c.

J'ai d'autant plus de confiance que vous accueillerez ma demande que tous les articles du budget qui forment les dépenses extraordinaires sont, à mon sens, d'une indispensable nécessité.

La commission propose le vote d'un impôt de deux centimes 3|10.

Cette proposition est adoptée par le conseil.

M. Lastier fait le rapport suivant :

## RÉPARTITION DES CONTRIBUTIONS DIRECTES EN 1847.

### Rapport du Préfet.

La loi du 3 juillet dernier, Messieurs, a réglé les contributions directes de 1847.

Le contingent du département, dans ces contributions, est fixé ainsi qu'il suit pour le principal :

|  |  |
|---|---|
| Foncière.... ................ | 1,816,413 f. . |
| Personnelle et mobilière...... | 325,653 f. . |
| Portes et fenêtres........... | ´179,166 f. . |

La matière imposable ayant diminué dans quelques communes, le contingent foncier doit être réduit de 123 fr. ainsi que le prescrit une lettre du 7 de ce mois de l'administration supérieure, en sorte que la somme à répartir n'est plus que de 1,816,290 f.

A chaque principal, il doit être ajouté, savoir : pour la contribution foncière, ainsi que pour la contribution personnelle et mobilière, 37 c. dont 18 sans affectation spéciale ; 17 c. pour dépenses ordinaires et fonds commun du département ; et 2 c. pour secours, dégrèvements et non-valeurs.

Pour la contribution des portes et fenêtres, 18 c. 8/10, dont 15 c. 8/10 sans affectation spéciale, et 3 pour non-valeurs, remises et modérations.

Vous avez la faculté d'établir en outre des impositions dont le montant ne doit pas excéder, savoir : 5. c. du

16

principal des contributions foncière , personnelle et mobilière , par les dépenses facultatives d'utilité départementale ; 5 c. du principal de la contribution foncière
seulement pour le cadastre ; 2 c. du principal des quatre
contributions pour l'instruction primaire et 5 c. du principal des mêmes contributions pour les chemins vicinaux.

Enfin , les lois du 4 juin 1834 et 5 juin 1846 vous autorisent à imposer le département de 10 c. extraordinaires,
qui devront être ajoutés au principal des quatre contributions.

Vous voudrez bien émettre un vote à ce sujet pour
1847.

Le chef de service annonce, dans les renseignements
qu'il est obligé de fournir, en vertu de la loi du 21 avril
1832, que ses propositions de répartition du contingent,
en principal de la contribution foncière, sont basées
sur les éléments puisés dans le travail de la sous-répartition exécuté d'après les dispositions de l'ordonnance
royale du 3 octobre 1821. Il serait hazardeux, en
effet, d'apporter, dans ce moment, des modifications
dans ces bases, puisque, depuis cette époque, l'administration n'a pu obtenir d'autres éléments. Le travail
de la nouvelle sous-répartition que vous avez prescrit,
Messieurs, et qui seul sera à même de vous en fournir, est en cours d'exécution. Ce ne sera qu'après son
achèvement, qui, selon toute probabilité, aura lieu l'année prochaine, qu'il sera permis de vous présenter un
travail nouveau et complet.

Aucune réclamation n'ayant été produite contre le
contingent assigné en 1846 , à chaque arrondissement,

Je vous en propose le maintien, pour 1847, en vous faisant observer toutefois que chacun d'eux doit supporter les changements autorisés par la loi de finances du 17 août 1835 et qui proviennent des cotisations relatives aux maisons nouvellement construites ou démolies.

En ce qui concerne la contribution des portes et fenêtres, vous avez, dans votre session de 1845, adopté, pour base de répartition du contingent départemental, en principal, les résultats du recensement de 1841, duement coordonnés et mis à jour, en raison des mutations survenues depuis l'opération. Je vous propose donc de suivre les mêmes errements pour 1847, sauf à avoir toujours égard aux changements qu'aura à supporter la matière imposable par suite des démolitions et constructions nouvelles.

La répartition de la contribution personnelle et mobilière a soulevé des réclamations de la part des communes d'Angoulême, Cognac, Barbezieux, Montmoreau Hiersac et Sonneville. Elles ont été instruites par les agents de la direction, qui sont d'avis qu'il n'y a pas lieu de les adopter. Les conseils d'arrondissement n'ayant pu émettre une opinion entièrement favorable sont unanimes pour demander la vérification du recensement de 1841.

Dans l'état des choses, Messieurs, vous avez à examiner si vous devez prendre cette année ces demandes en considérations, ce que je ne pense pas.

J'ai donc l'honneur de vous proposer de n'apporter aucune modification dans la sous répartition actuelle, qui ne subira que les changements prescrits par la loi du 4 août 1844.

Il résulte de mes observations que les contingents de chaque arrondissement devraient être fixés ainsi :

| ARRONDISSEM. | FONCIÈRE. | PERSONNELLE et MOBILIÈRE. | PORTES et FENÊTRES. |
|---|---|---|---|
| Angoulême.. ..... | 653,818 » | 132,190 » | 85,220 » |
| Bardezieux...... | 287,826 » | 46,181 » | 21,441 » |
| Cognac......... | 327,529 » | 56,239 » | 29,957 » |
| Confolens. ..... | 284,612 » | 42,432 » | 20,379 » |
| Ruffec .. ...... | 253,445 » | 48,411 » | 23,169 » |
| Totaux.. | 1,816,290 » | 325,453 » | 179,166 » |

Rapport de la Commission.

## CONTRIBUTION FONCIÈRE.

L'administration vous propose, Messieurs, d'adopter, cette année comme les années précédentes, la sous-répartition entre les arrondissements du contingent en principal affecté au département par la loi du 3 juillet dernier, exécutée en vertu de l'ordonnance royale du 3 octobre 1821. — Vous ne pourriez en effet modifier ces bases, car vous manqueriez des éléments nécessaires pour cela. Elle vous fait espérer qu'il n'en sera point ainsi à votre prochaine session, qu'elle sera en mesure de vous présenter un travail nouveau et complet d'après la sous-répartition qui se poursuit actuellement ; votre commission, considérant qu'aucune réclamation ne s'est élevée contre la sous-répartition de l'année précédente, a été unanimement d'avis d'adopter cette proposition.

Les conclusions du rapport du préfet, proposées par la commission, sont mises aux voix et adoptées.

## CONTRIBUTION DES PORTES ET FENÊTRES.

Les propositions de l'administration n'ayant été l'objet d'aucune observation dans le sein de la commission, elle vous propose également d'adopter cette année les mêmes bases de repartition qu'en 1843, du principal affecté au département en ayant toujours égard aux changements qui peuvent être occasionnés par les constructions ou les démolitions nouvelles.

## CONTRIBUTION PERSONNELLE ET MOBILIÈRE.

En 1838, M. le directeur des contributions directes fut appelé à présenter au conseil général un projet de nouvelle répartition de la contribution personnelle et mobilière, d'après les bases recueillies en vertu de la loi du 21 avril 1832, révisées en 1836. Dans sa séance du 23 août 1838 le conseil refusa d'adopter le travail qui lui fut présenté, parce qu'il ne lui parut pas proportionnel entre les villes et les communes rurales, et ajourna jusqu'en 1842 tout projet de répartition nouvelle. —A la session dernière, M. le directeur présenta au conseil un nouveau travail basé sur le recensement opéré en 1841. Ce conseil examina ce travail, non superficiellement, comme on s'est plû à le dire, mais avec la scrupuleuse attention qu'il apporte dans toutes les affaires qui passent sous ses yeux, et l'adopta, espérant, vu son exactitude, faire cesser les justes plaintes qui avaient lieu chaque année. — Ses prévisions ont été trompées : les réclamations lui sont arrivées plus nombreuses

que jamais , et nous allons mettre sous vos yeux celles
des communes d'Angoulême , Sonneville , Hiersac , Barbezieux , Montmoreau et Cognac. Parmi ces diverses
réclamations la plupart attaquent la légalité des opérations qui ont servi de base à la répartition entre les
arrondissements et les communes du département. Votre
commission a donc cru devoir résoudre la question de
légalité avant de prononcer sur le mérite des demandes
en dégrèvement qui vous sont adressées. Les reproches
d'illégalité faits à cette opération sont tirés de l'inexé-
cution des prescriptions contenues dans l'ordonnance du
23 déc. 1833. — Votre commission les a examinées avec
soin , ainsi que les rapports de M. le directeur des
contributions directes , notamment ceux du 16 juillet et
9 septembre dernier. Elle a reconnu, qu'en effet , ces
formalités n'avaient pas été observées, mais que cela
ne suffisait pas pour autoriser la révision du recensement
fait en 1841 , et qui a servi de base à la répartition
nouvelle , parce que la direction ne pouvait rationnelle-
ment fournir au conseil général d'autres renseignements
que ceux qui étaient à sa disposition , et que ce conseil
était toujours libre de rejeter ; que s'il les avait adoptées,
c'est qu'il en avait reconnu l'exactitude , et qu'il n'avait
point eu à rechercher si les formalités légales avaient
été suivies. — Cette opinion n'a pas été partagée par
tous les membres ; on a dit que le recensement de 1841
ayant été opéré par plusieurs contrôleurs , devait manquer de proportionnalité dans son ensemble, lorsque surtout il n'avait pas été exécuté dans les vues de répartir la côte personnelle et mobilière d'une manière plus
équitable ; que les formalités prescrites par l'ordonnance précitée étaient nécessaires , indispensables pour

que l'exactitude de ses résultats ne fut pas contestée ;
qu'il ne suffisait pas , en matière d'impôt, d'opérer avec
équité, qu'il fallait encore que les parties intéressées en
fussent persuadées ; qu'il était donc sage de procéder
conformément aux demandes des communes , des conseils
d'arrondissement , et de l'avis de M. le directeur actuel
des contributions directes, à une vérification du recensement de 1841. Cet avis , Messieurs , n'a point prévalu ; et la majorité de la commission vous propose de
rejeter les demandes tendant à obtenir la révision de ce
recensement.

Passant ensuite aux demandes de dégrèvement formées
par ces diverses communes, elle examine avec soin les
motifs sur lesquels elles les appuient ; les avis des conseils d'arrondissement et les rapports de M. le directeur
des contributions directes qui y sont joints et vous propose les résolutions suivantes :

1° Commune d'Angoulême ,

La moyenne de la valeur locative dans la commune
d'Angoulême est en proportion avec celle des communes de Larochefoucauld et Montbron , prises pour terme
de comparaison. La côte mobilière et la taxe personnelle sont également en rapport avec celle de ces communes et des communes rurales eu égard au nombre
d'indigents dans chaque commune qui n'y ont pas été
assujettis. Conséquemment , votre commission vous
propose le rejet de la demande en dégrèvement de la
commune d'Angoulême , qui , d'ailleurs , ne vous propose
aucun chiffre ;

2° Commune de Sonneville ,

La valeur locative de cette commune est en moyenne

au-dessous de celles des autres communes du même canton non compris Rouillac et St-Cybardeaux qui sont
dans une position exceptionnelle résultant des routes qui
les traversent. La demande en dégrèvement de cette
commune ne paraissant pas fondée à votre commission,
elle vous en propose le rejet ;

3° Commune de Illersac.

La moyenne proportionnelle de la cote mobilière en
principal de cette commune n'était avant 1846 , que de
2 f. 39 c. , si aujourd'hui elle s'élève à 3 fr. , cette contribution est en proportion avec celle des autres communes , d'ailleurs elle pourrait la diminuer encore en
ne retranchant pas du rôle un aussi grand nombre de
maisons qu'elle le fait. Votre commission est donc d'avis
que sa demande en dégrèvement n'est pas fondée et
conclut à ce qu'elle soit rejetée;

4° Commune de Barbezieux ,

Cette commune demande que son contingent en principal de la contribution personnelle et mobilière soit ra-
mené à ce qu'il était avant 1846 et pour prouver qu'elle
est victime d'une surcharge ; elle prend la ville de Ruffec
pour terme de comparaison. Cette comparaison est mal
choisie, car la moyenne de la valeur locative est à Ruffec
de 118 fr. tandis qu'elle n'est à Barbezieux que de 102 fr.
26 c. ; et si la ville de Barbezieux a vu son contingent en
principal augmenter d'une somme beaucoup plus considérable qu'à Ruffec , il est évident que cela provient de
la manière dont la sous-répartition a été opérée dans
chacun de ces arrondissements, d'ailleurs, si le conseil d'arrondissement de Barbezieux reconnaît que la demande de
cette commune est fondée, il pourra y apporter tel

remède qu'il jugera convenable. Votre commission vous propose donc encore de repousser cette demande et vous fait remarquer qu'elle ne détermine aucun chiffre ;

5° Commune de Montmoreau,

Cette commune réclame, afin de se faire dégrever d'une somme de 209 fr. dont sa contribution personnelle et mobilière se trouve surchargée cette année eu égard aux années précédentes. Cette commune, par suite de construction d'une route départementale a acquis une importance supérieure à celle qu'elle avait en 1835, époque de la fixation de son dernier contingent. L'augmentation qu'a subi son contingent actuel a donc paru rationnel à votre commission et elle vous propose le rejet de la demande en dégrèvement ;

6° Commune de Cognac,

La commune de Cognac se plaint de ce que son contingent ne soit pas en proportion avec celui des autres communes, notamment avec celui de la commune de Jarnac; la commission, après avoir examiné le tableau comparatif établi dans le rapport de M. le directeur des contributions directes entre les communes de Cognac, Jarnac, Châteauneuf et Segonzac, reconnaît que celui de Cognac est dans une proportion peu en rapport avec ceux des autres communes et principalement celle de Segonzac. Mais elle ne fait aucune proposition à cet égard parce que le conseil de cet arrondissement seul peut rétablir cette proportionnalité et vous propose de ne pas adopter la réclamation de la ville de Cognac qui, d'ailleurs, n'a formulé aucun chiffre.

Si vous adhériez, Messieurs, aux diverses conclusions que vient de vous soumettre votre commission, elle vous proposerait d'adopter, pour 1847, la répartition entre

ces divers arrondissements du contingent en principal attribué au département par la loi du 3 juillet dernier suivant les bases fixées en 1846.

Un membre observe que la commission reconnaît que
la commune de Cognac est surchargée, mais qu'elle n'indique pas les moyens de la décharger, l'honorable membre voudrait pourtant que la décharge s'opérât.

M. le préfet déclare que la commune de Cognac devait
réclamer auprès du conseil d'arrondissement et ensuite
auprès du conseil général ; et M. le préfet fait entrevoir que les diminutions, qui ont été faites l'an dernier,
doivent se reporter sur d'autres communes.

M. le rapporteur soutient que M. le préfet est dans
l'erreur et que le conseil d'arrondissement seul a droit
de faire la sous répartition entre les communes.

Un membre demande qu'il soit fait mention dans le
rapport de la commission de ce que la demande de la
commune d'Angoulême a été repoussée dans le sein de
la commission par huit voix contre deux, qui l'ont soutenue.

Il est répondu que l'on n'est pas toujours dans l'usage
de faire mention du nombre des suffrages pour ou contre sur les questions agitées dans le sein des commissions ; bien que l'observation de l'honorable préopinant soit vraie et que huit membres de la commission
aient été contre et deux membres pour la demande de
la commune d'Angoulême.

Un membre se plaint de ce que la ville de Barbezieux
est surchargée et demanderait quels sont les moyens de
remédier à cet état de choses.

M. le préfet développe ici les règles d'après lesquelles la ville de Barbezieux pourra arriver à la décharge , si surcharge il y a , et lit la loi d'après laquelle il est dit que le conseil d'arrondissement devra se soumettre aux décisions du conseil général , dans la répartition des contributions.

Un autre membre dit, qu'en matière de réclamations des communes, le conseil général est souverain. Le conseil d'arrondissement doit être consulté préalablement.

Au fond , M. le rapporteur s'efforce de démontrer le mal fondé de la réclamation de Barbezieux.

Un membre cherche à démontrer , avec l'avis de M. le directeur des contributions directes dont il donne lecture , que la demande de la commune de Cognac est fondée , ainsi que la commission l'a elle-même reconnu.

La clôture est demandée, un membre la combat : il soutient que les conseils d'arrondissement ayant attaqué les opérations du recensement, on devait au moins aux conseils d'arrondissement d'examiner la question de ce recensement qui paraît avoir été la base de la répartition. L'honorable membre demande que les opérations du recensement soient revisées , en se fondant sur l'opinion de M. le directeur des contributions directes qui reconnaît lui-même que les garanties résultant des formalités prescrites par ordonnance royale du 8 décembre 1832 n'ont pas été accordées.

La clôture de la discussion est prononcée.

Le maintien de la base de la répartition de la contribu·

tion mobilière proposé par la commission est mis aux voix et adopté.

La commission propose de rejeter la demande en dégrèvement de la commune de Barbezieux. *Adopté.*

Elle propose les mêmes conclusions pour la commune de Cognac.

Un membre s'étonne ici de ce que l'on propose les mêmes résolutions à l'égard de deux communes dont la situation est toute différente. Barbezieux en effet a tort, c'est reconnu, et la commission reconnaît que Cognac a raison, et cependent la commission propose la même résolution. L'honorable membre n'insistera pas autrement si l'on veut reconnaître au procès-verbal que la ville de Cognac est fondée. — L'observation de l'honorable membre est prise en considération ; mais, attendu que pour y faire droit, il faudrait refondre toutes les bases de la contribution, et qu'elle n'a indiqué aucun chiffre. La demande de Cognac est repoussée.

Les conclusions de la commission, à l'égard d'Angoulême, Illersac et Souneville, sont mises aux voix et adoptées.

———

Le même rapporteur :

## PATENTES.

Communication d'une lettre ministérielle ainsi conçue :

« Paris, le 30 avril 1840.

« Monsieur le Préfet,

« Le conseil général de votre département, dans sa

dernière session , a exprimé le vœu que diverses modifications fussent apportées à la loi du 25 avril 1844
relative à la contribution des patentes.

« L'administration , Monsieur le Préfet , recueille avec
soin tous les faits , toutes les observations utiles qui lui
sont présentés au sujet de l'application de la nouvelle
loi des patentes ; mais le moment ne lui paraît pas encore venu de proposer aux chambres des modifications
qui ne seraient point justifiées par des études complètes
et par une expérience suffisante des effets de la loi. Dans
quatre ans , lorsqu'il y aura lieu de soumettre à la sanction législative le tableau additionnel des commerces ,
industries et professions classés par voie d'assimilation,
l'occasion s'offrira naturellement de résoudre les questions qui auront été soulevées , et les points , sur lesquels le conseil général de votre département a appelé
l'attention de l'administration , ne seront point alors per
dus de vue.

« Les explications qui précèdent , Monsieur le Préfet,
ont déjà été données aux chambres dans une note qui
fait partie des annexes du budget , je vous serai obligé
de les communiquer au conseil général lors de sa prochaine réunion.

« Agréez , Monsieur le Préfet , l'assurance de ma considération la plus distinguée.

« *Le conseiller d'Etat, directeur général des contributions directes.*

Signé LAURENCE. »

La commission propose les résolutions du conseil de

la précédente session ; le conseil adopte ces conclusions.

## CONSERVATION DU CADASTRE.

M. Faure-Saint-Romain, au nom de la commission des finances, propose au conseil d'approuver les dispositions du projet de loi sur la conservation du cadastre. Le conseil approuve.

M. Champvallier fait le rapport suivant :

## JURY SPÉCIAL EN MATIÈRE D'EXPROPRIATION.

### Rapport de la Commission.

Jurés spéciaux nommés en exécution de l'art. 29 de la loi du 3 mai pour régler le cas échéant et les indemnités dues par suite d'expropriation pour cause d'utilité publique. Depuis la session de 1845, du conseil général, il y a eu dans le département 9 jugements prononcés dont 6 pour l'expropriation de divers terrains nécessaires à l'établissement du chemin de fer de Tours à Bordeaux, et 3 pour le compte des communes de Puymoyen, Larochefoucauld et Montembœuf. Les 9 jugements ont nécessité ensemble l'appel de 28 jurés dans l'arrondissement d'Angoulême et 20 dans celui de Confolens

La commission ayant fait toute rectification à la précédente liste, propose au conseil général l'adoption de celle qui suit :

### ARRONDISSEMENT D'ANGOULÊME.

MM.

Bouniceau, Pierre Joseph, médecin à Angoulême.
Bonnet, Louis-Henri, maire à Xambes.
Bernardeau, Pierre, propriétaire à Xambes.
Poutignac, Jean, propriétaire à Villejoubert.
Broquisse, Jean, aîné, banquier à Angoulême.
Sallée-Desgrange, François, propriétaire à Ambérac.
Pasquier, René, négociant à Angoulême.

MM.

Audhouin, jeune, Jacques, propriétaire à St.-Amant-de-Boixe.

Raynal-Rouby, Auguste, notaire à Angoulême.

Machenaud, aîné, Jean, aubergiste à Illersac.

Bourguet, Jean Baptiste, propriétaire à Rivière.

Dulignon, Pierre, propriétaire à Larochefoucauld.

Délâge, Léonard, médecin à Larochefoucauld.

Constant, jeune, Jean, notaire à Pérignac.

Guéry, fils, Pierre Alexandre, propriétaire à Bunzac.

Grassin, fils aîné, Pierre, propriétaire à Larochefoucauld.

Lapeyre, fils, Pierre-Marcelin, avocat à Larochefoucauld.

Mathelon, François-Lazarre-Sicaire, notaire à Montbron.

Babinet de Montaignon, Pierre, propriétaire à Mons.

Galluaud, Jacques, marchand de chevaux à Courbillac.

Boisdon, Jean, propriétaire à Genac.

Chollet, Jean, propriétaire à St-Cybardeaux.

Bacheller, Jean-Marie, à Chebrac.

Agard Durantière, Jean Guillaume-Ernest, propriétaire à Angoulême.

Barbot-d'Hauteclaire, Jean, propriétaire à Angoulême.

Bourdage (de) père, Jacques-Josué, propriétaire à Angoulême.

Bastier, Jean-Eugène, banquier à Angoulême.

Breton-Robert, Jean-Baptiste, négociant à Angoulême.

Chasteigner (le baron de) Eutrope-Alexis, propriétaire à Angoulême.

Ganivet-Delisle, Guillaume, propriétaire à Angoulême.

Hazard, Léonard, avocat à Angoulême.

MM.

Jamain , Nicolas, ancien notaire à Angoulême.

Laferrière , Louis-Firmin, inspecteur général de l'université à Angoulême.

Lacroix ( de ) Louis-François-Charles , propriétaire à Angoulême.

Levavasseur, Auguste-Alexandre-Léon , professeur à Angoulême.

Lacroix , Jean , fabricant de papier à St.-Michel.

Macquet , Jean-Louis-Emile , propriétaire et maire à Nersac.

Neuillet-Noguérat, Louis-Edouard , capitaine d'artillerie à Angoulême.

Prahec-Deschamps, Antoine-Charles, ancien avoué à Angoulême.

Terrasson de Montleau , Joseph-Adrien , propriétaire à St.-Estèphe.

Vallier, Joseph , capitaine d'artillerie à Angoulême.

Desgraviers ( Berthelot ) , François-Eugène , propriétaire et adjoint à Mornac.

Grandbesançon, Pierre Antoine-François-Xavier, commissaire à la poudrerie à Angoulême.

Laporte-aux-Loups ( le baron de ) , Jacques , sous-intendant retraité et maire de l'Ile-d'Epagnac à Angoulême.

Navarre , Jean-Pierre-Alexandre , propriétaire et maire à Mornac.

Guimberteau , Jacques , maire, conseiller d'arrondissement à Aubeville.

Fèvre , André-Emile , propriétaire et maire à Moulidars.

Gerbaud , François , avocat à Trois-Palis.

MM.

Mathieu-Bodet, père, Mathurin, propriétaire et maire à St.-Saturnin.

Poitevin de Fontguyon, François-Abraham-Ernest, propriétaire à St.-Amant-de-Nouëre.

Dutartre-Boisjolly, Gabriel, notaire à Larochefoucauld.

Faure-Saint-Romain, Jean-François, conseiller de département, maire à Larochefoucauld.

Gounin-Pompineau, Etienne-Angel, avocat à Larochefoucauld.

Boussiron, Jean, notaire, conseiller d'arrondissement à Lavalette.

Bourrut-Lacouture-de-Lémerie, Jean-Charles-Hector, propriétaire et maire à Gurat.

Janet-Duvignaud, Martial–Blaise, propriétaire et maire à Vaux-Lavalette.

Lériget Grandbois, Pierre-Frédéric, capitaine de cavalerie en disponibilité à Montbron.

Marchadier, Michel, notaire à Marthon.

Mesnard-Lamongerie, fils aîné, Joseph, propriétaire à Bonneville.

Plantevigne-Lastier, Léon Jean-Etienne, maire à Marcillac-Lanville.

Normand de la Tranchade, père, Joseph, conseiller de département à Angoulême.

## ARRONDISSEMENT DE BARBEZIEUX.

MM.

Blanc, Jean, ancien notaire à Yviers.

Poineau, Pierre, notaire et maire à Barbezieux.

Gaillardon, Hector, chirurgien à Aubeterre.

MM.

Jaurias ( de ) Antoine , propriétaire à Laprade.

Gazeau aîné, Jean-Pierre, propriétaire à Bellon.

Joyeux , Célestin , propriétaire à St-Romain.

Pastureau-Lauauve , propriétaire à Bonnes.

Nauzais , Jean-Etienne , médecin à Barbezieux.

Joyeux, Mathurin , propriétaire à St.-Romain.

Tilhard , André-Paul , maire à Lamérac.

Besson , Christophe , médecin à Baignes.

Ballay , Jean , fils , tanneur à Ste.-Radegonde.

Mesiler , Jean-François-Hippolyte , juge de paix à Barbezieux.

Daudin , Charles-Elie , propriétaire à Reignac.

Fèvre , fils , Pierre , notaire à Reignac.

Esmein , Jean-Emmanuel , maire à Touvérac.

Rullier , Marc , notaire à Bors.

Belloteau, Jean , propriétaire à St.-Palais-du-Né.

Massit , François , propriétaire à Barbezieux.

Filhol , Jean , médecin à Barbézieux.

Daudin , Pierre , avocat à Barbezieux.

Servant , Jean, propriétaire à Barbezieux.

Gellineau , Daniel-Alexandre , propriétaire à Barbezieux.

Vallade-Joubert , Sicaire , propriétaire à Salles-Lavalette.

Petit , Eugène , propriétaire à Barbezieux.

Ribereau , François , maire à St.-Félix.

Derabaine , Simon , propriétaire à Passirac.

Montigaud , François , propriétaire à Chatignac.

Petit , Pierre , propriétaire à St.-Laurent-des-Combes.

Raimond , Pierre-Armand , notaire à Chatignac.

Duclas , Paul-Pierre, notaire à Brossac.

MM.

Teurlas , Jean-Baptiste , propriétaire à Laprade.

Périer, François , propriétaire à Brossac.

Bourdier-Bellisle, ancien notaire à Rioux-Martin.

Durandeau , Pierre, chirurgien à Yviers.

Bouchet, Nicolas , propriétaire à Ste.-Marie.

Ganivet-Desgravier, avocat à Montboyer.

Girard , Pierre, propriétaire à Sérignac.

Lajeunie, Jean-Baptiste , notaire à St.-Quantin.

Lavaud , François, maire à Chalais.

Penard-Nancel, Pierre , propriétaire à Montboyer.

Audouin , Antoine, propriétaire à Juignac.

Bourdier-Lanauve , propriétaire à St.-Laurent-de-Belzagot.

Bonnin , Etienne, propriétaire à St.-Laurent-de-Belzagot.

Durandeau, avocat à Montboyer.

Sénemaud, Pierre-Alexandre , notaire à Montmoreau.

Tesnière , François-Alexis , maire à Saint-Amant de-Montmoreau.

Meilhaud , Pierre , meunier à Salles-Lavalette.

## ARRONDISSEMENT DE COGNAC.

MM.

Dumas de Salvert, Antoine-Clément , propriétaire à Mosnac.

Lacroix (de) Jacques-Marie-Jean-Louis, avocat, propriétaire à Bonneuil.

Dejarnac , Louis-Henri, maire à St-Surin.

Guillot , Pierre-Aimé, propriétaire à Touzac.

MM.

Favereau, Pierre, médecin à Touzac.

Guignard, Pierre-Mathieu-Prosper, notaire à St-Simon.

Guillot, fils aîné, Jean, propriétaire à Touzac.

Gueslin, François-Léon, propriétaire à Angeac-Charente.

Boullay, Pierre, médecin à Cognac.

Joubert, Philippe, chef de bataillon retraité à Touzac.

Mallet, Auguste, propriétaire et meunier à St-Simeux.

Piet, François, propriétaire à Châteauneuf.

Richard, François-Jules, juge de paix à Châteauneuf.

Rivière, Louis, propriétaire à Angeac-Charente.

Texier, Jean-Benjamin, propriétaire à Touzac.

Lacaud, Amilien-François, notaire à Bouteville.

Babin, Jean, aîné, propriétaire à Cherves.

Billard, François, propriétaire à Javresac.

Coullon, Jean-Frédéric, marchand à Cognac.

Caminade-Châtenay, fils, Jacques-Ernest-Jules, négociant à Cognac.

Jobit, Jean-Louis, avocat à Cognac.

Bonniot, Charles-Henri, propriétaire à Cognac.

Dupuy, Louis-Armand, négociant à Cognac.

Hennessy, Richard-Frédéric, négociant à Cognac.

Lacour, Jean-Baptiste, propriétaire à Cognac.

Martell, Jean-Gabriel, négociant à Cognac.

Robin, Edouard, négociant à Cognac.

Rambeau, Olivier, notaire à Cognac.

Imbeau, Jean-Louis-Théodore, notaire à Cognac.

Normand-Lagarenne, François, propriétaire à Richemont.

Commandon, Pierre, négociant à Jarnac.

Burgaud, aîné, Jean, propriétaire à Jarnac.

MM.

Boujut, fils aîné, Pierre, propriétaire à Jarnac.

Bussac, Jean, propriétaire à Sigogne.

Cheminaud, jeune, Jean, propriétaire à Sigogne.

Roulet, fils, Frédéric, négociant à Jarnac.

Dumas, Gustave, propriétaire à Julienne.

Robin-Beauregard, juge de paix à Jarnac.

Hine, Auguste, négociant à Jarnac.

Lhédet, Jacques-Abraham, propriétaire à Sainte-Sévère.

Mocquet, Charles-Alexandre-Georges, notaire à Jarnac.

Ranson, André, propriétaire à Foussignac.

Baudoin, Pierre, propriétaire à Chassors.

Rullier, Jean, propriétaire à Mérignac

Renard, Charles, propriétaire à Chassors.

Berteaudeau, fils, Pierre, à Juillac-le-Coq.

Beau, Alexandre, propriétaire à Saint-Même.

Rubillier, François, propriétaire à Verrières.

Beillard, Pierre, maire à Criteuil.

D'Asnière, Henri-Eugène, propriétaire à St-Même.

Dupuy, Pierre, propriétaire à Juillac le-Coq.

Dumontet, Jean, propriétaire à Lignières.

Filhon, Charles-Paul, médecin à Ambleville.

Poitevin de Fontguyon, Adolphe, propriétaire à Juillac-le-Coq.

Dallet, Elie, propriétaire à Segonzac.

Larquier, Pierre-Emile, notaire à Angeac-Champagne.

Guédon, François, propriétaire à Angeac-Champagne.

Fontbrune-Lézard, Jean, maire à Lignières.

Pannaud, père, François, propriétaire à Salles.

Yvon, Jean, propriétaire à Saint-Même.

## ARRONDISSEMENT DE CONFOLENS.

MM.

Puy-Saint-Jean, Eugène, à Chabanais.
Paulet-Chabaudie, Alphonse, propriétaire à La Péruse.
Rayet, Jean-Martial, avocat à Chabanais.
Malafosse-de-Couffour, Félix, propriétaire à Roumazières.
Babaud, Antoine, propriétaire à Alloue.
Chardat, Jean, propriétaire à Alloue.
Verdilhac-des-Essarts-de-Guy, propriétaire à Alloue.
Girard, Jean, ancien notaire à Benest.
Lanyer, Jean, propriétaire à Alloue.
Doche-Laquintane, Jean Louis-Anatole, médecin à Champagne.
Ingrand, Jean-Baptiste, maire à Les Pins.
Rizat, François-Alfred, propriétaire à Saint-Claud.
Garnier de la Boissière, jeune, Jean-Edouard, propriétaire à Saint-Claud.
Raballet, François, propriétaire à Genouillac.
Poumeau, Philippe, propriétaire à Beaulieu.
Babaud-Dulac, François, propriétaire à Confolens.
Barbarin-Lamartinie, propriétaire à Confolens.
Dunoyer, fils, Pierre, propriétaire à Saint-Germain.
Duclaud, Elie, propriétaire à Confolens.
Corderoy, Louis-Nicolas, notaire à Abzac.
Dunoyer, Jean, maire à Oradour-Fanais.
Dansays, Paul, conseiller d'arrondissement à Esse.
Durouzier, Clément, propriétaire à Saint-Maurice.
Lassuderie (de) Martial, propriétaire à Saint-Maurice.

MM.

Martin, Vincent, voiturier à Abzac.

Morichon, Pierre, maire à Lesterps.

Babaud-Montvallier, Philippe, propriétaire à Confolens.

Veyret, Jean-Emile, propriétaire à Cherves.

Marchadier, Jean-Gédéon, propriétaire à Ambernac.

Nexon, Jean-Baptiste, propriétaire à Montembœuf.

Pradignat-Liberté, Nicolas, propriétaire à Roussines.

Babaud-Lacroze, Pierre-Camille, propriétaire à Confolens.

Babaud-Lacroze, dit la Belgique, propriétaire à Confolens.

Lagrange-Labaudie, Némorin, propriétaire à Saint-Germain.

Dubois, Adrien, propriétaire à Confolens.

Peyraud, Joseph-Félix, juge de paix à Confolens.

Bouty, Martial, propriétaire à Petit-Lessac.

Ducloux, Jean, propriétaire à Montembœuf.

Descrachapt-Lessard, Jean-Baptiste, propriétaire à Vitrac.

Le baron Dulimbert, Jean-Joseph, maréchal de camp à St-Maurice.

Barrier-Sainte-Marthe, Augustin, propriétaire et maire à Pressignac.

Duval-Papins, aîné, Guillaume-Amable-Camille, notaire à Chabanais.

Duval, Jérôme, propriétaire à Chabanais.

Dutillet-Delille, Annet-Charles, maire à Suris.

Rampnoulx-Masdebost, Ambroise, propriétaire à Chabanais.

Rougier-Châtenet, Marie-Anne-Joseph-Honoré, propriétaire à Chabanais.

MM.

Teillet, Pierre-Séverin, avocat à Chabanais.

Arlin, Pierre-Célestin, propriétaire et maire à Alloue.

Besson, Jean-Lucien, propriétaire à Alloue.

Col, Jean Philippe-Eugène, ancien. capitaine, maire à Chassiecq.

Dumas-Champvallier, Jean-Louis, juge de paix à Champagne-Mouton.

Périchaud, Pierre, propriétaire à Saulgon.

Blanchard, Jean, notaire à Mazerolles.

Tardieu, fils aîné, Pierre, propriétaire, adjoint à Mouzon.

Veyret, Etienne, maire, conseiller de département à Montembœuf.

Veyret-Baruffaud, Joseph, juge de paix à Montembœuf.

Brunet, Pierre, propriétaire et adjoint à Mazerolles.

Poursac, Pierre, propriétaire à Vitrac.

Devaux, Pierre, propriétaire à Vitrac.

Dupit, François, propriétaire à Massignac.

Rassat, Jacques, propriétaire et adjoint à Massignac.


ARRONDISSEMENT DE RUFFEC.


MM.

André, Jean-François, fils, notaire à Aigre.

Amiaud, Jacques, maire à Villejésus.

Debenay-Lafont, Jean, notaire à Mansle.

Briand, Pierre, propriétaire à Ranville.

Bonnisseaud, Jean, à Villejésus.

Robert, Jean-François-Victorin-Eugène, maire à Tusson.

Gauthier-Laplaine, Jean, propriétaire à Aigre.

MM.

Labarde , Paul Frédéric , propriétaire à Fouqueure.

Farraud , Henri, à Fouqueure.

Taupignon-Pignier père , Pierre , à Charmé.

Arlin , Jean-Baptiste-Auguste , médecin à Mansle.

Brothier , Léon Désiré , propriétaire à Saint-Front.

Boissier , Martial , propriétaire à Moutonneau.

Chadouteau , André , propriétaire à Chenon.

Dumas-Champvallier , Louis-Alexandre , propriétaire à Cellefrouin.

Tryon-Montalembert ( le marquis de ) , Jules-Lou', propriétaire à Mansle.

Desallée , Charles , propriétaire à Villognon.

Merceron , Augustin , propriétaire à St.-Amant-de-Bon-nieure.

Lambert , Jean-Jacques , juge de paix à Mansle.

Nadaud , Jean , maire à Ventouse.

Delouche , Jean , propriétaire à Celette.

Rousseau , aîné , Pierre-Armand , propriétaire à St-Amant-de-Bonnieure.

Bourrut-Lémery , Pierre , juge de paix à Aigre.

Rambeau , Christophe-Louis , propriétaire à Fonteville.

Gauthier fils aîné , Jacques-François , à Aigre.

Brothier , Claude , officier retraité à Ruffec.

Couder Joly , fils , René-Jules , propriétaire à St.-Front.

Boutaud (le baron) de Lavilléon , Tite-Hippolite , propriétaire à Verteuil.

Chilloux , aîné , Philippe , ex-avoué à Villejésus.

Appert , André , marchand à Ruffec

D'Hemery , André Marie-Frédéric , maire à Bioussac.

Dumas , François-Hilaire , maire à Vieux Ruffec.

Fouquet-Dubois , Juste , propriétaire à Vieux-Ruffec.

MM.

Geoffroy, Jean, propriétaire à Ruffec.

Gallais, Jacques-Auguste, propriétaire à Ruffec.

Modenel, père, Jean-Baptiste, propriétaire à Ruffec.

Chabot, Pierre-François-Edouard, avocat à Ruffec.

Mimaud-Grandchamp, Jean-Baptiste, propriétaire à Ruffec.

Mimaud-Lafuye, Pierre-Louis, maire à Taizé-Aizie.

Brumauld de Villeneuve, François à Pourzac.

Clerville, Georges-Antoine, propriétaire à Ruffec.

Arlin-Lacroix, Hector, propriétaire à St-Gervais.

Dalençon, Jean, maire à Messeux.

Dumas-Champvallier, Jean-Jacques-Anselme, propriétaire à Bernac.

Lynier, Louis-Michel-Joseph, conseiller d'arrondissement à Villefagnan.

Grenet (Jean-André), propriétaire à Verteuil.

Flaud-Letanneur, Jean à Villefagnan.

Merceron, René, propriétaire à Embourie.

Malbay de Lavigerie, Louis-Gabriel-Auguste, propriétaire à Londigny.

Masseloux, Jean-Pascal, propriétaire à Montjean.

Sansaud, fils, Louis, propriétaire à Londigny.

Roy, fils, Jean, aubergiste à Mansle.

Le conseil adopte les conclusions de la commission.

M. Bodet, membre de la commission de l'Intérieur, fait le rapport suivant :

## COURS D'EAU, IRRIGATIONS, USINES.

**Rapport du Préfet.**

Messieurs,

M. le ministre de l'agriculture et du commerce m'a adressé, et chacun de vous a reçu un exemplaire, des documents que son Excellence a fait réunir pour consulter les conseils généraux sur la difficile question des irrigations.

Dans sa séance du 7 janvier dernier, le conseil général de l'agriculture a émis le vœu « qu'un service d'a- « gence fut créé dans chaque département pour y étu- « dier les questions relatives à l'irrigation et spéciale- « ment pour déterminer quels sont actuellement les « volumes d'eau susceptibles d'être affectés à cette ir- « rigation sur les cours d'eau non navigables ni flotta- « bles.

« Dans la dernière séance, un membre a exprimé le « désir qu'on donnât de la publicité au système récemment « adopté dans la Sarthe pour régulariser et réglementer « les irrigations. »

Aux documents qui font connaître ce qui a été tenté dans la Sarthe, M. le ministre joint aussi ceux relatifs au département du Var ; et c'est à la fois sur ces deux modes de procéder en cette matière que son excellence appelle l'attention de l'administration départementale.

Le temps m'a manqué, Messieurs, pour qu'il me fut possible de me livrer aux développements qu'exigerait l'étude de cette vaste question. Je me bornerai à quelques observations générales sur ce sujet, à quelques indications particulières au département de la Charente et à l'exposé des mesures prises dans la Sarthe et dont je vous demanderai l'adoption.

Ce qui rend surtout si difficile la question des irrigations, c'est la diversité et l'importance des intérêts qui s'y rattachent; c'est qu'elle est compliquée de tout ce qui tient au régime des cours d'eau.

Ici c'est l'agriculture ou le propriétaire qui est en opposition avec l'agriculture; là ce sont les populations agglomérées qui réclament contre l'intérêt agricole; plus loin, c'est ce dernier intérêt qui est en lutte constante contre les usines.

Si la jouissance des cours d'eau fait naître tant de difficultés, la pratique administrative n'en rencontre pas moins.

D'une part, les attributions des cours d'eau se trouvent réparties en trois départements ministériels.

L'intérieur les revendique sous le rapport de la police, de leur conservation et de leur amélioration;

Le ministère de l'agriculture sous le rapport des irrigations et des desséchements;

Celui des travaux publics, en ce qui concerne les usines et les règlements d'eau;

D'autre part, le contentieux des cours d'eau ressortit à la fois aux travaux civils, aux tribunaux administratifs et à l'administration. Enfin, sur plus d'un point la jurisprudence est encore incertaine.

De cette complication d'intérêts, de compétence et de juridictions, il suit, comme je viens de le dire, que la matière des cours d'eau est, sans contredit, l'une des plus difficiles au milieu de toutes celles qui sont confiées à l'étude et à la pratique d'un administrateur.

Maintenant, quand à l'initiative de l'administration pour la conservation et l'amélioration des cours d'eau, la loi du 12 20 août 1790, celle du 14 floréal an XI et celle du 16 septembre 1807 ont mis en son pouvoir les moyens d'exécution, qui, dans certaines circonstances, celles surtout où se rencontrent des intéressés nombreux, riches et intelligents, peuvent suffire aux améliorations désirées ; mais dans les conditions ordinaires, l'administration n'est pas en possession de moyens et de ressources suffisants pour entreprendre les travaux nécessaires. Sans entrer à ce sujet dans les détails de la question, il est facile de comprendre que, quand il s'agit d'un cours d'eau important, comme la Vienne, par exemple, la loi de l'an XI et celle de 1807 ne fournissent pas à l'administration les larges moyens d'exécution que réclameraient les travaux de conservation et d'amélioration sur les grands cours d'eau.

Dans l'état actuel de la législation, il me paraît donc bien difficile qu'on arrive à des mesures générales pour atteindre le but qu'on se propose. Je parle à dessein de mesures générales ; les cours d'eau sont souvent communs à deux et à plusieurs départements. Il est donc évident que, tant qu'il ne nous viendra pas de la législature et de l'administration centrale du pays des mesures applicables et obligatoires pour toute la France, il sera, dans beaucoup de cas, impossible de rien entreprendre.

Cette observation vous fait toucher l'une des nombreuses difficultés qui se rencontrent dans la pratique des
cours d'eau. Et parmi les moyens qui devront conduire
dans la législation nouvelle à leur solution n'hésiterais-
je pas à adopter le classement par analogie avec les
voies de communication.

Des observations de même nature avaient déjà été
adressées en 1838 à M. le ministre de l'intérieur, qui
réclamait alors un travail statistique sur les cours
d'eau.

Confié par mon prédécesseur à M. le secrétaire général,
ce dernier travail a été fait avec beaucoup de soin : son
étendue et les chiffres qu'il comporte montrent toute l'importance des cours d'eau dans la Charente. Il n'y a pas
moins de 187 cours d'eau sur lesquels existent 1,014
usines.

Sur ce nombre, à peine s'il existe deux ou trois règlements revêtus de la sanction de l'ordonnance royale.
Plusieurs, et parmi ceux qui alimentent nos fabriques à
papier, sont régis par l'usage et sont plus ou moins bien
entretenus ; le reste est à peu près abandonné ici aux
soins de quelques riverains et là aux dégradations causées
par le temps et les cours d'eau.

En présence des chiffres que je viens de mettre sous
vos yeux et de ce fâcheux état de choses il me semble
donc d'une utilité réelle d'adopter des mesures propres
à le faire cesser et à préparer sous ce rapport le développement de la richesse territoriale et industrielle du
département.

Les mesures mises en pratique dans la Sarthe consistent dans la création d'une agence générale constituée

en dehors du service des ponts et-chaussées. Cette agence est composée d'un agent principal qui est chargé de la direction complète d'un service des cours d'eau non navigables ni flottables.

Ce service a pour but d'empêcher autant que possible les débordements et la stagnation nuisible des cours; et de diriger de la manière la plus utile l'emploi des eaux comme forces motrices et comme agents fertilisants.

La formation d'une carte hydrographique du département, l'étude complète des cours d'eau sous tous les rapports composant les plans, les nivellements, les jaugeages, etc., sont confiés à l'agent principal chargé en outre de proposer les réglements et d'émettre son avis sur toutes les questions concernant les cours d'eau.

Cet agent principal a sous ses ordres des agents-géomètres, gardes rivières chargés de toutes les opérations nécessaires pour l'étude des cours d'eau. L'exécution des réglements et des travaux.

L'agent principal et les agents-géomètres sont rétribués aux frais du département.

L'ingénieur des mines, investi des fonctions d'agent principal, reçoit une indemnité de 1,000 fr. par an.

Les agents-géomètres reçoivent chacun un traitement de 1,000 fr. et 300 fr. pour frais de déplacement.

Des agents spéciaux gardes rivières peuvent être créés dans le cas où il s'agit de réglementer les cours d'eau. Un ou plusieurs de ces agents, suivant l'importance du cours d'eau réglementé, sont chargés de veiller à l'exécution des travaux neufs, à l'entretien, aux curages, en un mot à la police complète du cours soumis à leur surveillance. Ils sont rétribués aux frais des intéressés.

Telles sont en substance les dispositions adoptées dans la Sarthe.

Dans le Var, il n'a pas été proposé d'organisation permanente. L'administration fait dresser une carte hydrographique et fait préparer le travail général des études et canaux d'irrigation du département par un agent auquel un traitement annuel de 4,000 fr. a été alloué. Ce traitement, pendant cinq ans que doit durer l'opération, et les frais accessoires portent les frais d'études complètes des cours d'eau de ce département, à environ 32,000 fr.

L'organisation de la Sarthe me paraît devoir répondre aux besoins de ce service. Je n'hésite donc pas, Messieurs, à vous proposer cette organisation permanente de préférence à ce qui a été fait dans le Var. Mais il me sera impossible avec un traitement de 1,000 f. de trouver un homme capable qui veuille se charger du service d'agent principal pour une si faible rénumération.

Le service des ingénieurs des ponts-et-chaussées est trop chargé dans ce département pour qu'il soit possible de confier ce service spécial à l'un de Messieurs les ingénieurs sous la direction de M. l'ingénieur en chef. Mais il serait peut-être permis d'espérer que, dans une nouvelle et désirable organisation du service des mines, un ingénieur de ce corps fut attaché à la Charente où il serait non moins utile que dans la Sarthe.

Ce fonctionnaire pourrait avoir dans ses attributions tout ce qui se rattacherait aux cours d'eau non navigables

ni flottables , les usines et les machines et chaudières à
vapeur. Cet ensemble d'attributions serait plus que suffisant
avec les travaux qui concernent les mines , les carrières et
les exploitations métallurgiques , pour motiver la création,
dans la Charente , d'une place d'ingénieur des mines et
je vous prie instamment d'en exprimer le vœu.

Quoiqu'il en soit , si vous adoptez ma proposition , je
vous demanderai , Messieurs , de mettre à ma disposition la même somme que celle votée dans la Sarthe ,
soit 4,800 fr. pour m'aider à organiser ce service.

J'aurai l'honneur de vous rendre compte à la prochaine session des efforts que j'aurai tentés pour parvenir à créer cette organisation.

### Rapport de la Commission.

Permettez-moi , Messieurs , de vous demander quelques-uns de vos instants , pour vous entretenir de la
grave question des irrigations , une de celles qui intéressent au plus haut degré les progrès de notre agriculture et le bien-être des populations. Quand on sera
arrivé à utiliser toutes les eaux excédant les besoins des
usines , à les répandre dans une proportion convenable
sur la surface du sol, des terres actuellement arides et
improductives seront converties en prairies dont les
produits serviront à nourrir une quantité plus considérable de bestiaux propres à fournir des engrais pour
fertiliser la terre et des aliments sains et substantiels pour
les personnes. Ce sont ces considérations qui faisaient
dire à un savant publiciste que c'était un tort envers
la providence et presque un crime envers la société que
de laisser s'écouler à la mer une seule goutte d'eau,

18

sans l'avoir utilisée au profit de l'agriculture ou des arts.

M. le préfet a soumis au conseil général, sur l'invitation de M. le ministre de l'agriculture et du commerce, les mesures prises, soit dans le département de la Sarthe, soit dans le département du Var, touchant les irrigations, pour avoir son avis sur celles de ces mesures qui seraient applicables au département de la Charente.

Pour que vous puissiez vous prononcer, Messieurs, il importe que je vous fasse connaître préalablement quelles sont les dispositions adoptées par les deux départements que je viens d'avoir l'honneur de vous citer.

Voyons d'abord les mesures prises par M. le préfet du département de la Sarthe.

D'après les lois des 12-20 août 1790, ch. 6., les administrateurs de départements sont chargés de rechercher et d'indiquer les moyens de procurer le libre cours des eaux, d'empêcher que les prairies ne soient submergées par la trop grande élévation des écluses des moulins, et par les autres ouvrages d'art établis sur les rivières ; de *diriger*, enfin, autant qu'il sera possible, toutes les eaux de leurs territoires vers un but d'utilité générale.

La loi du 14 floréal an XI, art. 3, porte que les rôles de répartition des sommes nécessaires au paiement des travaux d'entretien, réparations ou constructions, seront dressés sous la surveillance du préfet, rendus exécutoires par lui, et que le recouvrement s'en opérera de la même manière que celui des contributions publiques.

Mais avant d'ordonner des travaux d'irrigation proprement dits, en vertu des pouvoirs conférés par ces deux lois, il faut des nivellements, des curages, des redressements, des règlements de hauteur d'eau, il faut que chaque cour d'eau soit étudié sous tous les points de vue, de manière à ce que les travaux soient dirigés de telle sorte qu'en faisant disparaître toutes les causes de débordement, de stagnation, si funestes aux propriétés riveraines et quelques fois à la salubrité publique, ils conservent autant que possible les forces motrices nécessaires à l'industrie et les moyens d'irrigation à l'agriculture.

Dans ce but, M. le préfet de la Sarthe a pris un arrêté par lequel il a organisé dans ce département un service d'agence pour les rivières non navigables ni flottables, ainsi composé :

Un agent principal ;

Des agents géomètres ;

Des gardes-rivières spéciaux ;

Dont les attributions générales sont celles-ci.

Ce service aura pour but :

1° D'empêcher, autant que possible, les débordements et la stagnation nuisibles des eaux ;

2° De diriger de la manière la plus utile l'emploi des eaux, considérées soit comme forces motrices, soit comme agents fertilisants.

A cet effet, il sera dressé une carte hydrographique du département et un état général des cours d'eau, faisant connaître, pour chacun d'eux, l'étendue du bassin dont il réuni les eaux, la longueur de son cours dans le département, la surface des terrains submergés, les noms des communes qu'il traverse, le nombre et la nature des usines qu'il alimente.

Ce travail devra, autant que possible, être terminé pour la prochaine session du conseil général.

Il sera successivement procédé, dans l'ordre qui sera indiqué par nous, à l'étude complète de chaque cours d'eau. Cette étude devra faire connaître, autant que possible,

1° Les moyens de prévenir les inondations nuisibles, ainsi que la stagnation des eaux;

2° Les terrains susceptibles d'être desséchés, les propriétaires et la contenance exactement circonscrite;

3° Les terrains susceptibles d'être irrigés, soit par le cours d'eau principal, soit par ses affluents.

Il sera rédigé, soit avant, soit après cette étude, suivant qu'il sera jugé nécessaire, un projet de règlement pour chaque cours d'eau.

Tous les plans, rapports, projets de règlements et projets de travaux seront soumis à l'examen et à l'approbation de M. l'ingénieur en chef des ponts-et-chaussées, lorsqu'ils seront relatifs à des objets qui ne peuvent être réglés que par ordonnance royale.

Les agents des cours d'eau, dûment assermentés, dresseront procès-verbal des délits et contraventions relatifs à la police des eaux.

Dans des cas spéciaux, ils pourront être envoyés par nous en mission pour diriger, soit des curages importants, soit des travaux à faire sur des cours d'eau non encore réglementés ni étudiés.

Les établissements d'usines, de repères, etc., sur les rivières et ruisseaux non réglementés ni étudiés, continueront à faire partie des attributions de MM. les ingénieurs des ponts-et chaussées.

Voici, en second lieu, le système d'irrigation adopté par M. le préfet du Var.

M. le préfet a commencé par faire faire l'exploration de tous les cours d'eau du département par le jaugeage de leur débit, au moment de l'étiage par le jaugeage des eaux déjà affectées aux irrigations, et par le relevé de la contenance des terrains qu'elles fertilisent. Les jaugeages ont été renouvelés pendant l'étiage des années suivantes, afin de déduire les moyennes du volume d'eau de chaque rivière pendant la période d'irrigation. Après avoir recueilli ces premières données, qui ont montré l'étendue des ressources dont on n'a point encore tiré parti et combien peu les eaux déjà dérivées étaient mises à profit, M. le géomètre en chef du cadastre a opéré le nivellement des *rivières* et *canaux nouveaux* à pratiquer, et fixé tant sur le terrain, à l'aide de repère invariable, que sur les plans par lui levés *ad hoc*, la pente générale des rivières et la direction des canaux à creuser pour absorber l'excédant non utilisé des eaux qu'elles débitent. Il a fait aussi le nivellement des canaux déjà existant et rapporté sur le terrain et sur les plans, par lui dressés, la direction du prolongement à donner à ces canaux, afin de porter sur une plus grande contenance l'irrigation qu'on leur doit partout où le volume d'eau qu'ils débitent excède les besoins de celle-ci.

Telles sont les mesures préliminaires à prendre.

Mais il restait encore à rechercher les meilleurs moyens à prendre pour assurer l'exécution des canaux et en faire sortir les avantages qu'ils doivent procurer.

Voici la mesure proposée par M. le préfet du Var, elle consiste à assimiler les canaux à créer, aux travaux ayant pour objet le dessèchement des marais ; et à leur appliquer, en conséquence, les dispositions de la loi du 16 septembre 1807, qui oblige les propriétaires

à concourir, dans la proportion de leur intérêt, à l'exécution de ces derniers ouvrages.

Il me reste maintenant, pour terminer l'exposé de ces
deux systèmes d'irrigation, à vous faire connaître le
sens et l'étendue de cette loi du 16 septembre 1807.

Vous concevez, Messieurs, que je dois me borner à
vous énoncer les propositions générales, sans entrer dans
aucun examen.

Cette loi, dont je ne vous rapporte même pas les termes, pour abréger, autant que possible, ce rapport,
permet de contraindre les propriétaires de terrains irrigables à coopérer à la construction et à l'entretien de
canaux d'irrigation *reconnus d'utilité publique.* L'article 30 de cette loi est, à notre sens, formel à cet
égard. Les objections qu'on a présentées contre cette
interprétation n'ont aucun fondement sérieux et ont été
repoussées, d'ailleurs, par un arrêté du conseil d'Etat du
26 avril 1843.

Pour l'exécution, au point de vue financier, voici quels
sont les moyens que cette loi accorde : elle permet de
contraindre les propriétaires des terres irriguées à payer,
soit à l'Etat, si l'Etat faisait lui-même le canal d'irrigation, soit à la compagnie qui s'en serait rendue adjudicataire, la moitié de la plus-value dont leurs propriétés seraient l'objet.

Un règlement d'administration publique rendu sur le
rapport de M. le ministre des travaux publics, après
avoir entendu les parties intéressées, *décidera* s'il y a
lieu de faire l'application du régime de la plus-value,
laquelle sera déterminée dans les formes prescrites par
la loi de 1807.

Le périmètre des terrains irrigables sera tracé par les ingénieurs et les experts réunis, soumis à l'approbation de M. le préfet, et approuvé par une commission spéciale après avoir entendu contradictoirement les parties intéressées et l'autorité locale.

La moitié des plus-values, et les sommes payées pour les prises d'eau, seraient suffisantes pour désintéresser l'Etat ou les compagnies qui auraient exécuté les travaux d'irrigation.

Telles sont, Messieurs, en résumé, ces deux systèmes et le moyen de les mettre à exécution par le secours seul des lois existantes.

Monsieur le ministre de l'agriculture vous demande quelle application on pourrait en faire dans le département de la Charente.

Pour ce qui concerne les mesures prises par le département de la Sarthe, votre commission de l'Intérieur a pensé, Messieurs, qu'elles étaient conçues dans un but d'utilité incontestable. Mais elle a pensé qu'elles ne devaient pas être adoptées dans notre département, et voici pourquoi : les cours d'eau de notre département sont peu importants. Trois seulement ont un volume d'eau considérable : la Charente, la Dronne, la Vienne. Les deux premières sont, ou vont devenir, par suite des projets de canalisation, des dépendances du domaine public, et, par conséquent, les mesures dont nous nous occupons ne leur seraient pas applicables ; la troisième a un lit tellement encaissé qu'il est impossible d'établir des canaux d'irrigation pour l'arrosement des prairies.

Restent les affluents qui sont au nombre de 127 pour la Charente, 18 pour la Vienne, 37 pour la Dronne.

Ces cours d'eau ne sont pas assez riches pour que le département fasse le sacrifice qu'exige la création de cette espèce d'état-major de bureaucratie, dont on poserait le germe aujourd'hui et qui pourrait se développer plus tard de manière à absorber des ressources plus utilement employées ailleurs.

Les mêmes raisons, jointes à cette circonstance que la position topographique de notre département, *n'offrent pas à l'irrigation* de ces vastes plaines qu'on rencontre dans le département du Var et qui font que l'application du système d'irrigation proposé par l'autorité préfectorale est une source si féconde de richesses dans le Var, l'ensemble des considérations, dis-je, a déterminé votre commission à déclarer que le système adopté par M. le préfet du Var ne pouvait non plus recevoir d'application dans notre localité.

Cependant, Messieurs, n'y a-t-il rien à faire? Votre commission ne l'a pas pensé. Elle a cru devoir au contraire profiter de l'occasion que lui offrait l'examen qui lui était demandé pour solliciter diverses mesures en faveur de l'agriculture; ainsi, émettre le vœu qu'une loi nouvelle vient autoriser les propriétaires riverains à appuyer sur l'héritage d'autrui moyennant préalable indemnité, les ouvrages d'art nécessaires à l'irrigation, et prier l'administration d'ordonner 1° la confection de règlements d'eau entre les usiniers et les propriétaire riverains sur les divers cours d'eau pour lesquels les règlements seraient utiles;

2° Le curage de ces cours d'eau;
3° Et leur redressement.

Telles sont, Messieurs, les conclusions de votre commission.

M. le préfet dit que l'on ne saurait contester la grande importance des cours d'eau de la Charente, sur lesquels il existe une si grande quantité d'usines, soit 1014, que c'est là qu'est l'importance de cette ressource et non ailleurs.

Un membre dit que la canalisation n'est pas aussi difficile qu'on l'a dit dans le rapport de la commission ; l'exemple de la Tardoire est là pour prouver que la chose n'est pas impossible dans l'intérêt de l'agriculture.

Un autre membre pense que la question n'a pas été bien posée dans la circulaire ministérielle ; qu'en cette matière ce ne sont pas des exemples puisés dans d'autres départements qu'il faut offrir, parce que rien n'est moins concluant. Qu'importe, en effet, ce qui se pratique dans la Sarthe et dans le Var, si le département de la Charente, comme on le croit, n'a rien d'identique dans la nature, le nombre, la force et l'appropriation de ses cours d'eau à la canalisation dans l'intérêt agricole. La loi qui interviendra devrait poser sans doute des principes généraux sauf ensuite à s'en servir et à en mesurer l'application selon les besoins locaux. Il faudrait organiser des syndicats et obliger les propriétaires à s'associer ; on a eu raison de dire que pour le moment et en l'absence d'une loi ce serait un acte peu convenable de créer un état-major de fonctionnaires pour cela ; cependant l'honorable membre estime que les conclusions de la commission sont trop absolues. C'est une matière qui a besoin d'être réglementée à nouveau, l'expropriation ne serait pas possible dans ce cas pour cause d'utilité publique et en vertu de la loi de 1807.

M. le rapporteur répond aux diverses objections qui ont été présentées au travail de la commission et ob-

serve que rien n'empêchera les propriétaires de se réunir entr'eux pour créer un canal d'irrigation, s'ils le
veulent.

Les conclusions de la commission sont adoptées.

———————

M. Tesnière, au nom de la commission des finances,
fait le rapport suivant :

## AUGMENTATION DES FRAIS D'ADMINISTRATION DÉPARTE-MENTALE.

### Rapport du Préfet.

Messieurs, Monsieur le ministre de l'Intérieur vous
consulte, par sa circulaire du 29 août dernier, sur la
distribution du fonds de 299,700 francs voté par les
chambres dans le budget de 1847 pour accroissement des
frais d'administration des préfectures du royaume et demande votre avis sur le montant de l'augmentation qu'il
vous paraîtrait nécessaire d'accorder au département.
J'ai déjà fourni à son Excellence, à titre de renseignement, un état comparatif des affaires qui se sont expédiées dans mon administration en 1835 et 1845. Il prouve
combien les travaux des bureaux ont pris d'accroissement dans l'espace de dix ans. Ce document fait partie
du dossier et vous mettra à même d'émettre votre avis
avec connaissance de cause.

En m'accusant réception de ce renseignement, Monsieur
le ministre m'annonce qu'il ne le perdra pas de vue,

lorsque la nouvelle fixation des abonnements aura lieu.

La répartition proportionnelle du crédit accordé au département, 2,800 fr. ; ne penseriez-vous pas, Messieurs, en prenant en considération l'accroissement des travaux, de la population, de celle de l'arrondissement d'Angoulême surtout, le nombre des communes du département, le montant des contributions directes, le produit de l'enregistrement et des contributions indirectes, que cette somme devrait être élevée à 5,000 francs.

Dans le cas de l'affirmative, je vous prie d'en exprimer le vœu.

Le conseil d'arrondissement de Cognac, réclamant une augmentation de frais d'administration, je suis d'avis, Messieurs, que par des considérations propres à cette localité, une somme de 600 francs devrait être allouée.

La commission propose et le conseil adopte les propositions de l'administration.

———

M. Bodet, membre de la commission de l'intérieur, fait le rapport suivant :

## RENVOI AU LENDEMAIN DES FOIRES QUI TOMBENT LES DIMANCHES OU LES JOURS FÉRIÉS.

### Rapport du Préfet.

Messieurs,

Une demande vient de m'être adressée par M. le prési-

dent du consistoire protestant de Jarnac, dans le but
d'obtenir du conseil général un vœu pour le renvoi au
lendemain des foires qui tombent les dimanches et les
jours fériés.

Je soumets cette demande au conseil général pour
qu'il renouvelle, s'il le croit utile, le vœu qu'il a déjà
émis en 1843.

### Rapport de la Commission.

Un ministre protestant de la ville de Jarnac sollicite du conseil général le vœu pour le renvoi au lendemain des foires qui tombent les dimanches et les jours
fériés.

La commission de l'intérieur, prenant en considération
que la loi du 18 novembre 1814, art 7 § 6, ordonnant
que les travaux ordinaires soient interrompus les dimanches et jours de fêtes reconnus par la loi de l'Etat, maintient les foires tombant ces mêmes jours ; que cette loi
est loin d'avoir été conçue dans un esprit hostile à
la religion;

Que le renvoi au lendemain aurait le double inconvénient de confondre les foires qui auraient eu lieu les
dimanches et fêtes et celles qui tombent naturellement
le lundi, et de faire perdre pour l'agriculture un grand
nombre de jours qu'on pourrait consacrer plus utilement
au travail, ce qui produirait une diminution dans le
chiffre des richesses sociales.

Conclut au maintien de l'état actuel des choses.

M. le préfet dit qu'il prend la parole afin de démontrer au conseil qu'il ne doit pas se déjuger, car dans ses délibérations de 1843 il a demandé et émis le vœu qu'il intervienne une mesure générale qui fixe les jours de foires de manière à ce qu'elles ne tombent pas le dimanche; c'est le maintien de ce vote que M. le préfet désirerait de la part du conseil général.

Un membre estime que les foires devraient être fixées à des jours de semaines et non à des quantièmes.

Les conclusions de la commission sont mises aux voix et adoptées, c'est le maintien de l'état actuel des choses.

Un membre demande le renouvellement du vœu de 1843, mais on lui répond que le vœu tendant au changement de l'état actuel des choses, c'est proposer le contraire de ce que l'on vient de voter, c'est-à-dire le *statu quo*, l'auteur de la proposition n'en persiste pas moins à demander le renouvellement du vœu de 1843; c'est-à-dire une mesure générale ayant pour but la fixation du jour de toutes les foires de la France.

M. le président met aux voix cette proposition qui est adoptée.

Un autre membre propose d'ajouter, que dans le cas où une mesure générale serait prise, les foires eussent lieu à des jours de semaines.

Cette proposition est adoptée.

### RÉCOLEMENT DU MOBILIER DE LA PRÉFECTURE.

M. le président désigne, pour le récolement du mobilier de la préfecture, MM. Devars et Lemerle.

M. Hennessy fait le rapport suivant :

## ROUTE ROYALE N° 10, DE PARIS EN ESPAGNE.

**Portion délaissée de cette route , par suite do la rectification de la rampe de Churet.**

*Loi du 24 mai 1842.*

### Rapport du Préfet.

Par suite de la rectification de la rampe de Churet, sur la route royale numéro 10 , de Paris en Espagne, une portion de cette route, d'une longueur de 1,100 mètres environ , a été délaissée.

Aux termes de la loi du 24 mai 1842 , cette portion de route doit être remise à l'administration des domaines , sauf le cas où les conseils généraux des départements, ou les conseils municipaux des communes intéressées, consentiraient ou demanderaient leur classement soit comme routes départementales , soit comme chemins vicinaux.

Il résulte de la lettre ci-jointe de M. l'ingénieur en chef, lettre que l'administration reçoit à l'instant ( 18 septembre ), que le département n'a aucun intérêt au classement , comme route départementale, de la portion de route dont il s'agit.

L'administration partage l'opinion de M. l'ingénieur en chef qui lui paraît justifiée par le plan joint à sa lettre. Toutefois elle soumet l'examen de cette question aux lumières du conseil général qui est invité à émettre un avis.

Dans le cas où le conseil général jugerait, comme l'administration, que le classement de cette portion de route est sans intérêt pour le département, il restera à consulter les communes intéressées sur l'utilité pour elles de cette communication.

### Rapport de la Commission.

La commission s'unit à l'opinion exprimée par M. l'ingénieur en chef et abandonne ses droits à la portion de la route royale, numéro 10, abandonnée par l'Etat.

Le conseil adopte les conclusions de la commission.

———

Le même rapporteur donne communication d'une pétition relative au tracé du chemin de grande communication n° 11 sur la commune de St.-Fort, dont la commission propose et le conseil vote le renvoi à l'administration.

———

M. Hine, membre de la commission des finances, a la parole pour les rapports suivants :

## CAISSE DES RETRAITES DES EMPLOYÉS DE LA PRÉFECTURE.

### Rapport du Préfet.

Messieurs, je dois vous faire connaître chaque année, aux termes de l'article 4 de l'ordonnance royale du 2 février 1826, la situation de la caisse des retraites créée, par cette ordonnance, en faveur des employés de la préfecture, caisse à laquelle ont été admis les douze agents-voyers principaux et l'archiviste, en vertu des ordonnances des 14 juin 1841 et 9 novembre 1845.

Cet établissement était propriétaire au 31 décembre dernier, de 4,550 fr. de rente 5 p. 0j0 et d'un solde créditeur de 203 fr. 77 c.; il sert trois pensions qui ont été liquidées et qui s'élèvent à 824 fr.

La dotation de 15,000 fr. que vous aviez bien voulu lui accorder pour faire profiter de ses avantages les employés des chemins et le conservateur des archives sera soldée en 1847 au moyen de la somme de 1,000 fr. que je demande au budget.

Je viens de recevoir de M. l'architecte du département une demande d'admission à cette caisse, en sollicitant de votre bienveillance une subvention de 1,271 fr. qu'il pense être proportionnelle avec la dotation dont je viens de parler, et en offrant de verser immédiatement dans la caisse la somme de 900 fr. qui le mettrait dans une position identique avec les agents-voyers.

M. L'architecte ayant été rémunéré jusqu'à présent avec les ressources départementales, pourrait, je pense, entrer dans l'association, mais, les conditions qui ont été imposées à ces derniers devraient lui être applicables, ainsi que la faveur que vous leur avez accordée. En conséquence, je vous propose, pour conserver aux sociétaires actuels les droits qui leur sont acquis sur le revenu de l'établissement, de décider qu'une allocation de 1,270 fr. sera portée, dans deux ans, dans vos budgets, sous-chapitre 19, et d'émettre l'avis que l'admission sollicitée n'aura lieu qu'aux conditions suivantes :

1° L'architecte versera dans la caisse le premier mois

de son traitement à dater de son admission et le premier mois de toute augmentation de traitement ;

2° Il subira une retenue de six pour cent sur son traitement annuel, pendant dix ans ; après ce délai cette retenue sera de 4 p. 0)0 ;

3° Il ne pourra jouir de la retraite qu'après dix ans de service dans son emploi actuel, à dater de l'époque de son admission ;

4° Les autres conditions de l'ordonnance royale du 2 février 1826, lui seront applicables.

M. Marchais-Duréry, chef de section dans les bureaux de la préfecture, demande son admission à la retraite.

L'état produit à l'appui de sa réclamation élève ses services à 35 ans, 2 mois, 25 jours, dans diverses administrations, mais par suite d'une ordonnance royale mentionnée dans une circulaire ministérielle du 28 août dernier, je pense que ces services doivent être réduits à 20 ans, 6 mois, 28 jours, savoir :

Administration des contributions indirectes 3 a 3 m 6 j.

Mairie d'Angoulême.................... 3 7 11

Préfecture............................. 13 8 11

Total............... 19 18 28

Ou 20 ans, 6 mois, 28 jours.

M. Marchais-Duréry ayant annexé à ses pièces, un certificat de M. Clauzure, médecin de cette ville, constatant qu'il est atteint d'une maladie qui l'empêche de continuer son service, doit jouir des dispositions de l'article 7 de l'ordonnance royale du 2 février 1826,

19

constitutive de la caisse des retraites des employés de mon administration.

J'ai l'honneur, en conséquence, de vous proposer d'émettre l'avis qu'une pension de 342 fr. 20 c. sera liquidée au profit de cet ancien employé.

D'après les dispositions de l'article 11 du décret du 4 juillet 1806, cette liquidation doit s'opérer ainsi :

6 dixièmes du traitement de 1,000 fr. pour les 10 premières années.......................... 166 f. 67 c.

1 soixantième pour chaque année en sus. 175 f. 53 c.

Somme égale....... 342 f. 20 c.

Sauf à Messieurs les membres du conseil général à donner un avis favorable sur la supplique de M. Marchais-Duréry, en ce qui concerne ses services chez le payeur du département, que la circulaire du 28 août déjà citée ne considère pas rigoureusement comme temps de service comptable pour la retraite.

Si cet avis était émis, ce que je désire, la liquidation aurait lieu sur 32 ans, 3 mois, 17 jours, qui produiraient 559 fr. 30 c.

Savoir :

Moitié du traitement de 1,000 fr........ 500 f.  •

Un vingtième en sus pour chaque année du temps excédant 30 ans...................... 59 f. 30 c.

Somme égale..... 559 f. 30 c.

La commission propose d'adopter les conclusions de l'administration.

M. le préfet appuie la demande du pétitionnaire et fait

valoir le temps qu'il a passé dans les bureaux de M. le payeur du département pour compter dans l'élévation du taux de sa retraite.

Un membre fait observer que le conseil général doit se garder d'une trop grande facilité à admettre les prétentions à la retraite, car il existe beaucoup de vieux employés qui réclameront bientôt justement leur retraite et lorsque les 10,000 fr. votés pour la caisse par le conseil général seront épuisés on viendra demander de nouveaux sacrifices qu'il faudra imposer aux centimes facultatifs.

La commission ayant proposé d'allouer à M. Duréry le taux de 559 fr. pour sa retraite, en lui comptant le temps de ses services chez le payeur, le conseil adopte cette proposition.

––––––

M. Hine continue et donne lecture au conseil d'une pétition, formée par plusieurs employés de la préfecture, demandant que le temps du service militaire compte pour la retraite.

Augoulême, le 19 septembre 1840.

Messieurs,

Les employés soussignés ont l'honneur de vous faire observer que l'article 6 de l'ordonnance du 2 février 1826, relative aux pensions de retraite des employés de la préfecture de la Charente, ne fait compter, dans les

30 ans de services exigés, que les services civils rendus dans les administrations publiques du département de la Charente ou d'une portion de son territoire.

Cette condition déroge à l'usage généralement établi de faire compter, pour les pensions de retraite, le temps passé sous les drapeaux ; consacrer sa vie au maintien de l'ordre et de nos institutions ou à la défense du territoire national, n'est-ce pas, en effet, mériter de participer aux récompenses que chaque localité accorde à ceux qui se dévouent à leur service.

Les soussignés pensent, d'après ce qu'ils viennent d'exposer, que le conseil voulant, dans sa bienveillante justice, faire droit à leur réclamation, exprimera le vœu que le temps du service actif, passé sous les drapeaux de la France, comptera aux employés de la préfecture de la Charente, pour obtenir la pension de retraite que leur assure l'ordonnance du 2 février 1846 ; ils se croient d'autant plus fondés dans cette demande, que la circulaire de M. le ministre de l'intérieur du 28 août 1846, qui doit être mise sous vos yeux, par M. le préfet, autorise les conseils généraux à proposer des mesures tendant à modifier les règlements actuels de la caisse de retraite, en ce qui concerne les services étrangers aux emplois dans l'association.

Dans cette pensée, comme dans toutes les circonstances, ils ont l'honneur d'assurer Messieurs les membres du conseil général de leur entier dévouement et de leur profond respect.

Ils sont avec un profond respect,

Messieurs,

Vos très-humbles et très-obéissants serviteurs,

J. de Bourgon, Decumont, J.-B.-A. Basque, Valla, Dupont aîné, Anatole Hériard, Chaumont.

La commission pense qu'il y a lieu d'adopter la demande des pétitionnaires ; quelques membres appuient cette réclamation fondée selon eux sur ce que le service militaire est compté dans toutes les carrières pour le temps de la retraite, et ils observent qu'il serait bizarre que l'on refusât de compter le temps du service militaire alors que le conseil général vient de décider que le temps qu'un employé a passé dans les bureaux d'un payeur doit lui compter.

La proposition de la commission est adoptée.

———————

M. Poineau donne communication d'un dossier relatif à l'enclave du Petit-Champagne, le conseil donne acte de la communication.

———————

M. Poineau expose que M. de Casteras appelle l'attention et les sympathies du conseil général sur l'établissement des Secours-Mutuels.

Un membre demande même que le conseil général émette un vœu sympathique au sujet de cette belle institution.

Le conseil général remercie M. de Casteras de sa communication et verra toujours avec intérêt tout ce qui peut contribuer au soulagement des classes ouvrières.

———————

M. Lavallée, membre de la commission des finances, donne au conseil communication d'une réclamation faite par le sieur Roche, de la commune de Mazerolles, ayant pour but d'obtenir une nouvelle expertise cadastrale; l'honorable membre propose le renvoi de la demande à l'administration.

M. le préfet observe que le pétitionnaire a épuisé toutes les voies possibles de pourvoi dans cette affaire et propose au conseil de passer à l'ordre du jour.

L'ordre du jour mis aux voix est écarté.

Le renvoi de la demande du sieur Roche à l'administration est mis aux voix et adopté.

———

M. Devars expose que M. le préfet a communiqué au conseil 1° le fonds de non valeurs ; 2° la situation de la caisse d'épargnes des instituteurs primaires ; 3° le compte d'administration de l'école normale primaire pour l'année 1845 et 4° l'état des communes imposées d'office pour les chemins vicinaux.

Le conseil général donne acte à M. le préfet de ces communications.

———

Un membre expose que Confolens est divisé en deux cantons composés de nombreuses communes, que la gendarmerie actuelle est insuffisante comme trop peu nombreuse pour assurer la bonne police de cette contrée, adossée à une forêt et traversée par plusieurs routes très-pratiquées. L'honorable membre propose au conseil d'émettre le vœu que la brigade de gendarmerie de Confolens soit augmentée de deux membres.

Le conseil s'associe à l'expression de ce vœu.

M. le rapporteur de la commission des vœux a la parole.

Messieurs,

Dans l'une de vos premières séances vous avez accueilli la proposition de nommer cette année une commission des vœux composée d'un des membres de chacune de vos autres commissions.

Ainsi que cela a été clairement expliqué, le but que vous désiriez atteindre était, non pas d'empléter sur le droit que chacun de vous possède de faire librement entendre son opinion, mais d'en faciliter au contraire l'expression, en classant et en coordonnant les vœux que vous auriez le désir de soumettre à l'approbation du conseil ; c'est le travail auquel votre commission s'est livrée avec soin, et elle me charge de vous en faire connaître le résultat.

Je me bornerai à vous donner lecture des vœux exprimés ; chacun de vous, Messieurs, sera libre de développer, s'il le juge nécessaire, les propositions qui nous ont été soumises.

Plusieurs de ces vœux ont déjà trouvé leur place à la suite des rapports que vous avez approuvés et se rattachaient naturellement aux sujets dont ces rapports traitaient ; il me reste à vous en soumettre un grand nombre qui méritent toute votre attention ; les premiers regardent particulièrement l'administration départementale ; les autres ont un caractère plus général et s'adressent à l'administration supérieure.

### Pont de Châteauneuf.

L'administration est priée de s'occuper promptement, au moyen d'un projet dressé par MM. les agents-voyers, de la réparation urgente à faire au pont de Châteauneuf qui dessert le chemin de grande communication n° 6.

### Bureau de distribution à Bouex.

La demande d'un bureau de distribution de lettres à Bouex est renvoyée à M. le préfet.

### Arrêté du Préfet sur la chasse.

Demande que les pies et les geais soient ajoutés à la nomenclature des oiseaux malfaisants et nuisibles.

## VŒUX GÉNÉRAUX.

### Navigation de la Charente.

La navigation de la Charente est une question de la plus haute importance pour ce département, c'est la seule voie facile et économique qui soit offerte à l'écoulement de nos produits agricoles et au mouvement du commerce et de l'industrie qui ont pris un si grand développement parmi nous dans ces derniers temps et la somme des transports effectués sur cette rivière, la seule navigable de notre territoire, deviendra bien plus considérable encore, lorsque les chemins de fer viendront mettre Angoulême en rapport immédiat avec la ligne de Paris, avec celle de Bordeaux et probablement avec Limoges.

Il y a de grandes améliorations à opérer dans la partie de ce fleuve depuis l'embouchure du Né jusqu'au port Lhoumeau.

Plusieurs des écluses exigent des réparations, il serait nécessaire d'en établir une nouvelle entre Cognac et Jarnac ; ces deux villes ainsi que celle de Châteauneuf manquent de quais convenables. — Il y aurait des modifications à faire aux ponts de Cognac et de Châteauneuf pour faciliter la navigation — Le service du hallage est défectueux et nécessite le passage fréquent d'une rive sur l'autre. — Des dragues plus perfectionnées que celles qui ont fonctionné à une autre époque devraient être employées sur plusieurs points. — Le conseil général émet le vœu que l'administration centrale soit instamment priée de demander aux chambres un nouveau fonds spécial pour remédier aux inconvénients qui viennent d'être signalés.

### Loi sur la falsification des vins.

Un projet de loi qui intéresse au plus haut point le département de la Charente et qui avait été élaboré par un de nos honorables collègues, de concert avec deux autres membres de la chambre des députés, le projet de loi sur la falsification des vins et des liquides spiritueux a déjà reçu, à quelques modifications près, l'approbation de l'une des chambres législatives. Cette importante question n'a pas encore été soumise aux délibérations de la chambre des pairs.

Le conseil général manifeste le vœu que le gouvernement donne suite à cette proposition et qu'elle soit promptement convertie en loi.

### Rectification du tracé de la route royale n° 141, de Cognac à Saint:s.

Dans la session de 1844 le conseil général manifesta le vœu qu'un travail qui lui était présenté pour la rectification du tracé de la route royale n° 141, de Cognac à Saintes, fut adopté de préférence à tout autre.

Votre commission vous engage à renouveler ce vœu et à recommander à l'administration supérieure l'adoption de ce travail et de celui dressé par MM. les ingénieurs du département, et approuvé par M. l'inspecteur divisionnaire, pour le redressement de cette route dans la traverse de Cognac.

### Route royale n° 10, de Paris à Bordeaux.

La côte de Pétignac sur la route royale n° 10, entre Roullet et Barbezieux, est très-difficile, et sa pente dépasse les prescriptions en usage; le conseil émet le vœu qu'elle soit réduite.

### Postes.

Le conseil émet le vœu qu'un bureau de direction de postes aux lettres soit établi dans chacun des chef-lieux de canton du département et qu'il y ait une distribution rurale journalière.

### Brigades de gendarmerie.

Le conseil renouvelle le vœu précédemment émis par

lui que des brigades de gendarmerie soient établies à St.-Amant de-Bouex, Montembœuf, Villefagnan, Segonzac, Brigueuil et Blanzac, et qu'il soit adjoint deux hommes de plus à chaque brigade de gendarmerie dont la résidence est traversée par une route royale, pour les besoins du service qui, dans ce moment, est dans un état de souffrance sur ces directions.

### Octrois.

Le conseil général émet le vœu que la réduction des octrois soit opérée, et que la législation financière soit révisée, en ce qui concerne l'impôt des boissons surtout.

### Impôts sur les chiens.

Le conseil général renouvelle le vœu, précédemment émis par lui, qu'un impôt soit établi sur les chiens de luxe.

### Patentes.

Le conseil renouvelle le vœu d'une révision de la loi des patentes.

### Mendicité et vagabondage.

Le conseil invite le gouvernement à s'occuper le plutôt possible d'une loi ayant pour but de réprimer le vagabondage et la mendicité.

### Casuel des Prêtres.

Le conseil émet le vœu que le gouvernement avise aux moyens de supprimer le casuel des ministres de la religion.

### Réforme postale.

La taxe des lettres en France est exhorbitante : aussi a-t elle soulevé de nombreuses réclamations : Cette charge pèse surtout sur les personnes pauvres en faveur desquelles elle ne fléchit point : Et cependant ne frappat-elle que le riche, elle serait encore exhorbitante : c'est donc un motif d'insister pour qu'elle soit abaissée. Il est à remarquer que les réclamations pour la réforme postale n'émanent pas toutes de personnes étrangères à cette administration. Un directeur, frappé lui-même de l'iniquité de la taxe des lettres, a publié une brochure par laquelle il démontre la possibilité de la réduire en France au chiffre de 20 centimes : cette réduction, loin d'être nuisible à l'administration, de l'avis même de l'auteur de la brochure, lui serait bientôt favorable; et il cite, à l'appui de son assertion, l'exemple de l'Angleterre. Au sur plus' cette question n'est pas neuve. Déjà elle a occupé les conseils généraux et soixante de ces conseils ont exprimé un vœu pour la réforme du régime postal. Il y a plus; présentée à la chambre des députés, par M. de St.-Priest, la réforme postale ne fut rejetée qu'à la majorité d'une voix : plus tard, M. Monnier de la Sizeranne ravivant la question, par un appel public aux conseils généraux, cinquante-cinq répondirent par un vœu en faveur de la taxe à 20 centimes. C'est ce vœu que votre commission propose au conseil général en le priant de l'appliquer au port d'argent sans indication de réduction.

### Conversion des rentes.

La conversion des rentes est au nombre des questions

qui intéressent à un haut degré les contribuables. Depuis longtemps elle est à l'ordre du jour. Et bien des fois déjà elle a soulevé de vifs débats, au sein des chambres, où elle comptait un grand nombre de rentiers et par conséquent beaucoup d'adversaires : cependant elle a trouvé des défenseurs parmi les députés, et c'est à ce point qu'en 1832 le cabinet qui s'était constitué l'adversaire de la conversion des rentes, fut renversé : depuis cette époque la question a surgi de nouveau et a été discutée à presque toutes les sessions : Les rapporteurs du budget lui ont été favorables et deux ministres des finances, MM. Humann et Lacave-Laplagne l'ont formellement approuvée : tout porte à croire, qu'une question aussi importante, soutenue avec autant de persévérance au parlement, et réclamée vivement par plusieurs conseils généraux, sera bientôt adoptée. Pourrait-il en être autrement ? La conversion des rentes économisera plus de vingt millions par an ; et l'on ne saurait longtemps payer aux rentiers l'intérêt à 5 p. 0/0 lorsqu'il est à un taux bien inférieur. Il importe que la France entre dans cette voie économique ; votre commission a l'honneur de proposer au conseil d'émettre un vœu favorable à la conversion des rentes.

### Régime hypothécaire.

Un membre a proposé l'expression du vœu suivant :

S'il est une chose digne de l'attention et de la sollicitude du conseil général, c'est sans contredit l'agriculture. C'est elle qui alimente et vivifie tout ; c'est le thermomètre de la prospérité et de la puissance d'un Etat. L'agriculture est-elle florissante, tout prospère et

grandit avec elle : ses progrès , il faut le reconnaître ,
se sont développés depuis vingt ans ; mais aussi, avec le
progrès agricole , la population , et les charges de toute
espèce pour les cultivateurs ont pris de larges proportions : il est donc à désirer que l'agriculture progresse
à mesure que la population augmente. Applanir les obstacles qui viennent paralyser les efforts du cultivateur
est donc un vœu qu'il convient d'émettre.

Le premier obstacle pour le cultivateur c'est la difficulté de se procurer des capitaux à un taux d'intérêt
en harmonie avec le produit de son travail. Le législateur, dans sa sagesse , a fixé cet intérêt à 5 p. 0/0. Ce
chiffre , résultat de nombreuses recherches , peut se concilier avec les besoins de l'agriculture. Mais le petit
cultivateur trouve-t-il facilement des fonds à 5 p. 0/0 ?
Il faut bien le dire , toutes les localités ne jouissent pas
de cet avantage : quelques prêteurs seulement se ren-
ferment dans les limites de la loi. Mais en supposant que
les prêteurs en général n'exigent qu'un intérêt à 5 p. 0/0, ne
se trouve-t il pas doublé par les frais de garanties que l'on
exige de l'emprunteur. Si l'on ajoute les frais de contrat,
d'hypothèque , de radiation , sans oublier les frais préalables d'état d'inscriptions , on peut assurer que le
cultivateur, pour une somme de mille à deux mille
francs, paie l'intérêt à 10 p. 0/0. Avant tout , il faut
que le cultivateur possède des immeubles d'une valeur
triple à la somme demandée, car le prêteur a besoin
de se tenir en garde contre les frais d'expropriation
et les suites d'une procédure qui viendraient absorber
l'avoir de son débiteur. Sans doute la loi nouvelle a
diminué les frais de saisie immobilière. Mais n'était-il
pas mieux en harmonie avec l'intérêt des petits cultiva-

teurs dout le nombre va croissant avec le principe d'égalité dans les successions , de diminuer ces formalités de procédure et de ne pas appliquer l'expropriation à quelques parcelles de terrain , de la même manière qu'à un vaste domaine : un grand nombre de cours royales , frappées de la nécessité d'une réduction des frais d'expropriation avaient , sous la première législation qui régissait cette matière, admis *la voie parée* à l'aide de laquelle un créancier , en observant les règles de publicité et les délais de *mise en demeure* , prescrits par la loi, pouvait faire vendre par un notaire, publiquement et aux enchères , les biens de son débiteur. Il n'y avait là que les frais ordinaires du contrat de vente.

La loi nouvelle sur l'expropriation a proscrit formellement *la voie parée*. L'influence d'une corporation puissante dont les intérêts se trouvaient blessés paraît avoir déterminé cette disposition.

Il est donc évident qu'il importe que le crédit agricole soit amélioré et que l'on peut y arriver par la réforme du régime hypothécaire et par une disposition introduite dans la loi sur l'expropriation forcée , autorisant *la voie parée* pour les immeubles dont la valeur ne comporte pas les frais considérables d'une expropriation par voie de justice. Toucher au titre des hypothèques n'est pas chose facile : ce titre se rattache à tous les autres titres du code. Mais c'est surtout sous le rapport de la fiscalité que la réforme doit avoir lieu. L'œuvre, pour être difficile, n'est pas impossible, et le conseil général n'en est pas moins invité à formuler un vœu en faveur de la réforme hypothécaire et de l'introduction dans la loi sur l'expropria.

tion de la *voie parée* pour la vente d'immeubles d'une modique importance.

Le conseil général, après une discussion à laquelle quelques membres ont pris part, et de laquelle il résulterait que le gouvernement s'occupe d'une réforme à ce sujet, s'en réfère aux réponses qu'il a faites dans sa précédente session, aux questions ministérielles qui lui furent adressées.

### Impôt du sel.

Le conseil général renouvelle le vœu qu'il a émis précédemment sur la réduction de la taxe sur le sel.

### Prestations en nature.

Le conseil renouvelle les vœux précédemment émis par lui qu'il ne soit alloué aucune remise à MM. les percepteurs des contributions directes sur la rentrée des prestations en nature.

### Instruction secondaire.

Le conseil général renouvelle le vœu par lui émis dans ses deux dernières sessions relativement à la loi proposée sur l'instruction secondaire.

### Révision du classement des routes départementales et de la loi sur le fonds commun.

Le conseil renouvelle les vœux émis par lui dans ses précédentes sessions à ce sujet.

### Professeurs.

Le conseil renouvelle le vœu qu'il a émis l'an dernier,

relativement à l'avancement de ces fonctionnaires sans changement de résidence.

*Révision du code rural et gardes champêtres.*

Le conseil général émet le vœu que le gouvernement s'occupe de présenter un code rural , et renouvelle le vœu de l'embrigadement des gardes-champêtres.

*Classement du département.*

Le conseil général renouvelle le vœu qu'il a émis dans sa précédente session , que le département de la Charente soit élevé à une classe supérieure.

---

L'ordre du jour étant épuisé et les travaux de la session se trouvant terminés , M. le président lève la séance à six heures et la renvoie à demain neuf heures du matin pour l'adoption du procès-verbal.

# SÉANCE DU 20 SEPTEMBRE 1846.

## PRÉSIDENCE DE M. ALBERT.

A midi, les membres du conseil général étant au nombre voulu par la loi, M. le président ouvre la séance.

Sont présents :

MM. ALBERT, LASTIER, DE LA TRANCHADE, TESNIÈRE, HENNESSY, GUILLET-PLANTEROCHE, FAURE-SAINT-ROMAIN, BODET, RICHARD, VEYRET, DE LA FAYE, MIMAUD, MERVEILLAUD, LEMERIE, ESMEIN, POITEVIN, BOUNICEAU-GÉMON, *secrétaire*.

M. le préfet assiste à la séance.

Le procès-verbal de la séance de la veille est lu et adopté.

## Allocution du Président

« Monsieur le Préfet,

« En terminant cette session, le conseil général se
« félicite, comme précédemment, de la constante har-
« monie de ses vues et de ses bons rapports avec l'admi-
« nistration; il s'empresse de vous en renouveler ici les
« témoignages. — Et pour ce qui me regarde, Messieurs
« et chers collègues, votre président, heureux de tant
« de marques d'intérêt et de confiance qui l'ont honoré
« au dernier point, ne pourrait se séparer de vous,
« sans vous adresser encore, avec effusion de cœur, tous
« ses remercîments. »

M. le préfet répond qu'il est touché de l'expression
des sentiments que le conseil général lui témoigne par
l'organe de son honorable président, qu'il en est reconnaissant; que s'il est parvenu à s'identifier avec les
intérêts du département, c'est au concours du conseil
général qu'il le doit, et que s'il a donné satisfaction
à quelques grands intérêts du pays, c'est encore au
concours que l'honorable assemblée lui a prêté : qu'il
n'a plus qu'un désir à former, c'est qu'il lui soit donné
de voir se développer tous les éléments de prospérité que l'administration et le conseil général ont ré-
pandus dans le pays.

M. le préfet ajoute qu'il considère comme une mar-
que d'estime pour le préfet, les sentiments dont M.
le président s'est rendu l'organe.

Rien n'étant plus à l'ordre du jour, M. le président prononce, au nom de la loi, la clôture de la session, et le conseil général se sépare immédiatement.

# TABLE OU PROCÈS-VERBAL

## DÉLIBÉRATIONS DU CONSEIL GÉNÉRAL.

### A

Pages.

Aliénés. ................................113-200
Allocutions de M. le président. ................9-307
Analyse du rapport du préfet. ............... 5
Analyse des procès-verbaux des délibérations des con-
    seils d'arrondissement. ................ 11
Archives du département. ............... 201
Augmentation des frais d'administration départemen-
    tale. ................................ 282

### B

Bâtiments de l'ancienne école de marine. ......... 44
Brigade de gendarmerie de Confolens augmentée de
    deux membres... ................ 294
Brigades de gendarmerie.. ............... 298
Brigueuil ( église de ). ............... 74
Budget départemental de 1847. ............... 189
Budget du cadastre pour 1847. ............... 234

Pages

Budget de l'instruction primaire ............... 237
Bureau provisoire ...................... ........ 2
Bureau de distribution à Bouex. ... ........... 296

## C

Cadastre (budget du) (conservation du) ....... ... 234-254
Caisses d'épargnes.......................... 119
Caisse d'épargnes des instituteurs primaires ......... 294
Caisse des retraites des employés de la préfecture.. 287
Carte géologique..................... .......... 154
Casernement de la gendarmerie ................ 193
Casuel des prêtres..................... ........ 299
Cession à l'Etat d'une partie de la prison de Cognac. 107
Chasse (arrêté du préfet sur la)................ 296
Chemins vicinaux ( travaux d'art sur les )....... 145-223
Chemin n° 22 (réclamation contre le tracé du)..... 148
Chemin de fer de Limoges à Angoulême.......... 100
Chemins de petite vicinalité................... 79
Classement d'une lacune de la route départementale
    numéro 1..................... ........... 60
Classement d'un chemin de grande communication de
    Sigogne à Ste. Sévère...................... 82
Classement du département..................... 305
Classement d'office , sur la Dordogne , d'une
    lacune de la route départementale numéro 8.... 122
Clôture de la session........................ 308
Comices agricoles.. ........................ 157
Commission de l'intérieur................ ........ 10
Commission des travaux publics................ 10
Commission des finances...................... 10

Pages.

Commission des vœux.......................... 95

Comptes des recettes et dépenses départementales
de 1845.................................... 95

Comptes des recettes et dépenses de l'instruction primaire de 1845............................. 95

Comptes des recettes et dépenses du cadastre de 1845 95

Compte d'administration de l'école normale primaire
de 1845.................................. 294

Commune de Cognac ( revendication d'immeubles par
la ).......................................... 98

Concessionnaires des ponts de Lachapelle (Boisdon
et Simon ).................................. 95

Construction d'un dépôt de sûreté à Rouillac...... 69

Congrès agricole de l'Ouest..................... 155

Contingents communaux, souscriptions particulières,
etc......................................... 229

Conservation du cadastre....................... 254

Conversion des rentes.......................... 300

Contribution foncière.......................... 244

Contribution personnelle et mobilière........... 255

Contribution des portes et fenêtres............. 245

Contribution des patentes................. 252-299

Corps-de-garde de la préfecture................. 195

Cours d'assises et tribunaux.................... 194

Cours d'eau, irrigations et usines.............. 267

Cultes....................................... 214

## D

Demande de la commune de Houlette pour le classement d'un chemin............................. 82

Pages.

Demandes du conseil général sur le second fonds commun .. ............ .. .......... 219

Dénombrement de la population.... ............ 39

Dépenses des chemins vicinaux............... 226

Dépenses diverses. ..... ..... ........ ..... 215

Dépôt de sûreté à Rouillac.... ......... .... 69

Deuxième section. — Dépenses facultatives. ....... 207

Dettes départementales ordinaires.... ......... 203

Dettes départementales extraordinaires.......... 216

Direction de la route départementale n° 9, de Confolens à Ruffec, dans la traverse de cette dernière ville.. 101

**E**

Eaux thermales..... .......... ..... ......... 111

Ecoles royales vétérinaires d'Alfort et de Toulouse... 47

Ecoles royales des arts et métiers......... ...... 48

Ecole centrale des arts et manufactures........... 50

Ecole pratique d'agriculture. .... ......... .. 177

Eglise de Brigueuil. ..... ............. 74

Elargissement du pont de Cognac. ............ 107

Election du président ......... ......... 2

Election du secrétaire......... ......... 3

Employés de la préfecture (réclamation de plusieurs). 291

Emprunt départemental (service de l'). ........ .. 223

Enclave du Petit-Champagne. ............. 293

Encouragements et secours............. .... 210

Enfants-trouvés......... ......... ...... 161-198

Entretien des routes départementales......... .... 194

Etat des communes imposées d'office pour les chemins vicinaux......... ......... ...... 294

Pages.

Exécution de la loi du 5 juin 1846. . . . . . . . . . . . . . . 233

**F**

Foires à Bouex. . . . . . . . . . . . . . . . . . . . . . . . . . . . . . . . . . . 29
Foires à Aubeterre. . . ,. . . . . . . . . . . . . . . . . . . . . . . . . . . . 31
Foires à Bonnes . . . . . . . . . . . . . . . . . . . . . . . . . . . . . . . . . 32
Foire royale à Châteauneuf. . . . . . . . . . . . . . . . . . . . . . 34
Foires à St -Fort. . . . . . . . . . . . . . . . . . . . . . . . . . . . . . . . 35
Foires à Mouton. . . . . . . . . . . . . . . . . . . . . . . . . . . . . . . . 36
Foires à Nanteuil. . . . . . . . . . . . . . . . . . . . . . . . . . . . . . . 37
Fonds de non-valeurs. . . . . . . . . : . . . . . . . . . . . . . . . . . 298
Formation des commissions . . . . . . . . . . . . . . . . . . . . . 10
Frais de translation de routes et autres dépenses diverses 202

**G**

Gardes-champêtres. . . . . . . . . . . . . . . . . . . . . . . . . . . . . 305

**H**

Hôtel de sous-préfecture à Confolens. . . . . . . . . . . . . 55

**I**

Impôt sur les chiens. . . . . . . . . . . . . . . . . . . . . . . . . . . . 299
Impôt du sel. . . . . . . . . . . . . . . . . . . . . . . . . . . . . . . . . . . 301
Impressions. . . . . . . . . . . . . . . . . . . . . . . . . . . . . . . . . . . 201
Institution royale de sourds-muets. . . . . . . . . . . . . . . 175
Instruction secondaire. . . . . . . . . . . . . . . . . . . . . . . . . . 301

Pages.

Invitation au conseil pour le concours des charrues
    par la société d'agriculture...................... 122
Irrigations , usines et cours d'eau................. 267


**J**


Jury médical................................ 53
Jury spécial en matière d'expropriation........... 254


**L**


Lecture des procès-verbaux des délibérations des con-
    seils d'arrondissement....................... 11
Liquidation de la retraite de M. Marchais-Duréry... 289
Loi sur la falsification des vins................... 297
Loyer de la sous préfecture de Confolens. ......... 192
L'Union générale , société fédérative de secours mu-
    tuels contre la grêle........................ 153


**M**


Marchais-Duréry (liquidation de la retraite de M.)... 289
Mendicité (secours pour remédier à la) ........ 215-299
Mines et minières du département (service des)..... 153
Mobilier de la préfecture et des bureaux des sous-
    préfectures. .............................. 192


**N**


Navigation de la Charente.................... 296

## O

|  | Pages. |
|---|---|
| Octrois. | 299 |
| Ouverture de la session. | 2 |

## P

| | |
|---|---|
| Palais de justice à Confolens. | 57 |
| Pont de Confolens. | 67 |
| Pont de l'Isle (route départementale numéro 10). | 75 |
| Pont de Latrache (réclamation du sieur Barraud). | 77 |
| Pont de Cognac (élargissement du). | 83 |
| Pont de Châteauneuf | 296 |
| Population ( dénombrement de la ). | 29 |
| Postes. | 298 |
| Président ( remerciment du). | 2 |
| Président (allocution du) | 9 |
| Première section. — Dépenses ordinaires. | 189 |
| Prestations en nature. | 304 |
| Prison et sous-préfecture de Cognac. | 71-107 |
| Prison de Confolens. | 73 |
| Prisons départementales. | 193 |
| Projet de réunion , en une seule, des routes départementales, numéros 2, 3 et 7. | 75 |
| Projet d'une route royale d'Angoulême à Niort. | 110 |
| Professeurs | 304 |

## Q

| | |
|---|---|
| Quatrième section | 226 |

# R

|  | Pages. |
|---|---|
| Race bovine | 172 |
| Race chevaline | 173 |
| Rapport du préfet (analyse du) | 5 |
| Récapitulation des dépenses et recettes des 4 sections | 231 |
| Recettes de la première section du budget | 205 |
| Recettes de la deuxième section | 218 |
| Recettes de la troisième section | 225 |
| Recettes de la quatrième section | 230 |
| Réclamation de plusieurs employés de la préfecture | 291 |
| Réclamation du sieur Barraud relative au pont de La-trache | 83 |
| Réclamation des sieurs Boisdon et Simon, concession-naires des ponts de Lachapelle | 95 |
| Regrets du conseil sur l'absence d M. Gellibert, mem-bre du conseil | 28 |
| Récolement du mobilier de la préfecture | 285 |
| Réforme postale | 300 |
| Remerciment de M. Albert , élu président | 3 |
| Renvoi au lendemain des foires qui tombent les diman-ches et les jours fériés | 283 |
| Répartition des contributions directes | 241 |
| Revendication d'immeubles par la commune de Cognac | 98 |
| Révision du classement des routes départementales et de la loi sur le fonds commun | 304 |
| Révision du code rural et gardes-champêtres | 305 |
| Réunion de la commune de Château'bernard à celle de St.-Martin et de 26 groupes de celle de St. Martin à Cognac | 183 |

Pages.

Route départementale numéro 1 ( classement d'une
lacune de la )...................................................... 60

Route départementale numéro 8 (classement d'une
lacune sur la)..................................................... 122

Route départementale numéro 9 (direction de la)..... 101

Route royale, n° 141 ( pont de Cognac sur la ). 107

Route royale d'Angoulême à Niort (projet d'une)...... 110

Route départementale n° 10, de Poitiers à Ruffec..... 75

Route royale numéro 10 (portion délaissée de la) 286-298

Route royale numéro 141 (rectification de la).......... 298

Routes départementales (entretien des)................ 195

Régime hypothécaire. ......................................... 301

## S

Salles d'asile................................................... 149

Séance du 14 septembre. .................................... 1

Séance du 15 septembre...................................... 28

Séance du 16 septembre...................................... 59

Séance du 17 septembre...................................... 92

Séance du 18 septembre...................................... 121

Séance du 19 septembre...................................... 188

Séance du 20 septembre...................................... 306

Sous-préfecture et prison de Cognac....  ............... 71

Secours pour remédier à la mendicité.................... 215

Secours mutuels................................................ 293

Services des usines et carrières du département........ 153

Service de l'emprunt départemental....................... 223

Société fédérative de secours mutuels contre la grêle.. 153

Société d'agriculture.......................................... 156

Sel (impôt du).................................................. 304

Pages.

Sourds-muets (institution royale des)..................... 175
Sous-préfecture de Confolens (hôtel de)................. 55


**T**

Travaux d'art sur les chemins vicinaux............ 145-223
Travaux neufs des bâtiments, constructions ou grosses
   réparations................................................... 207
Travaux neufs des routes départementales.......... 208-220
Travaux ordinaires des bâtiments...................... 189
Tribunaux et cours d'assises.............................. 194
Troisième section. — Dépenses extraordinaires.... ..... 220


**U**

Usines, irrigations, cours d'eau......................... 267


**V**

Vicinalité (vœux des conseils d'arrondissement sur la). 124
Vins (loi sur la falsification des)........................ 297
Vœux des conseils d'arrondissement sur la vicinalité... 124
Vœux généraux............................................... 296
Votes des centimes facultatifs et extraordinaires........ 233

Angoulême. — Typographie de ARDANT FRÈRES, place Marengo, 33